SÜDOSTEUROPA-STUDIEN

herausgegeben im Auftrag der Südosteuropa-Gesellschaft
von Walter Althammer

Band 53

Matthias Flacius Illyricus –
Leben & Werk

Internationales Symposium
Mannheim, Februar 1991

Herausgegeben von Josip Matešić

Südosteuropa-Gesellschaft
München 1993

Die Deutsche Bibliothek – CIP-Einheitsaufnahme

Matthias Flacius Illyricus : Leben & Werk ; internationales Symposium, Mannheim, Februar 1991 / Südosteuropa-Gesellschaft. Hrsg. von Josip Matešić. – München : Südosteuropa-Ges., 1993
  (Südosteuropa-Studien ; Bd. 53)
  ISBN 3-631743-22-X
NE: Matešić, Josip [Hrsg.]; Südosteuropa-Gesellschaft ⟨Deutschland⟩ ;
  GT

© 1993 by Südosteuropa-Gesellschaft, 80538 München
Alle Rechte vorbehalten
Computersatz: Irma Müller, 68131 Mannheim
Druck: Schoder Druck GmbH & Co. KG, 86368 Gersthofen

INHALTSVERZEICHNIS

JOSIP MATEŠIĆ
Einführungsworte an die Tagungsteilnehmer 7

SIEGFRIED RAEDER
Matthias Flacius als Bibelausleger 13

ANTE BILOKAPIĆ
Die Erbsünde in der Lehre des M. Flacius Illyricus 43

BEATRIX SCHMIDT
Das *Alphabetum Slavonicum* in der *Otrozhia Biblia* von 1566 —
zur Frage der Autorschaft des Flacius Illyricus 53

IVAN KORDIĆ
Systematische und geschichtliche Bedeutung des Organismusbegriffs
für das Verstehen und der Text als lebendiger Körper bei Flacius 65

ANNELIES LÄGREID
Flacius Illyricus und die kroatische Sprachenfrage
des 16. Jahrhunderts 95

JOSIP TALANGA
Paralipomena dialectices des Matthias Flacius Illyricus 111

JOSIP SOLIĆ
La culture et la communication contre l'échec scolaire
chez M. Flacius 139

FRANJO ZENKO
Flacius—Rezeption in Kroatien als ideologisierende
Vermittlung mit dem gegenwärtigen Leben 157

JURE ZOVKO
Zur Rezeption von M. Flacius in der philosophischen
Hermeneutik 177

LUTZ GELDSETZER
Matthias Flacius Illyricus und die wissenschafts-theoretische
Begründung der protestantischen Theologie 199

JOSIP MATEŠIĆ

Einführungsworte an die Tagungsteilnehmer

Im Namen der Zweigstelle Mannheim/Heidelberg der SÜDOST-EUROPA—GESELLSCHAFT begrüße ich alle Anwesenden recht herzlich. Mit Freude erfüllt mich die Tatsache, daß unserer Einladung (mit solcher Anteilnahme) entsprochen wurde. Ich möchte diese Gelegenheit wahrnehmen, um meinen Dank vor allem unseren Gästen und Referenten auszusprechen, die sich bereit erklärt haben, über das vorgesehene Thema zu referieren. Dies ist, wenn ich mich nicht irre, die erste internationale Tagung über Matthias Flacius Illyricus in Deutschland. Ich möchte mich für die tatkräftige finanzielle Hilfe bedanken, die uns die SÜDOSTEUROPA—GESELLSCHAFT anläßlich dieser Tagung erwiesen hat. Diese Förderung, verbunden mit einer verständnisvollen Haltung gegenüber der Zweigstelle Mannheim/Heidelberg der SÜDOSTEUROPA—GESELLSCHAFT, muß vor allem angesichts der Sparmaßnahmen in allen Forschungsbereichen besonders hervorgehoben werden; denn sie war beachtlich! Dafür sei an dieser Stelle noch einmal ausdrücklich gedankt. Mein Dank gilt auch all denen, die durch ihre Mitwirkung dazu beigetragen haben, daß die Tagung stattfinden konnte.

Der bekannte Grundsatz, daß das Werk eines Menschen nur im Zusammenhang mit seinem Lebensweg gesehen und beurteilt werden kann, gilt auch für Matthias Flacius Illyricus (geb. 3. 3. 1520 in Albona/Istrien, gest. 11. 3. 1575 in Frankfurt a. M.) in ganz besonderer

Weise. Obwohl es heute – wie es den Anschein hat – in Vergessenheit geraten ist, ist es dennoch eine Tatsache, daß Matthias Flacius Illyricus mit seinem Werk und seinem Einsatz zum endgültigen Sieg des Protestantismus in Deutschland einen nicht unerheblichen Beitrag geleistet hat. Nach dieser Behauptung drängt sich die Frage auf:

Welches waren die Verdienste dieses Kroaten aus dem armen Istrien, der schon mit 16 Jahren sein Heimatland verlassen mußte? Matthias war erst 23 Jahre alt, als Martin Luther schrieb, daß Flacius "nostrus notissumus homo et magne fidei" (uns wohlbekannt, von großem Glauben) sei. Ein Jahr später brachte Luther die Hoffnung zum Ausdruck, daß Flacius den Kampf für die reformierte Kirche fortsetzen werde, da er (Flacius) Mensch festen Willens und unbeirrbaren Glaubens sei. In der Tat – von seinem 24. Lebensjahr an bis zu seinem Tode mit 55 Jahren (d. h. von 1544 – 1575) war Flacius ein unermüdlicher Kämpfer. Als er 1539 deutschen Boden betrat, ließ er keine Zeit verstreichen, begann vielmehr sofort zu studieren und zu arbeiten. 1544 erreichte er den Grad eines Magisters artium an der Württembergischen Universität und erhielt dort im gleichen Jahr eine Professur für Hebräische und Griechische Sprache. Während dieser fünf Jahre dauernden Tätigkeit entstand die Verbindung mit Luther und Melanchthon. Begeistert von der Reformation scheute Matthias weder den Konflikt mit der weltlichen noch mit der kirchlichen Macht, vielmehr stellte er sich an die Spitze des ideellen Kampfes gegen den Papst, den Kaiser und der gemäßigten Strömung des Protestantismus unter Melanchthon, die nach Kompromissen gesucht hatte. Der zweite Ruf zu einer Professur erreichte ihn aus Jena, wo er von 1557 bis 1561 Theologie las und als Kirchensuperintendent von Thüringen in der Pflicht stand. Als er 1561 wegen seiner Lehren (Lehre über Erbsünde u. a.) Jena verlassen mußte, ging er zunächst nach

Regensburg (1562) und reiste 1563 in seine Heimat Istrien. Danach ging er nach Krain in die Steiermark, um die letzten zwölf Jahre seines Lebens als freier Wissenschaftler zu verbringen, aber er war nun ein Geächteter, eine *persona non grata*, zuerst in Regensburg bis 1566, dann in Antwerpen und Frankfurt a. M. bis 1567, danach Strasbourg bis 1573. Am Ende seiner Kräfte, von Krankheit und Armut gezeichnet, fand er schließlich Zuflucht im Kloster der Weißen Frau in Frankfurt am Main, wo er 1575 starb.

Matthias Flacius Illyricus stand mehr als ein Vierteljahrhundert (1549 — 1575) im Mittelpunkt der Öffentlichkeit des deutschen Protestantismus. Er war eine der zentralen und gewissermaßen auch eine der umstrittensten Persönlichkeiten der reformierten Kirche. Er war gleichermaßen einer der beliebtesten und einer der am meisten gehaßten Personen, ständig im Widerstreit mit der weltlich-kirchlichen Macht. Er war ein unermüdlicher Arbeiter, Schriftsteller, Philosoph, Linguist, Theologe, Historiker, Prediger, Organisator, Verleger. Das riesige Werk von Flacius wird Thema unserer Tagung sein. Ich selbst werde nicht näher darauf eingehen; es mögen darüber jene sprechen, die bessere Kenntnis davon haben als ich. Ich möchte nur dazu bemerken, daß es noch eine Fülle von unerforschtem Material gibt, das in städtischen, staatlichen, kirchlichen und Universitäts-Bibliotheken aufbewahrt wird.

Es sei an dieser Stelle gestattet, auf zwei Fakten besonders hinzuweisen: Zunächst geht es um die Beantwortung der Frage: "Warum trug Matthias den Beinamen 'Illyricus'?", und zweitens verweise ich auf sein Bestreben, in Regensburg eine Akademie zu gründen, an der Studenten aus südslavischen Ländern (Slovenien, Kroatien, Serbien) ihr Studium absolvieren, an der die Vorlesungen in der Muttersprache der Studenten gehalten werden sollten. Flacius ist der zweite "Matija

Istranin", Professor an einer deutschen Universität, der den Beinamen 'Illyricus' annahm. Der erste war Matthias Grabicius Illyricus, ebenfalls Professor in Tübingen und einer der Lehrer des Flacius. Nach Flacius ist "Illyrismus" kein geographischer Begriff, sondern die Bezeichnung für eine Nationalität und Sprache.

In seinem Hauptschriftstück (*Clavis Scripturae sacrae*) sagt er, daß er die Etymologien vierer gegenwärtiger Hauptsprachen, des Griechischen, Lateinischen, Deutschen und Illyrischen, gesammelt habe. Danach fällt die illyrische Sprache unter die vier Hauptsprachen (*graecae, latinae, germanicae et illyricae*). Dafür sprechen theologische und kulturhistorische Fakten. Der Begriff "illyrisch" ist nicht gleichbedeutend mit "slavisch"; denn es gibt einen Unterschied zwischen den slavischen Völkern und Sprachen, so zwischen Polabischen Slaven, Tschechen, Polen und Moskowitern. Flacius trennt somit die Illyrer, d. h. die Südslaven, von den anderen Slaven und betrachtet die illyrische Sprache als Sprache aller Südslaven. Die Verwandtschaft zwischen den Spracheigentümlichkeiten des Istrisch–Kroatischen und des Slovenischen bringt Flacius auf den Gedanken, über die Möglichkeit einer einheitlichen kroatisch–slovenischen Sprache nachzudenken.

Der Protestantismus bietet die Chance, die südslavischen Völker, eingeschlossen auch die Muselmanen, zusammenzubringen und kulturell zu vereinigen, um sich auf diese Art von römischen, griechischen und türkischen Einflüssen, die diese Völker trennen, zu befreien. Die Idee der sprachlichen und kulturellen Einheit der südlsavischen Völker wollte Flacius auch praktisch verwirklichen. Er schlug deshalb die Gründung einer protestantischen Akademie für die Länder Österreich, Tschechei und die südslavischen Länder in Regensburg oder Klagenfurt (Celovec) vor. Von seinem Vorhaben, dem er einen detaillierten Gründungsplan der Akademie beifügte, unterrichtete er in einem Brief den Fürsten Ungnad, dann die Slovenen Primus Truber, Klomber und einige österreichische Fürsten.

Matthias Flacius schrieb u. a., die Vorlesungen, insbesondere aber die des Faches Theologie, sollen in slovenischer und kroatischer Sprache gehalten werden. Für diese Hörer müsse eine "Grundlage der Theologie und Dialektik" in ihrer Muttersprache ausgearbeitet werden, damit keine Zeit für das Studium der lateinischen Sprache verloren werde. Außerdem müsse eine "Rechtschreibung des Kroatisch--Slovenischen" erarbeitet werden. All diese Pläne — die Ausarbeitung einer Grundlage der evangelischen Theologie auf wissenschaftlicher Basis in der Volkssprache, eines neuen Katechismus in kroatischer und slovenischer Sprache, eines neuen kroatischen Alphabets bzw. der Versuch neuer Grundzüge der Rechtschreibung — führte Flacius in seiner "Kinderbibel" aus, die 1566 in Regensburg gedruckt wurde. Sicher rechnete er bei diesen Plänen auf die Mitarbeit der slovenischen Protestanten, vor allem dachte er an Primus Truber wie auch an Sebastian Krelj, der Flacius aus Jena nach Regensburg begleitete. Wie wir wissen, lehnte der Senat der Stadt Regensburg Flacius' Bitte zur Gründung einer Akademie und den Plan, Regensburg zum Zentrum der illyrischen Reformation zu machen, ab.

Vieles von dem, was ein Matthias Flacius dachte, ist schon lange vor ihm gedacht, gesagt und geschrieben worden. Als Lehrer, Theologe und Historiker hatte er auch Schriften zu interpretieren, die nicht aus seiner Zeit, sondern aus einer damals schon fernen Vergangenheit stammten. Insofern war er durch seine Tätigkeit gewissermaßen aus seiner eigenen Zeit herausgehoben und mit seinem Denken in eine existentielle Problematik des Menschseins hineinversetzt, deren Fragen und Antworten über das jeweilige "Hier" und "Jetzt" hinausgingen. Zugleich aber verbreitete er die Lehre mit dem von seiner eigenen Zeit geschärften Blick und legte sie so aus, daß sie bei seinen Zeitgenossen Verständnis fand. So erschloß er den geschichtlichen Gehalt des gepredigten Wortes, sich und seine Zeit und war ganz in die Probleme seiner Umgebung eingebunden. Individuelles und Gesellschaftliches, Zeitgebundenes und Überzeitlich-Existentielles sind bei Matthias Flacius Illyricus zu einem Ganzen verbunden. In diesem Kontext möchte ich nur auf die Werke hinweisen, die durch ihren sozialen Gehalt gekennzeichnet sind. Nicht nur in Deutschland, auch sonst weithin hat sich Matthias Flacius Illyricus im Manneskampf so offen auf den Boden der menschlichen Natur gestellt, ohne ihr doch zu viel zuzugestehen, ohne ihre Sündhaftigkeit zu beschönigen. In den innersten Tiefen seiner Natur lebte nur dieses eine religiöse Gefühl, von dem aus er alles, bisweilen vielleicht einseitig, in letzter Linie betrachtete. Dennoch, Matthias Flacius Illyricus geht in die Kulturgeschichte Europas als einer der größten Theologen und Philosophen der Reformation ein. Aber seine Bedeutung ist noch weit größer. Er ist Wissenschaftler und Systematiker, beharrlicher Forscher, der über die Theologie die Rolle und die Wichtigkeit der Natur für die menschliche Existenz offenbart.

Dies hebt ihn unter seinen Zeitgenossen hervor und macht ihn zu einer großen, historischen Persönlichkeit.

SIEGFRIED RAEDER

Matthias Flacius als Bibelausleger[1]

I.

Von Luther zu Flacius

Im hohen und späten Mittelalter und teilweise noch darüber hinaus beruhte das Studium der Theologie weitgehend auf dem berühmten Werk des Petrus Lombardus, den "Quattuor libri sententiarum"[2], einer systematisch geordneten Gesamtdarstellung, um die sich im Laufe der Zeit ein breiter Kranz von Kommentaren rankte.[3] Zu jenen Scholastikern, die eine umfangreiche Erklärung dieses grundlegenden

---

[1] Noch immer unentbehrlich ist die Biographie von Wilhelm Preger: Matthias Flacius Illyricus und seine Zeit. Erste Hälfte. Erlangen 1859. Zweite Hälfte: Erlangen 1861. Kürzere Darstellungen: Peter F. Barton: Matthias Flacius Illyricus, in: Gestalten der Kirchengeschichte. Hg. von Martin Greschat. Bd. 6: Die Reformationszeit II. Stuttgart — Berlin — Köln — Mainz 1981, S. 277 — 293. — Oliver K. Olson: Flacius Illyricus, Matthias (1520 — 1575), in: Theologische Realenzyklopädie. Bd. 11, S. 206 — 214 (1983). — Zu Flacius' Bibelauslegung: Günter Moldaenke: Schriftverständnis und Schriftdeutung im Zeitalter der Reformation, Teil I: Matthias Flacius Illyricus. Stuttgart 1936 (Forschungen zur Kirchen— und Geistesgeschichte. Hg. von Erich Seeberg, Erich Caspar, Wilhelm Weber. Bd. 9). — Rudolf Keller: Der Schlüssel zur Schrift. Die Lehre vom Wort Gottes bei Matthias Flacius Illyricus. Hannover 1984. — Ein Verzeichnis der gedruckten Schriften des Flacius hat W. Preger, op. cit., II, S. 539 — 572, zusammengestellt.

[2] Libri IV Sententiarum. 2 Bde. Edd. Patres collegii S. Bonaventurae. Ad Claras Aquas (Quaracchi) ²1916.

[3] F. Stegmüller: Repertorium commentariorum in Sententias Petri Lombardi. 2 Bde. Würzburg 1947. Dazu das Supplement von V. Doucet. Quaracchi 1954.

Unterrichtswerkes hinterlassen haben, gehörte auch der Tübinger Professor der Theologie Gabriel Biel (gest. 1495)[4]. In der Vorrede seines "Collectorium circa quattuor libros Sententiarum" warnt er theologische Anfänger vor dem Bibelstudium mit folgenden Worten: "Da die Schrift, durch die wir zur Erkenntnis Gottes geführt werden, sehr ausführlich ist, ist es aufwendig, schwierig und in der Regel nutzlos, Anfänger und besonders die in der heiligen Theologie neugeborenen Kinder auf ein so großes wie weites Meer zu schicken."[5] Deshalb habe Petrus Lombardus die theologischen Lehrsätze in löblicher systematischer Ordnung auf Grund der Überlieferungen der Väter zusammengestellt und damit vielen Späteren Gelegenheit gegeben, dieses nützliche Unterrichtswerk zu kommentieren und durch Erörterung weiterer theologischer Probleme zu bereichern.[6] Angesichts dieser Einstellung Biels ist es nicht verwunderlich, daß er uns keine exegetischen Schriften hinterlassen hat.[7] Anders verhält es sich mit Biels Schüler Wendelin Steinbach. Wahrscheinlich in der Zeit von 1510 bis 1517 hielt er Vorlesungen über das ganze Corpus Paulinum. Der Text über den Galater- und den Hebräerbrief ist noch erhalten geblieben.[8] Steinbach bewahrt ganz die Form der scholastischen Exegese, und vor

---

[4] Gabrielis Biel Collectorium circa quattuor libros Sententiarum ... Edd. Wilfridus Werbeck et Udo Hofmann. Tübingen. I: 1973; II: 1984; III: 1979; IV/1: 1975; IV/2: 1977. — Über Biel: TRE, Bd. 6, S. 488 — 491 (Werner Dettloff. 1980).

[5] Op. cit. (Anm. 4), Bd. I, S. 6, 5—8.

[6] Ebd., Z. 8—18.

[7] "Handschriftlich erhalten sind schließlich sehr viele Predigten" (TRE Bd. 6, S. 489, 29).

[8] Wendelini Steinbach Opera exegetica quae supersunt omnia. Ed. Helmut Feld. Wiesbaden. Vol. I: Commentarius in epistolam S. Pauli ad Galatas. 1976. Vol. II: Commentarii in epistolam ad Hebraeos pars prima. 1984. Vol. III: Commentarii in epistolam ad Hebraeos pars altera. 1987.

allem auch inhaltlich bleibt er ganz in den Bahnen der mittelalterlich-katholischen Tradition, obwohl er sich oft auf Augustin bezieht.

Etwa zur gleichen Zeit wie Steinbach in Tübingen hält Luther in Wittenberg seine ersten Vorlesungen, zunächst über die Psalmen, dann über den Römer-, Galater- und Hebräerbrief.[9] Auch er bewahrt noch die überlieferten Formen der Auslegung; aber was das Inhaltliche betrifft, so brechen überall neue Erkenntnisse hindurch, die Luther in zunehmendem Maße veranlassen, sich mit der scholastischen Tradition in all ihren Spielarten scharf auseinanderzusetzen. So entfährt ihm in der Römerbriefvorlesung in heftigem Zorn über die scholastische Lehre von der Erbsünde das Wort "Sautheologen".[10] 1545, ein Jahr vor seinem Tode, hält Luther in der Vorrede zum ersten Band seiner lateinischen Werke Rückschau auf seine theologischen Anfänge. Er berichtet hier von der schweren Not, die ihm der Begriff "iustitia dei" in Röm 1,17 bereitet habe. Er habe ihn in dem Sinne verstanden, daß Gott gerecht sei und die Sünder strafe. Erst bei genauerer Beachtung der "connexio verborum" habe er endlich erkannt, was Paulus meine, nämlich, daß Gottes Gerechtigkeit die sei, durch die Gott den Glaubenden rechtfertige. Durch diese Erkenntnis habe die Heilige Schrift für ihn ein ganz neues Gesicht gewonnen. Er sei gleichsam durch die offene Pforte ins Paradies eingetreten.[11]

Dieser in der Forschung vielerörterte autobiographische Bericht wirft ein bezeichnendes Licht auf Luthers gesamte Exegese. Zweierlei

---

[9] Martin Luther: Werke. Kritische Gesamtausgabe ("Weimarer Ausgabe"), Weimar. Bd. 1, 1883 ff. Dictata super Psalterium: 1513 — 1515 (WA 3 u. 4. Neuausgabe WA 55 I: Glossen, II: Scholien [bis Ps 30]). Vorlesungen über den Römer-, Galater- und Hebräerbrief: 1515 — 1516; 1516 — 1517; 1517 — 1518 (WA 56 u. 57).

[10] "O Stulti, o Sawtheologen!" (WA 56, 274, 14).

[11] WA 54, 185, 12—186, 20.

ist hier bedeutsam:

1. Die Bibel hat für Luther eine zentrale Botschaft, nämlich daß der Sünder vor Gott leben darf, weil er im Glauben Gottes oder Christi Gerechtigkeit empfängt, die alle Sünde zudeckt. Das ist für Luther der Inbegriff des Evangeliums, darauf zielt die ganze Botschaft der Bibel ab.

2. Aber diese Erkenntnis hat Luther nicht durch ein mystisches Erlebnis gewonnen, sondern durch methodische Erforschung des Textes. Die Beachtung des Textzusammenhanges, der "connexio verborum", öffnete ihm die Augen. Für Luthers Exegese war also beides bestimmend: das Fragen nach dem Zentrum der Bibel und eine exegetische Methode, die unter Einsatz aller philologischen Hilfsmittel den im Text liegenden einen und einheitlichen Sinn zu ermitteln sucht.

In seinem 1920 verfaßten Aufsatz "Luthers Bedeutung für den Fortschritt der Auslegungskunst"[12] schreibt Karl Holl: "Luther hat als Ausleger Schule gemacht. Ein reiches Schrifttum von Kommentaren ist unter seiner Anregung entstanden. Aber es war noch weit wichtiger, daß er im zweiten Geschlecht einen Nachfolger fand, der das, was er genial betätigt hatte, ihm abzusehen und es zu einer Kunstlehre der Auslegung auszugestalten verstand"[13], nämlich Matthias Flacius.

---

[12] Karl Holl: Gesammelte Aufsätze zur Kirchengeschichte. Bd. 1: Luther. Tübingen ⁷1948, S. 544 — 582.

[13] Op. cit., S. 578.

II.

Flacius — Werden und Werke

In Flacius' Lebenswerk verbindet sich das theologische Vermächtnis Luthers[14] mit der gestaltenden Kraft der humanistischen Bildung, deren Grundlagen schon der Sechzehnjährige in Venedig als Schüler des berühmten Baptista Egnatius sich zu erwerben begann. Seit 1541 in Wittenberg, vollendet Flacius unter der Leitung Melanchthons seine Studien in den "drei heiligen Sprachen". In seiner Magisterarbeit von 1546 versucht er nachzuweisen, daß der hebräische Text des Alten Testaments von Anfang an vollständig, einschließlich der Vo-

---

[14] Flacius gelangte "1541 in Wittenberg durch Luthers Seelsorge aus depressiver Verzweiflung zur Gewißheit der 'Gerechtigkeit allein durch den Glauben ' ... Diese Erfahrung ist der Schlüssel zu seinem Leben ..." (Theodor Mahlmann, in: Theologenlexikon. Von den Kirchenvätern bis zur Gegenwart. Hg. von Wilfried Härle u. Harald Wagner. München 1987, S. 83).

kalzeichen, verfaßt worden sei.[15] Für die bedeutenden wissenschaftlichen Fähigkeiten des erst Vierundzwanzigjährigen spricht die Tatsache, daß ihm an der berühmten Leucorea (Wittenberger Universität) der Lehrstuhl für die hebräische Sprache übertragen wurde. 1549 erschien Flacius' Schrift "De vocabulo fidei"[16], eine Begriffsuntersuchung, in der sich philologische, exegetische und historische Betrachtungen zu einem Ganzen verbinden. Es folgte 1551 das Werk "Regu-

---

[15] Quod sacra scripturae integre, non tantum consonantibus, sed et vocabilbus inde ab initio scripta fuerit, ἐπιδεικτικον scriptum, olim in promotione, ut moris est, praeceptoribus exhibitum. Diese Abhandlung wurde zuerst gedruckt in Flacius' Schrift: Regulae et tractatus quidam de sermone sacrarum literarum ..., Magdeburg 1551, S. 142 — 160. Vgl. auch Clavis II, S. 644, 26—652, 9: Quod puncta Hebraeorum aut Vocales, inde ab initio fuerint (siehe Anm. 18). Siehe R. Keller, op. cit., S. 111 — 112. Luther hielt die Punktation des hebräischen Textes (mit Recht) für sekundär und gegebenenfalls für korrekturbedürftig: "... pugniert aber ein sententz mitt der ganzen schrifft, wie denn die rabini die gantze schrifft sehr vordebet haben mitt iren glossen ..., so werffen wir in simpliciter hinweg. Vnd hab viel solcher sententz dem Forster (scil. einem Wittenberger Hebraisten) genumen. Wen er kam: Ei, die rabini vorsthen in also! so sagt ich: Kunt ir in in der grammatica vnd den puncten so machen, das er sich reume auff das neue testament? — Ja! — so nembt in" (Luthers Werke in Auswahl. Hg. von Otto Clemen. Bd 8. Tischreden. Berlin 1950, S. 320. Nr. 5533. Nachschriften von K. Heidenreich. Winter 1542/43). Siehe auch Siegfried Raeder: Grammatica theologica. Studien zu Luthers Operationes in Psalmos. Tübingen 1977, S. 51— 59. Im Gegensatz zu Luther schreibt Flacius: "Vocales, seu (ut vocant) puncta una cum consonantibus olim (fortasse adhuc ab Adamo) inventa, omnesque sacrarum literarum scriptores inegra, dilucideque scripsisse, non solum consonantibus, sed vocalibus, eosque qui contraria sentiunt, non solum falsa sentire, sed et conscientiis Ecclesiaeque, quae tantum certitudine verbi Dei aedificatur, perniciosa" Regulae etc., S. 145 f., zitiert nach R. Keller, wie in Anm. 1, S. 111, Anm. 103). Die Ursprünglichkeit der Vokalzeichen verfocht auch der jüdische Gelehrte Elias Levita in seinem Werk "Massoreth hammassoreth", 1538.

[16] De vocabulo fidei et aliis quibusdam vocabulis explicatio vera et utilis, sum(p)ta ex fontibus Ebraicis. cum prae(fatione) Ph(ilippi) Mel(anchthonis). Wittenberg 1549. 2. Auflage: De voce et re fidei, contra pharisaicum hypocritarum fermentum ... Basel 1555. Dritte Auflage mit weiteren Schriften 1563. Siehe W. Preger, op. cit., II, S. 483 — 484; R. Keller, op. cit., S. 101 — 102.

lae et tractatus quidam de sermone sacrarum literarum ..."[17] Besonders hervorzuheben sind hier die Beobachtungen des Autors zu den Eigentümlichkeiten der hebräischen Grammatik und Rhetorik sowie zu den Hebraismen in der Sprache der Paulusbriefe. Seinen bedeutendsten Beitrag zur Bibelexegese und Hermeneutik lieferte Flacius mit dem Werk "Clavis Scripturae sacrae seu de sermone sacrarum literarum"[18], das 1567 herauskam. Den ersten Teil kann man als biblisch-theologisches Wörterbuch bezeichnen. Hier werden in alphabetischer Reihenfolge die biblischen Begriffe und Redewendungen erklärt. Im zweiten Teil sind Regeln zum Verständnis der Heiligen Schrift zusammengestellt. Er gliedert sich in sieben Traktate: 1. hermeneutische Grundsätze, 2. Auslegungsregeln der Väter, 3. Besonderheiten der hebräischen Grammatik, 4. Tropen und Schemata der Heiligen Schrift, 5. der Stil der Bibel, 6. und 7. verschiedene Abhandlungen, die mit der Thematik des Werkes mehr oder weniger eng verbunden sind.

---

[17] ... literarum, ad genuinam multorum difficilium locorum explicationem perutiles. Magdeburg 1551. Siehe W. Preger, op. cit., S. 484; R. Keller, op. cit., S. 108 — 111.

[18] Clavis scripturae s(acrae) seu de Sermone Sacrarum literarum, Autore M(atthia) Fl(acio) Ill(yrico). Pars Prima: in qua singularum vocum, atque locutionum S(acrae) Scripturae usus ac ratio Alphabetico ordine explicatur ... Basel 1567. Altera pars Clavis Scipturae, seu de Sermone Sacrarum literarum, plurimas generales Regulas continens ... Basel 1567. Beide Teile enthalten umfangreiche Indices. Dem Verfasser stand nur die Jenaer Ausgabe von 1674 zur Verfügung. Ihr sind beigegeben von Johannes Musaeus: Praefatio ad lectorem (Bl. a 3[a] — b 3[b]). und von Johannes Olearius: Isagoge et consilium ... (Bl. b 4[a] — b 6[b]). Siehe W. Preger, op. cit., II, S. 485 — 508; R. Keller, op. cit., S. 118 — 161. Lutz Geldsetzer hat den Anfang des zweiten Teils der Clavis herausgegeben: Matthias Flacius Illyricus: De ratione cognoscendi sacras literas. Über den Erkenntnisgrund der Heiligen Schrift. Lateinisch-deutsche Parallelausgabe, übersetzt, eingeleitet und mit Anmerkungen versehen. Düsseldorf 1968 (Instrumenta Philosophica. Series Hermeneutica III).

III.

Niedergang und Neubelebung der Bibelstudien in Flacius' Sicht

Um die Berechtigung seines groß angelegten Unternehmens zu erweisen, gibt Flacius in der Vorrede[19] zum ersten Teil einen Überblick über die exegetischen Bemühungen in Vergangenheit und Gegenwart. Es ist eine Geschichte der Entartung, die da gezeichnet wird. Denn "bald nach den Zeiten der Apostel stürzten sich die meisten (kirchlichen) Schriftsteller auf philosophische Erörterungen über das Gesetz und die moralischen Gebote, ohne etwas von der angeborenen Verderbnis des Menschen, von den Geheimnissen des Evangeliums und den Wohltaten Christi zu wissen."[20] Noch tiefer in den Verfall hinein habe die allegorische Auslegung des Origenes geführt.[21] Bald sei die Erkenntnis des Hebräischen ganz versiegt. Einzig seinen Landsmann Hieronymus kann Flacius als rühmliche Ausnahme unter den Kirchenvätern nennen; doch habe auch jener trotz aller Gelehrsamkeit

---

[19] Bl.):( ):(2 [a]—)( )(6 [a]). Die Vorrede ist an Herzog Christoph von Württemberg (reg. 1550 — 1568) gerichtet.

[20] Olim, mox post Apostolos, plerique Scriptores ad philosophicas, de Lege ac praeceptis moralibus, Virtutibus Vitiisque, disputationes proruerunt; ignari prorsus nativae corruptionis Hominis, et Evangelii mysteriorum, et beneficiorum Christi (Bl.)( )(4[a]).

[21] Aliquanto post, plane in poeticas allegorias, vel potius, mythologias, et veluti quasdam peregrinas metamorphoses, Origines, et alii, Sacras literas nefarie transformarunt (ebd.).

von der eigentlichen Sache der Bibel nichts gewußt.[22] Als einen Lichtblick in dunkler Zeit empfindet es Flacius, daß große Kirchenväter wie Augustin und Hilarius wenigstens den Grundsatz vertraten, daß die dunklen Stellen der Bibel aus der Heiligen Schrift selbst zu erklären seien, und zwar aus den Urtexten[23], und nicht etwa durch fremde Autoritäten. In den Jahrhunderten nach Gregor d. Gr., also im frühen Mittelalter, hätten sich die Theologen mehr damit beschäftigt, die Auslegungen der Väter auszuschreiben und zusammenzufassen als selber die Bibel zu studieren.[24] Die Scholastiker seien zu rechter Bibelauslegung ganz unfähig gewesen, weil sie sich einer entstellten Philosophie, Logik und Grammatik bedient hätten. Vor allem hätten sie dem falsch verstandenen Aristoteles Definitionen grundlegender Begriffe entlehnt und diese gleichsam als Prinzipien auf die Bibel

---

[22] Secuta deinde est aetas, Hebraeae linguae prorsus ignara ... Unus popularis meus, Hieronymus, linguarum egregie peritus fuit; conatusque est sacras Literas, tum versionibus, tum explicationibus, illustrare. Sed revera, et morbi humani, et medici Christi ignarus, destitutusque tum clave Scripturam aperiente, nempe discrimine Legis et Evangelii; tum etiam ipso apertore aut ianitore eius, Agno Dei, parum praestare potuit. Quod etiam paulo ante nostra tempora Lyrae defuit; cum alioqui sedulo, in sacro volumine illustrando laboraverit (ebd.).

[23] At contra Augustinus et Hilarius contendunt, ex collatione ipsius Scripturae, loca aut dicta obscuriora esse illustranda (Bl.)( )(3[a]). At Patres contra, in omni dubio Scripturae, ad Graecos Hebraeosque fontes recurrendum esse, censent. Quare etiam Ius canonicum citat Augustinum, ita dicentem: "Ut veterum librorum fides, de Hebraeis voluminibus examinanda est; ita novorum veritas, Graeci sermonis normam desiderat" (Bl.)( )(3[b]).

[24] Post Patrum aetatem, h. e. post Gregorium Magnum, secuti sunt Theologi: qui magis in Patribus ac Conciliis, et omnino hominum sanctionibus discendis, docendisque, eorum dictis ac sententiis decerpendis, colligendis, et in Summas quasdam redigendis, occupati fuerunt. quam in scrutandis illustrandisque sacrosanctis Dei monumentis (Bl.)( )(4[a]).

angewandt.[25] Wie unter den Kirchenvätern Hieronymus, so stelle der des Hebräischen und der jüdischen Kommentare kundige Nikolaus von Lyra eine Ausnahme dar; doch habe auch diesem das Verständnis für den eigentlichen Inhalt der Bibel gefehlt.[26] Erst in seinem Zeitalter kann Flacius eine neue Hinwendung zum sorgfältigen Studium der Heiligen Schrift feststellen.[27] Lobend erwähnt er an erster Stelle natürlich Luther als Übersetzer und Ausleger der Bibel.[28] Aber mit den Gefühlen der Dankbarkeit für den von Gott geschenkten Aufbruch verbindet sich nachsichtige Kritik. Flacius beklagt an den meisten Auslegungen seiner Zeit den ungeheuren Umfang. Viele Autoren würden höchst weitschweifig dogmatische Fragen erörtern, während sie auf den Text selbst nur spärlich eingingen. Unbegreiflich sei es freilich nicht, daß die Wiederhersteller der himmlischen Lehre sich mit solchem Eifer der Widerlegung der herrschenden Irrtümer gewidmet hätten.[29] Andererseits kann Flacius es dankbar begrüßen, daß Werke zur Bibelauslegung, wie er sie für wünschenswert hält, in seiner Zeit

---

[25] Postremo, successerunt Sententiarii et Monachi rixatores ... (Bl.)( )(4(a)). Nam plane perinde praecipuarum rerum, ac vocabulorum sacrae Theologiae, definitiones, ex illa sua inepta philosophia acceperunt; et tanquam principia quaedam in sacras Literas importarunt (Bl.)( )(3[a]).

[26] Siehe hier Anm. 22.

[27] Nostra demum aetate, ingenti Dei beneficio, coeperunt sacrae Literae in magno esse pretio, et a multis diligenter examinari (Bl.)( )(4[a]).

[28] Confectae etiam sunt multae valde laboriosae ac laudabiles versiones; inter quas Lutheri vulgaris excellit. Explicuit quoque idem et alii multi praestantes viri, libros Veteris ac Novi Testamenti, magna felicitate (Bl.)( )(4[b]).

[29] ... in hac tanta felicitate, non levis calamitas intervenit, quod plerique interpretes nimia quadam prolixitate voluminum, suas potius scriptiones, quam ipsum Sacrarum literarum textum auditori proponere videntur ... concedendum sane est in genere aliquid praestantibus doctoribus, et doctrinae coelestis instauratoribus: qui initio, tum latentem veritatem evolvere, tum regnantes grassantesque errores multiplicium seductorum redarguere, necesse habuerunt (ebd.).

nicht vollständig fehlen, und gewiß denkt er dabei auch an das in mehreren Auflagen erschienene Neue Testament des Erasmus, das neben dem griechischen Text eine lateinische Übersetzung, allgemeine und besondere Einleitungsstücke und zahlreiche Erklärungen enthält.[30] Namentlich und mit Lob erwähnt er des Vatablus Glosse zum Alten Testament.[31] Er weiß sich in seinem eigenen Werk diesen wertvollen Vorarbeiten verpflichtet. Harter Tadel trifft dagegen den tridentinischen Beschluß, der die Vulgata zum authentischen Bibeltext und für die kirchliche Auslegung für maßgeblich erklärt.[32]

Vor diesem auslegungsgeschichtlichen Hintergrund beschreibt er nun sein eigenes Vorhaben mit den Worten: "Ich wollte mit größt-

---

[30] Novum instrumentum omne, diligenter ab Erasmo Roterodamo recognitum et emendatum ...Basel, Johannes Froben, 1516. Spätere Ausgaben: 1519; 1522; 1527; 1535. Siehe R. Keller, op. cit., S. 172 — 186. Siehe auch unten, Anm. 34.

[31] Aliqui nihilominus utilem operam navarunt, illustrando praesertim Novum Testamentum suis versionibus, et annotationibus. Nec etiam aspernanda est succincta Vatabli glossa veteris Testamenti (Bl.)( )(4 [b]). Über Vatablus (Francois Watebled) siehe Realencyklopädie für protestantische Theologie und Kirche. 3. Aufl. Hgg. v. Albert Hauck. Bd. 20, S. 431 (Hermann L. Strack). Robert Stephanus nahm das nachschriftliche Material von Zuhörern des Vatablus "zu den Anmerkungen, welche er seiner im Jahre 1545" in Paris "erschienenen Bibelausgabe beifügte" (ebd., Z. 21 — 22).

[32] Verum huiuscemodi Adversariorum innumera blasphemaque dicta, recensui in eo libro, quem inscripsi: "Norma simul et praxis Synodi Tridentinae" etc. (Bl.):( ):(2[b]). Vgl. Clavis II, tract. VII: Viva praxis supra ostensae normae synodi: seu refutatio Crassorum errorum concilii: ... In tertia Sessione, primum decernunt: "ut omnes tantum in eo sensu, accipiant, citent, ac intelligant sacras Literas, in quo eas sancta mater Ecclesia (hoc es, Papa ...) "intelligit" (Sp. 731, 29—33). In eadem Sessione decernunt; "Vulgatam versionem adeo authenticam esse debere, in omnibus publicis ac privatis lectionibus, disputationibus, praedicationibus, et expositionibus: ut eam nemo reiicere usquam, quocunque demum praetextu, aut occasione, audeat." Quo facto, crasse ac palpabiliter, sese supra Deum, eiusque verbum, totamque primitivam Ecclesiam, collocant (Sp. 50—56). Zum Text der beiden tridentinischen Dekrete vom 8. 4. 1546 siehe Enchiridion symbolorum ... ed. Henricus Denzinger ... retract. ... Adolfus Schoenmetzer, ed. 34. Freiburg 1967, Nr. 1500 — 1508.

möglicher Sorgfalt unter genauer Beachtung der Stellen der Heiligen Schrift und der Natur und Eigenart der Sprachen und unter Berücksichtigung der Meinungen bedeutender Autoren ein neues Werk verfassen. Es soll den Studierenden der heiligen Theologie die Möglichkeit bieten, die lauterste Wahrheit unmittelbar aus den Quellen der Heiligen Schrift in Erkenntnis ihrer Redeweise selbst zu schöpfen und zu besitzen."[33] Mit der "Clavis Sripturae" hat Flacius gleichsam ein Werkzeug zur Bibelauslegung geschaffen. 1570 veröffentlichte er auch einen Kommentar zum Neuen Testament. "Glossa compendiaria" nennt sich bescheiden das Opus, das ohne die Registerteile etwa 1400 Seiten im Folioformat umfaßt.[34] Eine entsprechende Glosse zum Alten Testament konnte Flacius nicht mehr vollenden. Der bis zum Buch Hiob fertiggestellte Teil befindet sich in der Herzog-August-Bibliothek in Wolfenbüttel.[35]

---

[33] Quibus causis motus, volui novum Opus, de Sermone Sacrarum literarum, quanta omnino potui diligentia, consultis diligenter locis Scripturae, et linguarum natura ac proprietate, nec neglectis bonorum Scriptorum sententiis, conficere: quo Studiosi sacrae Theologiae, sincerissimam veritatem ex ipsis Sacrarum literarum fontibus, cognito earum sermone, haurire et habere possent (Bl.)( )(4[b]).

[34] Της του υιου θεου καινης διαθηκης απαντα. Novum Testamentum Jesu Christi Filii Dei, ex versione Erasmi, innumeris in locis ad Graecam veritatem, genuinumque sensum emendata. Glossa compendiaria. M. M. Fl. Ill. Albonensis in novum Testamentum. Cum multiplici indice etc. Basel 1570. Siehe W. Preger, op. cit. II, S. 508 — 516; R. Keller, op. cit., S. 162 — 171.

[35] P. F. Barton (wie in Anm. 1), S. 288 — 289.

IV.

Flacius' ganzheitliches Bibelverständnis

Jede Bibelauslegung ist bestimmt von dem grundsätzlichen Bibelverständnis des Auslegers. Was nun Flacius betrifft, so gilt ihm die Bibel als die Vollendung der göttlichen Offenbarung. Gott, der Schöpfer aller Dinge, so führt er in der Vorrede zum ersten Teil der "Clavis Scripturae" aus, sei die unendliche Gutheit, die sich ihrem Wesen entsprechend einem anderen mitteilen wolle. So habe Gott den Menschen als sein Ebenbild erschaffen, damit dieser ihn aus den Werken der Schöpfung erkenne und preise.[36] Zudem habe Gott, über seine Manifestation in der Weltwirklichkeit hinausgehend, zu den Menschen auch persönlich gesprochen, nämlich durch die Patriarchen, die Propheten, den eigenen Sohn und schließlich die Apostel.[37] Selbst damit nicht zufrieden, habe Gott, um es an nichts mangeln zu lassen, sogar für die Aufzeichnungen seiner Worte gesorgt, damit sie nicht der Vergessenheit oder dem Betrug anheimfielen. So habe der Geist Gottes die Heilige Schrift durch den Mund seiner heiligen Werkzeuge

---

[36] Omnipotens ille ... condidit ... hoc domicilium; tum et omnes in eo contentas creaturas, ac praesertim Hominem, suam imaginem ...: ut ipse... agnosceretur, celebraretur, et glorificaretur ... illa infinita bonitas omnino voluit habere, cui se communicaret (Bl.):( ):(2[a]).

[37] Veruntamen Deus, non contentus hac sua tam gloriosa beneficaque patefactione; insuper etiam ... accessit Hominem, eumque coram humanissime allocutus est ... Atque id ille saepius fecit, multifariam multisque modis cum humano genere loquens, per se, Patriarchas, Prophetas proprium Filium (vgl. Hebr 1, 1—2), et tandem per Apostolos (Bl.):( ):(2[b]).

geredet und durch deren Hände aufgezeichnet.[38] Die Bibel sei das "Füllhorn aller himmlichen Güter"[39], sie lehre alles, was dem Menschen zu seiner Seligkeit erforderlich sei. "Deshalb", sagt Flacius, "war, ist und wird in der Kirche dieses Eine immer höchst notwendig sein, daß die Gläubigen, besonders die Lehrer, die Rede der Heiligen Schrift vollständig und vollkommen erkennen, durchschauen und sich vertraut machen."[40]

Wenn Flacius die Bibel mit dem Wort Gottes schlechthin gleichsetzt, so ist dies auch vor dem Hintergrund seiner Auseinandersetzungen mit dem Spiritualisten Caspar von Schwenckfeld zu sehen, der das äußerliche Schriftwort dem innerlichen Reden Gottes in dualistischer Weise gegenüberstellte.[41]

Die Bibel recht zu verstehen liegt nach Flacius nicht in der Macht des Menschen. Vielmehr "ist der Heilige Geist zugleich Verfasser und Ausleger der Schrift."[42] Denn der Mensch sei von Natur aus nicht nur unfähig, die Heilslehre der Bibel "zu lieben, zu begehren

---

[38] Neque tamen hoc solo ... beneficio contentus fuit: sed etiam imbecillitati nostrae, oblivionique mortalitati, succurrens, ac impostoribus obvians, scripto omnia illa luculenter comprehendi curavit. Quae sacra Scriptura ideo θεόπνευστος (vgl. 2 Tim 3, 16) dicitur: quia Spiritus S. eam, per os sanctorum Dei organorum, locutus est, et per eorundem manus conscripsit (ebd.). Zum Beweis der Theopneustie der Schrift führt Flacius darauf Jer 36 an.

[39] Copiae cornu omnium caelestium bonorum (Bl.)( )(4[a]). Die Vollgenügsamkeit der Bibel findet Flacius besonders in 2 Tim 3, 16 — 17 ausgesprochen (Bl.):( ):(2[b]).

[40] Quare id unum maximeque necessarium semper fuit, est et erit in Ecclesia, ut fideles, praesertim doctores, sermonem Sacrarum literarum quam plenissime ac perfectissime cognitum perspectumque, atque adeo ... familiarissimum habeant (Bl.)( )(4[a]).

[41] Siehe R. Keller, op. cit., S. 25 — 92.

[42] Spiritus S. est autor simul, et explicator Scripturae (Clavis II, Sp. 8, 10. Geldsetzer, S. 30 — 31).

und zu verstehen", sondern begegne ihr sogar mit Feindschaft.⁴³ Das Verstehen der Bibel schließt also die Person mit ein. Der fromme Mensch liest, wie Flacius sagt, die Bibel nicht so, als wäre sie ein totes Buch, sondern mit der Gewißheit, daß der lebendige Gott selbst durch sein Wort mit ihm handle.⁴⁴

Die Heilige Schrift ist aber, wie Flacius weiß, von einer geradezu verwirrend anmutenden Vielfalt des Inhalts. Er kann sie unter diesem Gesichtspunkt mit einer großen Sammlung mannigfaltiger Gesetze vergleichen.⁴⁵ Deshalb empfiehlt er, sich in erster Linie den hauptsächlichen Inhalt der Bibel bewußt zu machen. Er kleidet ihn in die Form zweier ineinander greifender Syllogismen.⁴⁶ Dadurch wird der Grundgedanke der Bibel nicht nur beschrieben, sondern — so meint es Flacius — zwingend bewiesen. Der erste Syllogismus bezieht sich auf das Alte Testament und hat folgende Gestalt:

Obersatz: Was Gott sagt, ist wahr.

---

43 At in sacra doctrina, omnes homines, sua natura, non tantum tardi ac stupidi sunt; sed etiam prorsus in contrarium sensum proni praecipitesque: non solum eam amare, expetere, ac intelligere nequimus; sed etiam stultam ac impiam iudicamus, prorsusque ab ea abhorremus (Clavis II, Sp. 1, 28—33. Geldsetzer, S. 4 — 5).

44 Sic vero in veneratione Sacras literas habere... debet pius homo; ut statuat, se non (ut ita dicam) mortuum librum legere ...; sed ipsius viventis Dei, nunc ibi coram secum agentis, oracula auscultare (Clavis II, Sp. 21, 66—22, 1. Geldsetzer, S. 88— 89).

45 Nusquam ferme, uno loco, ita plene prolixeque; res materiaeve, integra methodo pertractantur; ut nihil plane desideres praeterea (Clavis II, Sp. 67—69. Geldsetzer, S. 16 — 17). Dubium vero est, cur Scripturam sic quasi sententiatim et concisim, in quibusdam partibus tradiderit Deus, sicut et Ius Caesareum scriptum est; An quia ex singularibus casibus, seu eorum tractatione, utrumque ortum est? (Clavis II, Sp. 5, 14—17. Geldsetzer, S. 16 — 19).

46 Utile est, argumentum aut summam, totius scripti cognoscendi, breviter discentibus proponi. Summa ergo scripturae, sunt hi duo syllogismi ... (Clavis II, Sp. 9, 19—20. Geldsetzer, S. 34 — 35.)

Dies ist ein Axiom, das keines Beweises bedarf.
Untersatz: Mose und die Propheten sagen: "Unsere Worte sind Gottes Worte."
Schlußfolgerung: Also sind die Worte Moses und der Propheten wahr.

Flacius weiß allerdings, daß dieser Syllogismus in seiner Abstraktheit noch nichts beweist. Der Untersatz bedarf einer Begründung, die den Anspruch der Propheten, Gott rede durch sie, als wahr erweist. Die Begründung des Untersatzes entnimmt Flacius der Geschichte. Gott selbst habe die Worte Moses und der Propheten durch zahlreiche Wunder und Erfüllungen von Weissagungen bekräftigt.[47] Der zweite Syllogismus bezieht sich auf das Neue Testament, indem er die Conclusio des ersten Syllogismus als Obersatz verwendet, also:
Obersatz: Die Worte der Propheten, insbesondere über den Messias, sind wahr.
Untersatz: Jesus ist eine solche Person, wie sie von den Propheten als der Messias beschrieben wird.
Schlußfolgerung: Also ist Jesus der wahre Messias.
Wie beim alttestamentlichen Syllogimus, so wird auch beim neutestamentlichen der Untersatz aus der Geschichte begründet. Daß Jesus den messianischen Weissagungen des Alten Testaments bis in alle Einzelheiten entspricht, sieht Flacius in erster Linie durch die neutestamentlichen Augenzeugen verbürgt, an deren Zuverlässigkeit er

---

[47] Quicquid Deus dicit, verum est. Quod probatione non indiget: est enim primum principium totius Theologiae, apud omnem creaturam merito valens. Nostra (inquit Moses et Prophetae) dicta sunt Dei dicta ... Igitur nostra dicta et scripta, sive de creatione ac Lapsu, sive de benedicto semine aut Meschia, sunt verissima. Minorem probamus, tum praesentibus miraculis ... tum et sequentibus eventibus ... et aliis manifestissimis testimoniis: quibus Deus ... testatatus est, hosce nostros libros et doctrinam esse ipsius (Clavis II, Sp. 9, 22—35. Geldsetzer übersetzt "Minorem probamus" falsch mit "Den zweiten Syllogismus beweisen wir ...", S. 37).

selbstverständlich nicht zweifelt. Bestätigt werde deren Zeugnis in mancher Hinsicht auch durch die jüdischen Schriften, den Koran und schließlich die Ruinen Jerusalems und die Zerstreuung des jüdischen Volkes.⁴⁸

Die christozentrische Deutung der Bibel beruht auf alter Tradition. Das spezifisch Reformatorische besteht in der Verbindung dieser Deutung mit der Dialektik von Gesetz und Evangelium, die Flacius von Luther übernommen hat. Im Unterschied zu den meisten anderen Büchern enthalte die Bibel nicht eine, sondern zwei Lehrarten, und zudem solche, die sich zu widersprechen scheinen. "Die erste sagt ...: Der vollkommene Gehorsam gegen das Gesetz führt den, der es erfüllt, zum ewigen Leben. Die andere Lehre aber ruft dagegen: Wer jenem glaubt, ... der allein das Gesetz einhalten konnte und eingehalten hat, wird gerettet werden." Das Gesetz biete nur den Würdigen und Gerechten das Heil an, das Evangelium den Unwürdigsten. Der Widerspruch löst sich auf, indem das Gesetz dem Evangelium dienstbar gemacht wird. Seine ursprüngliche Aufgabe, den Menschen durch vollkommenen Gehorsam zum Heil zu führen, habe das Gesetz wegen der angeborenen Verderbnis des Menschen nicht erfüllen können. Deshalb habe es die "akzidentarische" Aufgabe übernommen, den Menschen zur Erkenntnis der Sünde zu führen und gleichsam "in die

---

[48] Porro, N. T. ... struit et concludit alterum syllogismum: sumpta illius (scil. veteris testamenti) conclusione pro sua Maiore ...: Quicquid vetus Testamentum aut Prophetae praedixerunt, de Meschia, et aliis rebus, id est verissimum ... Noster autem Iesus, prorsus talis persona est, ut a Prophetis Meschias depingitur ... Igitur hic ipse homo IESUS, est verus Meschias. Minor ... probatur ocularibus testibus ... Multa ... testantur Iudaei ac Turcae, cum suo Alcorano ... Nonnulla testantur etiam ipsae ruinae Hierosolymae, et dispersio reiecti Populi (Clavis II, Sp. 4, 35—60).

Netze des Messias" zu treiben.[49]

Im Bereich der reformatorischen Theologie war es üblich, die Unterscheidung von Gesetz und Evangelium mit der Unterscheidung von Altem und Neuem Testament bzw. Bund zu verbinden. Flacius vertritt aber eine neue Konzeption der Heilsgeschichte, wenn er die Unterscheidung von Gesetz und Evangelium auf drei Bundesschlüsse bezieht, nämlich den Verheißungsbund mit Adam und später mit Abraham, den Gesetzesbund mit Israel und Mose am Sinai und den Messiasbund oder Erfüllungsbund mit den Erben der Verheißung.[50] Durch die Voranstellung des Verheißungsbundes erscheint die Geschichte Israels in einem neuen Licht. Der Gesetzesbund habe den Verheißungsbund wie eine Schale bis zur Ankunft des Messias

---

[49] Quare observandum est, in hoc Libro non unum genus doctrinae contineri ...: sed duo genera, eaque quasi contraria. Quorum prius quidem, (teste Paulo Rom. 10. v. 5) dicit, Qui fecerit ea vivet in eis: seu, plenissima obedientia Legis, perducit facientem in vitam aeternam. Alterum vero contra clamat: Qui crediderit, aut fide apprehenderit illum, qui solus Legem praestare potuit ac praestituit, pro toto genere humano, servabitur. Joh. 3. v. 16. Duo ergo sunt genera doctrinae, Lex et Evangelium ... alterum ... non nisi dignis ac iustis, salutem offert: alterum vero, tantum indignissimis. Concordant vero hoc modo: ... cedit ... Lex Evangelio ... Naturale enim opus eius, aut per se erat, dare iustitiam ac vitam: Ro. 7. v. 10. Sed nunc accidentarium eius ministerium ... est, revelare et accusare nostram corruptissimam naturam ... Dum ergo nos accusat, ac convincit peccati et reatus aeterni exitii: cogit nos, ut aliquem Servatorem quaeramus: et ita nos veluti in retia Meschiae fugere compellit (Clavis II, Sp. 10, 39—70. Geldsetzer, S. 40 — 43.).

[50] Scriptura Veteris ac novi Testamenti, plerumque tantum duo testamenta expresse, additoque numero nominat ... Verum, diligenter attendenti Scripturas, aliquo modo tria comparebunt: nempe Abrahami (aut etiam Adami), Moysis, et Meschiae. Quorum tamen primum ut ultimum idem sunt ... Primum foedus aut testamentum ... potest dici Testamentum promissionis... Secundum foedus ... potest dici Foedus legis. Tertium foedus aut testamentum ... vocetur Foedus Meschiae et impletionis (Clavis I, Sp. 1237, 36—68).

umschlossen.⁵¹ Der Verheißungsbund und der Neue Bund in Christus würden sich nicht ihrem Inhalte nach unterscheiden, "sondern nur durch den Zeitabstand, die größere Klarheit der Offenbarung und die Erscheinung des ... gesegneten Samens."⁵² Für diese Schau der Heilsgeschichte beruft sich Flacius auf Gal 3 und Röm 9.⁵³ Mit dem Verständnis des Sinaibundes unter dem Vorzeichen der Heilsverheißung, die Gott niemals aufgehoben habe⁵⁴, hängt es zusammen, daß Flacius im Unterschied zu Luther und Calvin gemäß Röm 11,25—26 für die Endzeit die Bekehrung des ganzen Volkes Israel erwartet.⁵⁵

V.

Exemplarische Hinweise zur Bibelauslegung

Obwohl Flacius die Bibel als Ganzheit betrachtet, bemüht er sich auch, ihren einzelnen Schriften und deren Besonderheit gerecht zu

---

51 ... quod (scil. secundum testamentum) revera fuit, veluti cortex et testa quaedam, priori illi ac potiori circumpositum; donec intus in medio latitans foedus, et benedictus semen, maturesceret, adveniretque (Clavis I, Sp. 1238, 47—50).

52 ... non differt Abrahamicum (scil. testamentum) a novo nisi tantum temporis distantia, patefactionis perspicuitate, et promissi benedicti seminis praesenti exhibitione (Clavis I, Sp. 1238, 69—1239, 1).

53 Clavis I, Sp. 1238, 5—13 (Gal 3, 15—19); 1238, 23—24 (Röm 9, 4).

54 ... quod (scil. vetustissimum testamentum) est a Deo cum Adamo, Abrahamo, et aliis illis primis Patriarchis, institutum, ac nunquam abrogatum (Clavis I, Sp. 1238, 42— 44).

55 Glossa (wie in Anm. 34), f. 728, zu Röm 11, 25 —26: Praedicit fore, ut postquam Gentiles conversi et plurimi servati fuerint, tum demum etiam Iudaei convertantur. Hanc plenam (!) Iudaeorum conversionem videtur etiam Christus Lucae 21. praedicere. Siehe W. Preger, op. cit., II, S. 506.

werden. Es liegt im Wesen seiner humanistischen Ausbildung begründet, daß er hier Regeln und Gesichtspunkte anwendet, die auch für die Erforschung der antiken Literatur (wie jeder Literatur) maßgebend sind. Er sieht darin nicht den geringsten Widerspruch zu seiner Auffassung, der Geist Gottes selbst habe die Heilige Schrift "durch den Mund seiner heiligen Werkzeuge geredet und durch deren Hände aufgezeichnet".[56] Flacius' Schriftverständnis steht in einer gewissen Analogie zur Unterscheidung der zwei Naturen, der göttlichen und der menschlichen, in der einen Person Christi. Die menschliche Seite der Heiligen Schrift steht daher menschlichen Forschungsmethoden nicht nur offen, sondern macht ihre Anwendung geradezu erforderlich. So müsse man sich beim Studium einer Schrift zuerst bemühen, deren leitenden Gesichtspunkt (scopus) zu erfassen[57], sodann auch die Gliederung des Textes. Nur so lasse sich die Funktion der einzelnen Teile erkennen.[58] Ebenso sei auf die literarische Gattung zu achten, "ob es sich um eine Erzählung oder Geschichte, um eine Unterweisung oder irgendeine Lehre, um eine Trostschrift oder eine Schelte, um die Beschreibung irgendeiner Sache, um eine Rede oder etwas Ähnliches" handle.[59]

Wie sich die ganzheitliche Betrachtung mit der Erfassung der Besonderheiten verbindet, zeigt auch der erste Teil der Clavis Scrip-

---

[56] Siehe hier Anm. 38.

[57] Primum, scopus ipse, et tota summa, singulis partibus, atque adeo dictis, sententiis et vocibus, magnum lumen affert (Clavis II, Sp. 23, 2—4. Geldsetzer, S. 92 — 93).

[58] Praestat etiam; dispositio, ut tanto melius singulas partes cum illo scopo concinnare possis (Clavis II, Sp. 23, 8—9. Geldsetzer, S. 92 — 93).

[59] ... valde profuerit ... genus quoddam totius corporis perpendere; an sit narratio aut historia, institutio aut doctrina quaedam, consolatio, aut obiurgatio; vel alicuius rei descriptio, aliqua quasi oratio, aut quid simile (Clavis II, Sp. 23, 52—57. Geldsetzer, S. 96—97).

turae. Hier werden die biblischen Begriffe nach ihren verschiedenen Bedeutungen entsprechend dem jeweiligen Textzusammenhang entfaltet. Was einzelne biblische Autoren betrifft, so hat Flacius besonders den Stil des Paulus[60] und des Johannes[61] eingehend untersucht.

Die Clavis Scripturae enthält auch eine Abhandlung "über die einzelnen biblischen Bücher", die in ihre Besonderheiten einführen soll.[62] Der Psalter[63] gilt Flacius als "Auszug aller heiligen Bücher". Wer ihn einigermaßen verstehe, habe den Zugang zur ganzen Bibel gewonnen.[64] Die Anfangsworte eines Psalms seien gewissermaßen dessen These.[65] Alle Psalmen ließen sich zwei Gruppen zuordnen: die einen seien vom Menschen an Gott gerichtet, die anderen von Gott oder seinem Diener an den Menschen. Die erste Gruppe sei zu unterteilen in Bitt- und Dankpsalmen. Die von Gott an den Menschen gerichteten Psalmen würden sich in Lehr-, Mahn- und Trostpsalmen gliedern. Doch seien zuweilen die Genera auch in ein- und demselben Psalm vermischt.[66]

---

[60] Stylus Paulinus (Clavis II, Sp. 508, 24—528, 51).

[61] De stylo Iohannis (Clavis II, Sp. 528, 52—532, 66).

[62] De singulis sacrarum literarum libris (Clavis II, Sp. 83, 14—122, 38). Flacius faßt hier einzelne Schriften zu Corpora zusammen.

[63] Clavis II, Sp. 97, 8—99, 43.

[64] ... unus hic liber, iusta quaedam omnium sacrorum librorum Epitome, agnosci possit ... qui hunc mediocriter intelligit, stratam apertamque habet viam, quam ad intelligendos reliquos ingrediatur (Clavis II, Sp. 97, 18—22).

[65] Ipsa etiam initia Psalmorum, diligenter observata ac expensa, ferme secum argumentum afferunt. Plerumque enim sunt propositio totius Psalmi (Clavis II, Sp. 97, 33—35).

[66] Dividi porro Psalmi possunt, prima divisione, in duas series: quod alii sunt quasi ab homine erga Deum directi: alii vicissim velut a Deo, aut eius ministro, ad homines. Prior series potest subdividi, in precatorios, et eucharisticos (Clavis II, Sp. 98, 26—30) ... Porro, Psalmi directi ad homines, sunt didactici; aut exhortatorii, et consolatorii (Z. 40—41). Quidam sunt mixti generis (Z. 49—50).

Zur Sprache der Psalmen bemerkt Flacius: "Nirgends (sonst in der Bibel) werden Affekte, besonders heftige, häufiger bewegt, nirgends wechseln öfter die Personen der Redenden, nirgends sind Steigerungen oder Verkleinerungen (im Ausdruck) angemessener, nirgends (sonst) gibt es eine so große Mannigfaltigkeit und Anmut in bildlicher Rede, nirgends kann man die Stileigentümlichkeiten der Theologie auf geeignetere Weise beobachten. Kurz: es gibt keine Schriftgattung, die dem Psalter an Schmuck, Scharfsinn und Erhabenheit gleichkäme."[67] Wie beim Studium aller guten Schriftsteller, so sei in besonderem Maße bei dem der Psalmen persönliche Anteilnahme erforderlich. Eben deshalb sei der Psalter von so starken Affekten erfüllt.[68] "Wenn wir daher einen Psalm lesen, der die Sünden erkennt und bekennt und Vergebung erbittet, sollen wir ihn so lesen, ... als würden wir auf diese Weise unsere eigenen Sünden beklagen und demütig um Verzeihung bitten."[69] "Dies müßte aber um so mehr bei den heiligen Schriftstellern als bei den anderen geschehen, als diese ganze Lehre in der Praxis besteht."[70]

---

[67] ... nusquam affectus, praesertim vehementes, moventur crebrius: nusquam frequentiores personarum loquentiam mutationes: nusquam amplificationes, vel extenuationes magis appositae: nusquam tanta, in figuris sermonis varietas atque dulcedo: nusquam proprias Theologiae phrases observare datur commodius: denique, nullum scripti genus exstat, pari tractatum ornatu, acrimonia, maiestate (Clavis II, Sp. 98, 62—70).

[68] In omnibus vero bonis Scripturibus, sic cum maximo fructu versabere; si tu ipse veluti indueris personam loquentis ... Neque sine causa profecto, Psalmi tanta varietate ac vehementia affectuum sunt conscripti (Clavis II, Sp. 19, 16—24).

[69] Quare, cum legimus Psalmum, agnoscentem et confitentem peccata, et petentem condonationem; ita eum legamus ... ac si nos iam sic nostra peccata deploraremus et nobis suppliciter condonari flagitaremus (Clavis II, Sp. 99, 28—33).

[70] Hoc vero etiam tanto magis in Sacris fieri deberet, quam in aliis Scriptoribus: quanto magis haec doctrina in praxi consistit (Clavis II, Sp. 99, 40—42).

Flacius als Bibelausleger 35

Von den Evangelien[71] schreibt Flacius, sie würden die Hauptsache der ganzen Schrift darlegen, nämlich wie der verheißene Messias gekommen und das Werk unserer Erlösung vollbracht habe.[72] Freilich würden die vier Evangelien über die Geschichte Jesu Christi auf verschiedene Weise berichten.[73] Die Möglichkeit sachlicher Widersprüche schließt Flacius aber strikt aus. Er stellt die Regel auf: "Wenn bei einem Evangelisten ein Ereignis erzählt wird, das auch ein anderer Evangelist wiederzugeben scheint, in dem er aber teilweise dem ersten widerspricht, so daß sich der Widerspruch auf keine Weise lösen läßt, muß man die Sache so verstehen, daß es sich (in Wahrheit nicht um dasselbe Ereignis, sondern) um zwei nach Ort und Zeit verschiedene Ereignisse handelt."[74]

Zu den Schreiben des Paulus[75] stellt Flacius fest, daß sie zwar die formalen Kennzeichen der Gattung der Briefe aufwiesen, inhaltlich aber eher Büchern zu vergleichen seien. Denn zumeist und recht ausführlich behandle Paulus öffentliche Dinge, nämlich Fragen der

---

[71] Clavis II, Sp. 101, 15—104, 48.

[72] Evangelistae ... exponunt id, quod praecipuum est in tota Scriptura; nempe, quomodo Meschias, toties promissus, et tam avide expectatus, tandem advenerit; genusque humanum redimendo, salutem nostram peregerit (Clavis II, Sp. 101, 16—21).

[73] ... diligenter observandum est, quaenam facta dictave Christi, ab uno solo, aut a pluribus, vel etiam ab omnibus narrentur; ... Haud enim raro fit, ut alius aliam aliquam, vel particulam, vel circumstantiam rei, magis illustret; quam alius aut plane praetermisit, aut saltem obscurius exposuit (Clavis II, Sp. 101, 55—62).

[74] Si apud unum Evangelistam aliquid factum narratur, quod videtur ab alio Evangelista etiam recitatum, secundum aliquam tamen sui partem alteri repugnans, ut omnino solvi non possit; iam nihil aliud intelligatur, quam utrumque in diversis locis aut temporibus factum esse (Clavis II, Sp. 42, 68—43, 3).

[75] Clavis II, Sp. 104, 49—107, 41.

Gottesverehrung der christlichen Gemeinden.[76] Obwohl Flacius zugesteht, daß "auch die briefmäßigen Schlußworte und Grußformeln des Paulus sehr theologisch" seien, will er sie doch von der Lehre in rechter Weise getrennt wissen.[77] Paulus bediene sich den sachlichen Erfordernissen entsprechend verschiedener Arten der theologischen Rede. Die meisten seiner Briefe seien lehrmäßig oder dogmatisch. Der zweite Korintherbrief sei durchweg apologetisch, der Philipperbrief ein Mahnschreiben und der Philemonbrief ein Empfehlungsschreiben.[78] Seine Lehrbriefe pflege Paulus in zwei Hauptteile zu gliedern: einen dogmatischen und einen ethischen. "Im ersten erzieht er den inneren Menschen, im zweiten den äußeren, damit der ganze Mensch vollständig und vollkommen sei und dafür gehalten werde, sowohl von Gott als den Menschen."[79] Der Stil des Paulus, dem Flacius in

---

[76] In Epistolis necesse est, aliquas Epistolarum leges servare. Apostolus in eo non servat leges: quod ferme tantum de publicis negotiis, nempe de religione Ecclesiarum scribat, et quod etiam accuratius pleniusque de rebus disserat. quod magis proprium librorum est: cum Epistolae plerumque de privatis negotiis agant (Clavis II, 105, 4—9).

[77] Et omnia recte sunt, ab ipsa doctrina institutioneque separanda: tametsi etiam subscriptiones et salutationes ipsius, valde theologicae sint (Clavis II, Sp. 105, 16—18).

[78] Quinto, prudenter decernas oportet, ad quod genus causae, sive concionis theologicae, Epistola unaquaeque referatur. Enimvero pleraeque; sunt didascalici, sive dogmatici generis: exceptis posteriore ad Corinthios, illa ad Philippenses, et brevissima ad Philemonem. Quarum prima tota est Apologetica; ideoque generis correctorii, vel (ut Rhetorum more loquamur) iudicialis: secunda, hortatoria: tertia, commendativa, seu petitoria (Clavis II, Sp. 106, 37—44).

[79] Est Apostolo familiare, Epistolas secare in duas partes principales: quarum priore ea tradit, quae pertinent ad doctrinam; id est, dogmata fidei ... Posteriore vero exponit, quae referenda exsistunt ad institutionem; h. e. praecepta morum (Clavis II, Sp. 106, 55—64). In priore, erudit hominem internum; in posteriore, externum: ut totus homo integer atque perfectus, tam apud Deum, quam apud homines et sit, et habeatur (ebd., Sp. 107, 1—4).

der Clavis Scripturae eine ganze Abhandlung widmet[80], sei in seiner gewaltigen Wirkung dem des Perikles zu vergleichen.[81]

In seinem Aufsatz über "Luthers Bedeutung für den Fortschritt der Bibelauslegung" schreibt Karl Holl, Flacius habe klar die beiden Punkte erfaßt, "auf die es Luther bei der Auslegung ankam: ein grammatisches Verstehen, das zur Anschauung wird, und ein damit zusammengreifendes Nacherleben des Inhalts."[82] Dieses Urteil kann nur bestätigt werden.

VI.

Flacius' Bedeutung in der Geschichte der Bibelauslegung

Die "Kunstlehre", zu der Flacius Luthers Bibelauslegung weiterentwickelt hat, steht aber auch in einer problematischen Beziehung zu den hermeneutischen Grundanschauungen des Reformators. Flacius wirkte in der Spätzeit der Reformation. Sie ist gekennzeichnet durch das Streben nach konfessioneller Eindeutigkeit. Die katholische Kirche hat dieses Ziel in scharfer Abgrenzung von der Reformation durch die Lehrbestimmungen des Tridentiner Konzils erreicht. Der Protestantismus dagegen war in die Hauptrichtungen des Luthertums und

---

[80] Siehe hier Anm. 60.

[81] Quapropter, quod Graeci de Pericle dicere solent, eum fulminare, tonare, et totam commovere Graeciam: id nos multo iustius de nostro dicemus Paulo; qui vere fulmina et tonitrua sua oratione ciebat, quae in universa Asia atque Europa, imo toto orbe, quam late patet, exaudita sunt; et hodie quoque adhuc vox eius, per Dei gratiam, magnificum quiddam sonat (Clavis II, Sp. 107, 22—29).

[82] Wie Anm. 12, S. 578.

des Calvinismus gespalten. Zudem war das Luthertum selbst ein Kampfplatz heftiger Lehrstreitigkeiten. Als Hauptgegner standen sich Philippisten und Genesiolutheraner gegenüber. Flacius selbst war der Hauptvertreter der Letztgenannten. In dieser Zeit vielfältiger theologischer Auseinandersetzungen mußte die Lehre zum zentralen Thema werden und der Begriff der Lehre, in der Confessio Augustana noch mit dem der Predigt nahezu identisch, seine dogmatisch-exklusive Zuspitzung erfahren. Das bedeutet aber, daß die Bibel in jeder Hinsicht den Erfordernissen der Lehre entsprechen, ja, mehr noch, daß sie selbst zur schlechthin vollkommenen Lehre werden mußte. Sie als solche dargestellt und nach allen Regeln der Kunst, d. h. vornehmlich der Grammatik, Rhetorik und Dialektik, bearbeitet zu haben ist das geschichtliche Verdienst des Matthias Flacius Illyricus. Ihm ist die Bibel ein unausschöpflicher Schatz göttlicher Geheimnisse[83], sie enthält weder etwas Überflüssiges noch leidet sie an einem Mangel[84], sie ist frei von jeglichen Widersprüchen[85], allen Zeiten und Streitfragen wird sie gerecht.[86]

Dieses Bibelverständnis unterscheidet sich merklich von dem

---

[83] ... sacras Literas inexhaustum quendam divinae sapientiae, mysteriorumque, thesaurum continere (Clavis II, Sp. 676, 37—38).

[84] Deus mandat in Deuteronomio, certum librum sacrarum Literarum confici, eique nihil adimere, aut addere: contineri enim in eo perfectam sapientiam (Clavis II, 694, 52—55).

[85] Von den Regeln der Väter macht sich Flacius auch diese zu eigen: Ambiguitas et repugnantia, quae videtur in sacris Literis, ex ipsius textus consequentibus et adiunctis tollenda est (Clavis II, Sp. 165, 12—13). Selbstverständlich hält auch Flacius es für möglich, daß der Ausleger im Einzelfall nicht erkennt, quod potissimum Scriptor senserit; Dann gilt aber: etiamsi voluntas scriptoris incerta sit; sane fidei congruam, non inutile est, tenuisse sententiam (ebd., Z. 23—25).

[86] At Scriptura habet generales normas; et ita est mirabiliter divinitusque temperata, ut omnibus temporibus ac controversiis sit perinde accomodata (Clavis II, Sp. 690, 28—31).

Luthers. Während Luther das Alte Testament seinem hauptsächlichen Inhalt nach als Gesetzbuch bezeichnet[87], versteht er das Neue Testament nicht eigentlich als kodifizierte Offenbarung, sondern seinem Umfang und Wesen nach als Evangelium, d. h. als mündliche, lebendige frohe Botschaft von Gottes Heilstat in Christus. Es ist "gar nicht neutestamentisch", sagt Luther, "Bücher schreiben von christlicher Lehre", sondern "schon ein großer Abbruch und Gebrechen des Geistes". Die Not habe es erzwungen, als falsche Lehren aufkamen.[88] Muß dann aber nicht für Luther der neutestamentliche Kanon fragwürdig werden? Es ist, wenn man das Wort "fragwürdig" im eigentlichen Sinne versteht, tatsächlich so. Denn Luther befragt die Schriften des Neuen Testaments, ob und inwiefern sie Evangelium sind, d. h. "Christus treiben"[89]. Das Ergebnis dieser Befragung hat ihn dazu geführt, bestimmte Schriften als "die rechten und edelsten Bücher des Neuen Testaments" zu bewerten und an anderen, wie dem Jakobus-

---

[87] "So wisse nun, daß dies Buch ein Gesetzbuch ist ..." (Vorrede auf das Alte Testament, 1523, in: Luthers Vorreden zur Bibel. Hg. von Heinrich Bornkamm. Hamburg 1967, S. 32).

[88] WA (wie in Anm. 9) 10 I, 1, 626, 15—16; 627, 1—7. Siehe Paul Althaus: Die Theologie Martin Luthers. Gütersloh 1962, S. 71 — 72.

[89] "Auch ist das der rechte Prüfstein, alle Bücher zu tadeln (= zu untersuchen), wenn man siehet, ob sie Christum treiben oder nicht ..." (Vorrede auf die Episteln S. Jacobi und Judae, 1522, in: Luthers Vorrede, wie in Anm. 87, S. 177 — 178).

brief, dem Hebräerbrief und der Apokalypse, Kritik zu üben.[90] Selbstverständlich konnte ihm darin Flacius nicht folgen. Während Luther in der Frage der Rechtfertigung zwischen Paulus und dem Verfasser des Jakobusbriefes zu Recht einen offensichtlichen Widerspruch erkennt[91], bereitet es Flacius keine Mühe, die These des Paulus, "Rechtfertigung durch den Glauben", und die des Jakobus, "Rechtfertigung durch Werke", auf einen Nenner zu bringen.[92] Es ist bezeichnend für die sich anbahnende lutherische Scholastik, daß Flacius sich für seine Argumentation ausdrücklich auf Thomas von Aquin beruft. Während Luther den Hebräerbrief für ein nachapostolisches Schreiben hält[93], und zwar mit vollem Recht, kehrt Flacius zur mittelalterlichen, teilweise schon altkirchlichen Tradition der

---

[90] "Welches die rechten und edelsten Bücher des Neuen Testaments sind" (wie in Anm. 87, S. 140 — 141). Den Jakobusbrief hält Luther "für keines Apostels Schrift, und ist das meine Ursache: Aufs erste, daß sie stracks wider S. Paulum und alle andere Schrift den Werken die Rechtfertigung gibt ..." (wie in Anm. 87, S. 177). Am Hebräerbrief hat Luther auszusetzen, daß er "im 6. und 10. Kapitel stracks verneinet und versaget die Buße den Sündern nach der Taufe ..." (ebd. S. 176). Zur Apokalypse schreibt Luther 1522: "... mein Geist kann sich in das Buch nicht schicken ..." (ebd., S. 180). 1530 hat er eine völlig andere Vorrede zur Apokalypse verfaßt.

[91] Siehe Anm. 90.

[92] Sic et Paulus concedit Iacobo, Abrahamum iustificatum esse operibus, scilicet coram hominibus: Rom. 4. v. 2. Thomas quoque, super hanc Epistolam, eodem ferme modo exponit: quod videlicet operibus declaretur iustificatio coram hominibus; non autem efficiatur coram Deo (Clavis I, Sp. 695, 21—26). Flacius deutet Jakobus nach Paulus.

[93] "... daß die Epistel an die Hebräer nicht S. Pauli noch irgend eines Apostels sei, beweiset sich damit, daß im zweiten Kapitel (V. 3) stehet also: Diese Lehre ist durch die, die es selbst von dem Herrn gehört haben, auf uns gekommen und geblieben. Damit wird es klar, daß er von den Aposteln redet als ein Jünger, auf den solche Lehre von den Aposteln gekommen sei, vielleicht lange hernach" (wie in Anm. 87, S. 177).

paulinischen Verfasserschaft zurück.[94] Die inneren Indizien, die dagegen sprechen, wie der Stil dieser Epistel, beeindrucken ihn, den bedeutenden Philologen, merkwürdigerweise nicht. Er kann es sich nicht vorstellen, daß der Heilige Geist zur Abfassung des Hebräerbriefes, der entscheidend wichtige Lehren enthalte, wie die vom Hohenpriestertum Christi usw., einen unbekannten Apostelschüler gebraucht haben sollte. Nein, nur Paulus sei dieser Aufgabe würdig gewesen.

Dies und anderes mehr sind Konsequenzen des auf die doctrina ausgerichteten flacianischen Bibelverständnisses. Es bot der werdenden Orthodoxie eine feste Grundlage. Aber der Preis dafür war der Verlust jener Züge von Luthers Bibelverständnis, die dem geschichtlichen Charakter der göttlichen Offenbarung eher gerecht werden.

In der Rückschau erscheint die Orthodoxie vor allem als das Zeitalter der großen Lehrsysteme, in denen die Polemik breiten Raum einnahm. Es wird oft übersehen, daß hervorragende Systematiker wie Johann Gerhard zugleich bedeutende Bibelausleger waren.[95] Man kann jedoch fragen, ob nicht der klassische Pietismus noch reiner als die Orthodoxie die Hauptmotive der Bibeltheologie des Illyrikers aufgenommen und mit neuem Leben erfüllt hat. Die Verwandtschaft seiner hermeneutischen Grundgedanken mit denen des Flacius ist offensichtlich. Vor allem an Johann Albrecht Bengel wird dies deutlich.[96] Hier wie dort wird die Bibel verstanden als Ort der persönli-

---

[94] Quem vero etiam, tam sublimis materia ac scriptio potius decuisset; quam selectum Christi organum Paulum: qui totus, in gratiae ac beneficii Christi praedicationibus, quasi submersus est? (Clavis II, Sp. 518, 18—22).

[95] Siehe Rolf Schäfer: Die Bibelauslegung in der Geschichte der Kirche. Gütersloh 1980, S. 107 — 113.

[96] Schon als Theologiestudent beschäftigte sich Bengel mit Flacius. Siehe Gottfried Mälzer: Johann Albrecht Bengel. Leben und Werk. Stuttgart 1970, S.

chen Begegnung mit Gott.[97] Bengel und Flacius wissen ferner die persönliche Hingabe an das Schriftwort mit gründlichster philologischer Analyse zu verbinden. Bengels Forderung "Te totum applica ad textum, rem totam applica ad te"[98] könnte als Losung über der gesamten hermeneutisch-exegetischen Arbeit des Flacius stehen. Für Bengel wie für Flacius ist schließlich das Bibelstudium der Lebensnerv der gesamten Kirchengeschichte.[99] Genug der wenigen Hinweise! Es wäre eine lohnende Aufgabe, den Wirkungen des Illyrikers auf die Erforschung der Bibel im Pietismus, besonders im Lebenswerk Johann Albrecht Bengels, genauer nachzugehen. Mag auch seit der Aufklärung der Systemcharakter der flacianischen Bibelauslegung problematisch erscheinen, so ist doch nicht zu bestreiten, daß zahlreiche Auslegungsregeln und exegetische Beobachtungen, die wir Flacius verdanken, bleibend gültig sind.

---

40 u. 351.

[97] Martin Brecht bezeichnet Bengels "gesammeltes Hören auf den im Schriftwort begegnenden Gott" als "Bibelmystik" (TRE, wie in Anm. 1, Bd. 5, S. 584, 17—18).

[98] Diese Worte stehen im letzten (12.) Paragraphen der Vorrede von Bengels Oktavausgabe des griechischen Neuen Testaments (Tübingen 1734).

[99] Man vergleiche die hier in Anm. 40 zitierten Worte Flacius' mit folgenden Sätzen Bengels: "Scriptura ecclesiam sustentat: ecclesia Scripturam custodit. Quando enim viget ecclesia, Scriptura splendet: quando ecclesia aegrotat, Scriptura situm contrahit" (Gnomon Novi Testamenti ..., Tübingen 1752, Praefatio, § 5).

ANTE BILOKAPIC

Die Erbsünde
in der Lehre des Matthias Flacius Illyricus

Das Drama, das der Sündenfall der ersten Menschen oder des ersten Menschen hervorgerufen hat, ist eine Realität, der jeder Mensch ohne Ausnahme begegnet, wenn er auf diese Welt kommt. Die Erfahrung der Sünde, so scheint es, spüren gerade die Menschen mit einer größeren Intensität, die auf dieser Welt eine große und außerordentliche Rolle gespielt haben. Zu diesen Menschen sollten auf alle Fälle der Hl. Paulus, der Hl. Augustinus und Martin Luther gezählt werden. Wir heben sie deshalb besonders hervor, weil ihre Erfahrung von Sünde und Sündhaftigkeit, die sie durchlebt haben, der Ausgangspunkt ihrer Lehre von der Erbsünde war. Zu betonen ist, daß sie sich in ihren theologischen Diskussionen aufeinander berufen haben. Letztendlich erwähnen wir sie deshalb, weil eine klare Verbindung und Kontinuität zwischen ihren theologischen Auslegungen und denen von Matthias Flacius Illyricus erkennbar ist.

M. F. Illyricus hat das Geheimnis des Bösen und des Leidens tiefgreifend erfahren. So ist es auch nicht verwunderlich, daß er diesem Problem, d. h. dem Problem der Sünde, eine große Bedeutung beigemessen hat. Dem Geheimnis des Bösen und des Leidens begegnet er ernsthaft zum ersten Male am Ende seines Studiums in Wittenberg. Bei der Bewältigung dieser Krise oder dieses Dramas, wie er es nennt, hilft ihm vor allem Martin Luther mit seiner eigenen Erfahrung und seinem persönlichen Beispiel.

Das Kolloquium in Weimar, das er mit Viktor Strigel hatte[1], ist der Zeitpunkt, zu dem Flacius seine Lehre von der Erbsünde mit größerer Präzision öffentlich bekanntmacht. Der eigentliche Anlaß der Kontroverse über die Erbsünde ist die Veröffentlichung des zweiten Teils der *CLAVIS*[2], in welchem Flacius die Lehre von der Erbsünde in einer ganz extremen Weise auslegt: Er behauptet eindeutig, daß die Erbsünde nicht einfach ein Akzidens, sondern eine "forma substantialis des Menschen vor Gott" sei. Bei der Weimarer Disputation tritt die Erbsünde als ein Problem in Erscheinung, das für die protestantische Bewegung schwere Folgen nach sich zieht. Im vorgenannten Kolloquium bekräftigt Flacius wiederum die in der *CLAVIS* aufgestellte These, daß "die Erbsünde Substanz des Menschen geworden ist". Mit dem Zeitpunkt dieser scharfen Formulierung setzen die Schwierigkeiten und Verfolgungen ein, unter denen Flacius bis zu seinem Tode zu leiden hat. Doch wird Flacius diesen Gedanken, der bei der Weimarer Disputation ausgesprochen wird, bis zu seinem Tode vertreten und ihn dabei immer mehr vervollkommnen. Dies wird sich in zahlreichen Traktaten zeigen, in denen er von der Erb-

---

[1] Die Disputation wurde 1560 im Schloß zu Weimar abgehalten. Sie dauerte sieben Tage und hatte 13 Sitzungen. Zum erstenmal wurde ihr Inhalt 1562 veröffentlicht unter dem Titel: *Disputatio de originali peccato et libero arbitrio, inter Matthiam Flacium Illyricum et Victorinum Strigelum Vinariae per intergram hebdomadam, praesentibus Ilustriss. Sahoniae principibus Anno 1560. Initio Mensis Augustis habita*. Die gleiche Schrift über die Disputation wurde ein Jahr später (1563) unter demselben Titel herausgegeben, dieses Mal wesentlich erweitert um die neuen Flacius—Disputationen, jedoch ohne Orts— und Druckereiangaben.

[2] *Clavis Scripturae Sacrae seu De Sermone Sacrarum Litearum, Autore Matthia Flacio Illyrico*, Basiliae 1567. Das sehr wichtige Werk wurde noch fünfmal gedruckt: im Jahre 1580, 1581, 1628 jeweils in Basel; 1674 in Frankfurt und Leipzig. In unserer Arbeit beziehen wir uns auf die letzte Ausgabe.

sünde spricht und sich mit ihr auseinandersetzt.[3]

Bei der Auseinandersetzung mit der Erbsünde vergißt Flacius jedoch nicht, über die Sünde im allgemeinen zu sprechen, und wenn er dies tut, so beobachtet er sie unter allen Aspekten. Flacius behauptet, daß das Wort Sünde in der Hl. Schrift viele Bedeutungen und Ausdrucksformen habe.[4] Die Sünde ist, allgemein gesagt, eine Tat, durch welche Gottes Gebot übertreten wird oder bei welcher man sich seinem heiligen Willen oder Gebot widersetzt.[5]

Nachdem er die Synonyme des Begriffs "Sünde" durch Argumente aus der Bibel eruiert hat, geht er zur Klassifikation der Sünden über. An den Anfang setzt er die erste Sünde bzw. die Sünde der ersten Eltern, die diese Sünde durch die natürliche Geburt an ihre Kinder weitergeben, und die Grund und Ursprung aller weiteren Sünden ist. Mit anderen Worten: die Erbsünde besteht im Verstoß des ersten Menschen oder Menschenpaares gegen das Gebot Gottes. Und schließlich besteht sie nach Flacius im Wandel des ganzen menschlichen Wesens vom Bild Gottes zum Bilde des Teufels.[6] In bezug auf den Ursprung der Sünde unterscheidet er *peccatum originis*, das aus dem Fall Adams besteht, und *peccatum originale*, das durch unsere Sünde und Schuld bestimmt wird.[7]

Der wesentliche Inhalt der Sünde läßt sich auf dem Hintergrund der urständlichen *iustitia originalis* verstehen, die unter zwei Ge-

---

[3] Vgl. Bilokapić, Ante, *Attivita letteraria di Mattia Flacio Illirico*, Roma 1981, S. 48 — 55.

[4] Vgl. *Clavis* ... I, 847 — 851.

[5] Vgl. *Orthodoxa confessio M. Fl. Ill. De originali peccato* ..., 1571, S. 3; Haikola, Lauri, *Gesetz und Evangelium bei Mathias Flacius Illyricus*, Lund 1952, S. 97.

[6] Vgl. *Clavis* ..., I, 851 — 852.

[7] Vgl. *Clavis* ..., 852; *Orthodoxa* ..., S. 523.

sichtspunkten betrachtet werden kann: unter dem der Gabe und unter dem der Forderung. "Die Gabe bestand in einem gottgeschenkten, guten und geordneten habitus (*iustitia originalis 2, iustitia habitualis, imago Dei*), aus dem die aktuellen inneren und äußeren Werke ungehindert hervorgehen konnten. Alle Gerechtigkeit des Menschen vor Gott (*iustitia originalis 1*) bestand darin, daß Gott seine vollkommene habituelle und aktuelle Gerechtigkeit akzeptierte. Dementsprechend läßt sich die Erbsünde unter dem Gesichtspunkt der habituellen Unvollkommenheit und unter dem der juristischen Schuldhaftigkeit betrachten.[8] Hiervon ausgehend, unterscheidet Flacius bei der Erbsünde einerseits das <u>Materiale</u> oder <u>Fundamentale</u> und andererseits das <u>Formale</u> oder <u>Terminis</u>. Das Materiale der Erbsünde ist nach Flacius das ungeordnete menschliche Wesen, seine verderbte Natur, der Mensch als wahres Ebenbild des Teufels. Das Formale der Erbsünde besteht in der Schuld, die Gott dem Menschen zurechnet wegen seines Abweichens von der Norm des Gesetzes.[9]

Schon zuvor wurde erwähnt, daß Flacius in der Weimarer Disputation behauptet hat, die Erbsünde sei Substanz des Menschen. Diese radikale Behauptung bringt Mißverständnisse auf, die sich auf die Definition der mit dem freien Willen eng verbundenen Begriffe "Substantialität" und "Akzidentialität" beziehen. Im Grunde handelt es sich hier um die Begriffe "Substanz" und "Akzidens" oder um das totale und radikale menschliche Wesen vor Gott. Die Erbsünde ist ein *malum positivum*: der Mensch ist ein verdorbenes Wesen, völlig und radikal der Erbsünde verfallen, und hat das Bedürfnis nach einer neuen Geburt in Jesus Christus. Dies alles versucht Flacius mit dem

---

[8] Haikola, Lauri, op. cit, S. 101 — 102; vgl. *Clavis* ..., II, 644; *Orthodoxa* ..., S. 523.

[9] Vgl. *Clavis* ..., I, 857; Haikola, Lauri, op. cit, S. 103.

Begriff substantielle Form (*forma substantialis*) zu verdeutlichen, die ihrem Inhalt nach dem Begriff des Bildes gleichkommt bzw. gleicht, aus dem die gesamte Theologie hergeleitet werden sollte: *Imago Dei, imago Satanae* und neue Geburt *ex nihilo* in Jesus Christus. Exakt auf dem Boden dieser Auffassung arbeitet er seine Lehre über den *triplex status hominis* unter den drei oder fünf Monarchien aus:
1. Gott; 2. Adam; 3. Christus; 4. Antichrist; 5. Endzeit.
2 und 4, 3 und 5 können nach Flacius auch zusammenfallen, so daß sich dann ein *triplex status hominis* ergibt:

Triplex status:	$\begin{cases} Libertas \\ Servitus \\ Liberatio \end{cases}$	*Hominis:*	$\begin{cases} Integri \\ Lapsi \\ Redempti. \end{cases}$

Integri sind jene, die frei sind von Ungerechtigkeit und Strafe, *Lapsi* sind Diener der Schuld und Strafe, und *Redempti* sind diejenigen, die von Ungerechtigkeit, Tod bzw. Strafe erlöst sind.[10]

Der theologische Begriff "Forma", den Flacius in unterschiedlicher Weise verwendet (*forma substantialis, substantia formalis, forma essentialis* und *essentia formalis*), hat bei ihm zwei Bedeutungen: Sünde, die tatsächlich ein *malum positivum* ist (der Mensch ist vor Gott ein *malum positivum*), sowie der Mensch, der ein absolutes Bedürfnis nach der Wiedergeburt in Jesus Christus hat. Wenn Flacius von der Substantialität der Erbsünde spricht, zielt er nur auf eine Teilsubstanz des Menschen ab, die *forma substantialis* (*anima rationalis*), die durch Anstiftung des Teufels in etwas anderes verwandelt

---

[10] Vgl. *Disputatio de originali peccato et libero arbitrio*, ..., S. 208; Moldaenke, Günter, *Schriftverständnis und Schriftdeutung im Zeitalter der Reformation I*, Stuttgart 1936, S. 88.

worden ist. Die vorherige Form der Seele (*imago Dei*) ist in eine andere (*imago Diaboli*) verkehrt worden.[11]

Die Erbsünde, so Flacius weiter, bedeutet immer eine grundlegende Veränderung, bei der die wesensbestimmende Form eines Dinges (*forma substantialis*) verloren geht und ein unbestimmter materieller Untergrund (*vilioris materia* oder *massa hominis*) übrigbleibt, aus dem dann die neue Substanz durch Aufnahme einer gänzlich neuen Form (*imago Diaboli*) entsteht. Deshalb muß die substantielle Veränderung (*transmutatio, immutatio*) von der akzidentiellen Veränderung (*alternatio*) unterschieden werden, die von den Synergisten vertreten wird, vor allem von Flacius' Gegner Strigel.[12] Die Materie kann nicht völlig ohne Form sein, das eine kann ohne das andere nicht existieren.[13]

Wenn Flacius von der völligen und totalen Zerstörung und Veränderung der formalen Substanz spricht, die mit der Erbsünde eingetreten ist, so denkt er nicht an die *forma substantiale* des gegenwärtigen sündigen Menschen, sondern an eine neue *forma substantialis*, die ein neues Geschöpf voraussetzt, das in diesem Fall dem Teufel zugeschrieben wird. Das zu verstehen scheint auf den ersten Blick unklar und schwierig. Das Dilemma löst Flacius, indem er zwei substantielle Formen der Seele voneinander unterscheidet: ein höheres und ein niedrigeres Leben (*vita spiritualis et naturalis*). "Die höhere substantielle Form (*noblissima in summo grado*), die primär nur einen Teil der Seele umfaßt, wurde gänzlich vernichtet und in das Bild des Teufels verwandelt. Die niedrigere Form dagegen bleibt als nachfolgendes

---

[11] *Clavis* ..., II, 638 – 639; Haikola, L., op. cit., S. 118 – 119.
[12] *Clavis* ..., II, 647; Haikola, L., op. cit., S. 119.
[13] Vgl. Haikola, L., op. cit., S. 119.

Prinzip in der Materie (im Leibe) erhalten."[14] So ist die Materie (der Leib) durch die substantielle Verderbnis des höheren Seelenteils getroffen, aber in ihr bleibt noch ein Teil der ursprünglichen Vollkommenheit und Ordnung übrig. Angesichts der Verkehrung, in der sich die höchste formale Substanz völlig veränderte und nur die niedrigere Substanz in gewisser Weise unzerstört blieb, behauptet Flacius, daß der grundlegend zerstörte oder substantiell verderbte gegenwärtige Mensch dennoch ein Geschöpf Gottes und keinesfalls des Teufels sei.[15] In diesem Sinne ist der Teufel nicht Schöpfer eines neuen Geschöpfes, sondern verdirbt nur die gottgeschaffene höchste formale Substanz. "Die niedrige Substanz, die Flacius als *substantia materialis* bezeichnet, ist der übriggebliebene Rest der ursprünglichen Substanz."[16] Die niedrigere Substanz (*externa et crassa forma*) oder die niedrige Substanz *substantia materialis* (*vilioris materia aut massa hominis*) — (Leib und Seele) konstituiert nach Flacius die Substanz des sündigen Menschen. Als solcher ist der Mensch reduziert von der Vollkommenheit auf einen Zustand einfacher Natur (*natura pura*) und nimmt den Namen eines irdischen und philosophischen Menschen an. Somit unterscheidet er sich von dem ursprünglichen und theologischen Menschen.[17]

Die Philosophie bewertet und beschreibt den Menschen nach seinem Verstand und nach seinen Erfindungen. Sie beschäftigt sich

---

[14] Ders., S. 123.

[15] Vgl. Flacius Illyricus, *Christliches Bekenntnis Matth. Flacii Illyrici von der Erbsünde wider das Pelagianische und Sophistische Accidens* ... Anno M.D.LXXI, S. 102 (das Buch wurde nicht von Flacius numeriert, wir haben uns der Numerierung L. Haikolas bedient); Haikola, L., op. cit., S. 123 — 124.

[16] Haikola, L., op. cit., S. 126; vgl. *Clavis* ..., II, 638 — 639.

[17] Vgl. Flacius Illyricus, *Christliches Bekenntnis Matth. Flacii Illyrici von der Erbsünde* ..., S. 74; Haikola, L., op. cit., S. 124.

mit dem Daseinsziel des irdischen Menschen, seinem Glück und seiner Harmonie, und sie zeigt, wie der Mensch sein Daseinsziel erreichen kann. Die Theologie nimmt jedoch den Menschen in seinem hohen Grade vor Gott (*coram Deo*) an. So erscheint in ihr der Mensch als Ebenbild Gottes oder als Bild des Teufels.[18]

Die tatsächliche Einschätzung der Erbsünde in der Lehre Matthias Flacius Illyricus' auszulegen ist eine schwierige Aufgabe, weil sich in seinen Werken über die Lehre der Erbsünde Theologie und Philosophie oft verflechten. In seine Formulierungen über dieses Problem mischen sich zusätzlich der Enthusiasmus eines Gläubigen und der eines großen Predigers der neuen Idee. Diese Tatsache war einer der Gründe für die Mißverständnisse, die sich zwischen ihm und seinen Gegnern entwickelten.

Bei dem Kolloquium in Weimar 1560 proklamiert er, wie wir schon betont haben, die These, daß die Sünde eine neue Substanz des Menschen sei. Die Theorie erläutert er noch zusätzlich in vielen Disputen und anderen Werken, die von der Erbsünde handeln. Wegen dieser seiner Substantialitätslehre wird er von seinen Gegnern, die an der Theorie der Akzidentität festhalten, beschuldigt, ein Manichäer zu sein. Dem folgt deren "Formula Concordiae"[19], welche die Theorie

---

[18] Vgl. *Clavis* ..., II, 657; Haikola, L., op. cit., S. 124.

[19] "Formula Concordiae": Die Streitigkeiten, die nach dem Tode Luthers innerhalb der lutheranischen Kirche ausbrachen, haben die lutheranischen Theologen in zwei gegensätzliche Gruppen gespalten: In die Philippisten (die Anhänger Melanchthons) und die Flacianer (die Anhänger des Flacius). Diese Gegensätze haben länger als eine Generation gedauert. Nach mehrjährigen Kämpfen und zahlreichen regionalen Übereinkünften (concordiae) wurde mit Genehmigung aller lutheranischen Fürsten 1577 die "Formula Concordiae" als Mittelweg zwischen Philippisten und Flacianern erarbeitet.
Im Jahre 1580, alo fünfzig Jahre nach der Augsburger Konfession, wurde in Dresden das "Konkordienbuch" (Die Bekenntnisschriften der evangelisch—lutherischen Kirche) publiziert, das folgende Texte enthält: *Die drei*

des Flacius verurteilt, der Mensch sei eine substantielle Verwandlung zum Bösen.

Die Autoren der "Formula Concordiae" unterscheiden im Disput mit Flacius zwischen der Substanz und der Erbsünde. Die Natur (des Menschen) ist ein Werk Gottes geblieben, und die Erbsünde ist ein Werk des Teufels. Die Natur des Menschen, der gesündigt hat, ist eine Schöpfung Gottes geblieben und ist durch Christus gerettet worden. Die Sünde und die Natur des Menschen sind keine zwei Substanzen wie Gift und Wasser. Weiterhin wird betont, daß "die Natur des Menschen verdorben ist, und daß das Wort Natur nicht die gleiche Bedeutung hat wie Substanz, sondern wie Defekt der Substanz."[20] In diesem Sinn ist die Erbsünde nach Flacius "nichts anderes als eine Eigenart der Natur, die aber keine Natur ist, so wie Lepra sich im Körper befindet und untrennbar vom Körper ist, jedoch nicht der Körper selbst ist".[21] Der Erbsünde wird eine Kategorie des Akzidens appliziert, welche nur eine Qualität ist.[22]

Es ist offensichtlich, daß die Verfasser der "Formula Concordiae" die Erbsünde im Sinn der Akzidentialität definiert und damit die These des Flacius automatisch verurteilt haben. Diese Verurteilung des Flacius erfolgt zu Unrecht; denn, wie einer der größten luthe-

---

altkirchlichen Symbole; die Augsburgische Konfession; die Apologie der Konfession; die Schmalkaldischen Artikel nebst dem Anhang Melanchthons von der Gewalt und Obrigkeit des Papstes; den Kleinen Katechismus, den Großen Katechismus sowie die Konkordienformel.
Unmittelbar nach ihrer Veröffentlichung wurde diese Sammlung der kirchlichen Schriften der evangelisch–lutherischen Kirche zur Norm für alle protestantischen und lutherischen Kirchen.

20 Alszeghy, Zoltan, *Il peccato originale nella confessione di fede.* In: Gregorianum, 47 (166), S. 94.

21 Vgl. ders., S. 95.

22 Vgl. ders., S. 95.

ranischen Dogmatiker, Karl Barth, es ausdrückt, ist die Lehre von der Erbsünde nicht so unannehmbar, wie dies seine Gegner behaupten. Nach der Terminologie des Aristoteles und im Sinne der theologischen Form muß die Erbsünde als menschliche Substanz bezeichnet werden; denn der ganze Mensch ist sündig und als solcher von Gott erkannt und verworfen worden. In seiner Sündhaftigkeit muß er sich vor Gott bekennen, und es muß sein Bedürfnis sein, sich mit Gott zu versöhnen. Unter diesem Gesichtspunkt kann sich der Mensch vor Gott sowohl als Bild des Teufels (der nach dem Sündenfall substantiell zum Bösen verwandelte Mensch) wie auch als Ebenbild Gottes (der in Jesus Christus neugeborene Mensch) zeigen.[23]

---

[23] Vgl. Barth, Karl, *Kirchliche Dogmatik, III, 2*, Zürich 1959, S. 29 — 30; Deutsch, Vlado, *Sukob flacionista i filipista i njegovo značenje za protestantizam*. In: *Znanstveni skup posvećen Miji Mirkoviću*, Pula — Rijeka — Zagreb 1971, S. 43.

BEATRIX SCHMIDT

Das *ALPHABETUM SLAVONICUM* in der *OTROZHIA BIBLIA* von *1566* – zur Frage der Autorschaft des Flacius Illyricus

I.

Einleitung

Der kleine Beitrag, den ich im Rahmen der weitreichenden Thematik dieses Symposiums leisten kann, befaßt sich mit einem lateinischen Alphabet für slavische Sprachen, das unter dem Titel ALPHABETUM SLAVONICUM in der 1566 anonym erschienenen OTROZHIA BIBLIA (Kinderbibel) enthalten ist. Dieses Alphabet ist verschiedenen Persönlichkeiten der Reformationszeit zugeschrieben worden, u. a. auch Flacius Illyricus.

Die OTROZHIA BIBLIA ist nur in drei Exemplaren erhalten, die sich in Rom, London und Ulm (?) befinden, Nachdrucke von 1578 sind in den Universitätsbibliotheken von Ljubljana und Graz. Eines der Exemplare von 1566 trägt eine Widmung des Flacius Illyricus.

Das Büchlein wurde für die protestantische ständische Schule (stanovska šola) in Ljubljana in der Regensburger Druckerei von Johannes Burger gedruckt. Neben dem ALPHABETUM enthält es den Katechismus "von fünfferlei Sprachen" sowie religiöse Texte in slovenischer Sprache, darunter eine ANTITHESIS PAPISTICAE & EVANGELICAE FIDEI.

Die Tatsache, daß die OTROZHIA BIBLIA anonym erschienen ist, hat zu verschiedenen Vermutungen hinsichtlich des Autors Anlaß gegeben. Der Biograph Primož Trubars, Rupel, nennt den Flacius—Schüler Sebastian Krelj als Verfasser (1961/62)[1], ebenso Breyer (1952)[2], während der Flacius-Biograph Mirković diesem die Autorschaft zuschreibt (1960)[3]. Kidrič[4] hat schon 1924 eine Beteiligung des Flacius an der Kinderbibel für wahrscheinlich gehalten, und Sakrausky äußerte 1968[5], er halte es für möglich, daß die Urheberschaft des Flacius nachgewiesen werden könne.

Auch der slovenische Reformator Primož Trubar ist als Autor in Erwägung gezogen worden, ebenso die beiden kroatischen Übersetzer beim Ungnad/Trubarschen Bibelunternehmen in Urach, Stipan Konzul Istranin und Antun Dalmatin (Dalmata), Konzul bereits von Kopitar.

Das ALPHABETUM SLAVONICUM ist auch Vergerius (Pietro Paolo Vergerio) zugeschrieben worden. Vergerius, zunächst Bischof von Capodistria und päpstlicher Nuntius, hatte nach der Begegnung mit Luther dessen Schriften studiert und sich nach 1548 ganz dem Protestantismus zugewandt; zeitweilig stand er sowohl mit Trubar als auch mit Flacius in Kontakt, der ihm die zweite Ausgabe seiner Schrift DE VOCABULO FIDEI widmete (1555, mit geändertem Titel DE VOCE ET RE FIDEI).

Auch zwischen Trubar und Flacius gab es Verbindungen — so verwendete Trubar bei seinem Katechismus von 1550 u. a. das oben-

---

[1] Rupel, *Biographie*, S. 238.
[2] Breyer, S. 31.
[3] Mirković, S. 218.
[4] Kidrič, S. 123/124.
[5] Sakrausky, S. 146/147.

genannte Werk des Flacius (erste Ausgabe 1549). Bei den kroatischen Übersetzungen hätte man in Urach eine Mitarbeit des Flacius sehr begrüßt, sie wurde aber von den fürstlichen Gönnern des Unternehmens abgelehnt, da er als Häretiker galt. Trotzdem hat Flacius Texte der kroatischen Übersetzer überprüft und einmal eine Vorlage für das cyrillische Alphabet nach Urach geschickt, sein Name aber durfte dort nicht in Erscheinung treten.

II.

Zu den mutmaßlichen Autoren

Argumente für oder gegen eine Autorschaft am ALPHABETUM SLAVONICUM lassen sich ableiten
— aus den Umständen der Entstehung der OTROZHIA BIBLIA,
— aus Inhalt und Form des Alphabets und
— aus den Texten der OTROZHIA BIBLIA.

II.1 Zu Vergerius

Den Briefen Trubars ist zu entnehmen, daß Vergerius weder Slovenisch noch Kroatisch sprach[6] (an anderer Stelle heißt es, daß er ein wenig Kroatisch sprach). Die 1555 geplante Zusammenarbeit zwischen den beiden brachte keine Ergebnisse, auch verwarf Trubar die unrealistische Idee des Vergerius, in einem slavischen Idiom zu schreiben, welches Slovenisch und Kroatisch in sich vereinen sollte. So ist es höchst unwahrscheinlich, daß Vergerius mit so geringen Sprachkenntnissen ein Alphabet hätte entwerfen können, das der Phonetik

---

[6] Elze, S. 42/43

slavischer Sprachen doch weitgehend Rechnung trägt.

II.2 Zu Stipan Konzul und Antun Dalmatin (Dalmata)

Die Annahme, daß die kroatischen Übersetzer Konzul und Dalmatin die Urheber des ALPHABETUM SLAVONICUM seien, liegt zunächst nahe, es ist sogar bekannt, daß sie um die Zeit der Drucklegung der OTROZHIA BIBLIA nach Regensburg reisten (März 1566). Die Schreibweise ihrer Lateinschrift–Texte in kroatischer Sprache weicht aber, wie Kidrič bereits 1924 dargelegt hat[7], von der der OTROZHIA BIBLIA so stark ab, daß sie als Autoren nicht in Frage kommen. Hinzuzufügen ist, daß die lateinischen Abecedarien aus Urach sich auch formal wesentlich vom ALPHABETUM SLAVONICUM unterscheiden.

II.3 Zu Primož Trubar

Die gleichen Argumente sprechen auch gegen Primož Trubar als Autor des ALPHABETUM. Da er es ja war, der den Stil der Arbeitsweise in Urach bestimmte, hatte er keinen Anlaß, ein neues, von den bisherigen Abecedarien stark abweichendes Alphabet herauszubringen. Über Trubars kroatiche Sprachkenntnisse haben wir von ihm selbst einige etwas widersprüchliche Äußerungen[8], man gewinnt aber den Eindruck, daß sie ihm wohl zu gering erschienen wären, um sich an die Aufgabe zu wagen, ein gemeinsames Alphabet für das Slovenische und das Kroatische zu schaffen.

---

[7] Kidrič, S. 124.

[8] Elze, S. 43; *Ta pervi deil tiga Noviga Testamenta, Teütsche Vorred.* Tübingen 1957.

II.4 Zu Krelj und Flacius

Es ergibt sich somit die Frage: War Krelj, der die slovenische Orthographie begründete und dem die OTROZHIA BIBLIA zugeschrieben wird, auch der Schöpfer des ALPHABETUM SLAVONICUM, oder ist dieses ein Entwurf seines Lehrers Flacius?

Die Umstände der Entstehung der Kinderbibel weisen auf beide hin. Das Buch war für die ständische Schule in Ljubljana bestimmt, an der Kinder unterschiedlicher Muttersprache im Geiste der Reformation unterrichtet wurden. Krelj, seit 1563 Prädikant, seit 1565 Superintendent in Ljubljana, reiste in diesen Jahren mehrmals nach Regensburg, wo sein Lehrer Flacius Zuflucht gefunden hatte. Über ihre gemeinsame Arbeit an der OTROZHIA BIBLIA sind im Regensburger Archiv Aufzeichnungen erhalten, aus denen hervorgeht, daß Flacius den Druck redaktionell überwachte[9]. Da Flacius in Regensburg Druckverbot hatte, hätte Krelj das Büchlein unter seinem Namen veröffentlichen können; vielleicht unterließ er dies gerade deshalb, weil Flacius einen erheblichen Anteil daran hatte.

Da Krelj Slovene war, könnte Flacius den kroatischen Katechismustext verfaßt haben — nach Mirković[10] gibt es auch hierfür Belege in Regensburg. Da Flacius den Druck überwachte, ist es naheliegend anzunehmen, daß er für die deutschsprachigen Drucker ein Lateinschrift-Alphabet zusammenstellte, mit dem er die Mängel der bisherigen slavischen Drucke auszugleichen suchte. Auch konnte das ALPHABETUM SLAVONICUM als Muster für die künftige Druckgestaltung gedacht sein, denn Flacius plante, die Uracher Druckerei nach Regensburg zu verlegen.

Auch die Bezeichnung ALPHABETUM SLAVONICUM ist ein

---

[9] Mirković, S. 219.
[10] ders., S. 405.11.

Novum im Vergleich zu den Uracher Drucken, deren Titel jeweils nur auf eine einzige Sprache hinweist, z. B.
- 1550 *Catechiſmus in der Windischen Sprach* (=Slovenisch)
- 1555 und 1566 ... *Slouenci* bzw. *Slouenſki/slouenski ludi*
- 1561 *Catechißmus in der Crobatischen Sprach*.

Demgegenüber ist das ALPHABETUM SLAVONICUM auf jeden Fall für zwei Sprachen, Slovenisch und Kroatisch, bestimmt, möglicherweise aber ist es – wie das Wort SLAVONICUM nahelegt – noch für weitere slavische Sprachen gedacht gewesen, und vielleicht hatte der Urheber sogar die Vorstellung, daß dieses lateinische Alphabet an die Stelle der cyrillischen und der glagolitischen Schrift treten könnte.

III.

Inhalt und Form

Um in Kürze das ALPHABETUM SLAVONICUM im Unterschied zu den zeitgenössischen Orthographien zu skizzieren, greife ich nur einige wenige Punkte heraus.

III.1 Reihenfolge der Buchstaben

Bei der Reihenfolge der Buchstaben halten sich Trubars Abecedarien genau an das lateinische bzw. deutsche Alphabet und übernehmen dabei auch Buchstaben, die das Slovenische nicht benötigt, wie *q*, *x* und *y*, wobei bei den Beispielen notfalls Fremdwörter bzw. -namen angeführt werden (*buquice; pridigarye; Xenofon, Xantos*). Der große glagolitische Probezettel von 1560 und das glagolitische Abecedarium von 1561 zeigen die übliche Reihenfolge der Glagolica, nur fehlen in einigen Alphabeten die Zeichen *iže*, *dzělo*, *jer*, *on*.

Das ALPHABETUM SLAVONICUM geht — als lateinisches Alphabet — von der Abfolge des glagolitischen Alphabets aus, jedoch mit einigen Umstellungen ab dem 8. Buchstaben (*dzělo*), die deutlich auf eine andere Vorlage als in Urach hinweisen. Die oben genannten Zeichen, in Urach teilweise weggelassen, sind alle vorhanden. Für /*jat*/ und /*ja*/ bietet das Alphabet unterschiedliche Zeichen. Besonders auffallend ist, daß die Buchstaben mit ihren alten slavischen Namen bezeichnet sind. Dies alles deutet auf einen linguistisch gebildeten Verfasser aus der glagolitischen Tradition hin — beides trifft auf Flacius zu.

III.2 Wiedergabe slavische Phoneme in Lateinschrift

Für die Phoneme /č/, /ž/, /š/ im Gegensatz zu /c/, /z/, /s/, deren Unterscheidung für die slavischen Sprachen wichtig ist, haben die glagolitische und die cyrillische Schrift eindeutige Zeichen. In den lateinschriftlichen kroatischen Texten jener Zeit werden sie durch stark variierende Buchstabenverbindungen wiedergegeben, die sich an der italienischen (meist der venezianischen, im Bereich von Dubrovnik an der toskanischen) Orthographie orientieren.

In den Uracher Abecedarien, die deutsche und ungarische Einflüsse zeigen, treten diese wichtigen Phoneme in der Abfolge der Buchstaben gar nicht in Erscheinung — ihre Schreibweise ist nur aus den Wortbeispielen und Texten zu entnehmen. Im Text lassen sich Widersprüche beobachten, z. B. findet man im Katechismus von 1566 die Schreibweise *sh*

— sowohl für stimmhaftes /ž/ *sheli* (*želi*), *dershen* (*deržen*)
— als auch für stimmloses /š/ *nash* (*naš*), *bosh* (*boš*)
oder das Zeichen ſ für stimmloses /s/ wie für stimmhaftes /z/:

— ſahvalil inu reſlomil (zahvalil inu reṣlomil),

um nur einige Beispiele herauszugreifen.

Das ALPHABETUM SLAVONICUM bezieht demgegenüber diese wichtigen Phoneme entsprechend der glagolitischen und der cyrillischen Schrift mit in die Buchstabenfolge ein. Hierbei werden die überlieferten Grapheme für /s/, das sog. "lange" s̱ und das sog. "runde" s̠, sinnvoll zur Unterscheidung von Stimmhaftigkeit und Stimmlosigkeit eingesetzt, d. h. es wird für /s/ das lange, für /z/ das runde s̠ geschrieben.

Die Palatalität von /š/ bzw. /ž/ wird jeweils durch Anfügen von ẖ ausgedrückt, es wird also für stimmloses /š/ ſh, für stimmhaftes /ž/ sh geschrieben, z. B.

— stimmloses   /s̠/   ſlovo (slovo)
— stimmhaftes   /z/   semlia (zemlja)
— stimmloses   /š/   ſha (ša)
— stimmhaftes   /ž/   shivěte (živete).

Man kann also für die Wiedergabe der Phonempaare

/z/:/ž/   (zemlja : živete) und /s̠/:/š/ (slovo : ša)

Alph. Slavon.   S s : SH sh   S ſ : SH ſh

durchaus von wissenschaftlicher Exaktheit und Konsequenz sprechen. Bei dem Phonempaar /c/:/č/ ist diese nur teilweise gegeben, doch wird die Palatalität auch hier durch Anügen von ẖ ausgedrückt:

/c/ Alph.Sl.   C c   /č/ Alph.Sl.   Zh zh
(ci)   (červ)   zherv.

Auf jeden Fall bietet das ALPHABETUM SLAVONICUM durch die Vorgabe der Buchstabenkombinationen klare Richtlinien, wodurch die Erlernbarkeit gefördert wird.

Die Buchstaben "Jat" und "Jer", die bei Trubar nur in einem Teil der Abecedarien erscheinen, werden im ALPHABETUM SLA-

VONICUM durch e̱ wiedergegeben und durch den *accent grave* (Jer) bzw. *aigu* (Jat) unterschieden. Die Verwendung diakritischer Zeichen kann eine Übernahme aus dalmatinischen Schreibweisen sein, es wäre aber auch eine Anlehnung an die von Hus geschaffene tschechische Orthographie denkbar — ein Hinweis auf Flacius, der sich mit Hus' Schriften beschäftigt hat.

Schon diese wenigen Beispiele zeigen, daß der Verfasser des ALPHABETUM SLAVONICUM sich der linguistischen Problematik in ganz anderem Maße bewußt war als die Mitarbeiter des Uracher Bibelunternehmens: Dort stellte man Abecedarien zusammen, die die Funktion von Fibeln hatten, beim ALPHABETUM SLAVONICUM dagegen erkennt man ein weitergreifendes Bemühen um eine Neuschöpfung auf der Grundlage der Tradition.

IV.

Anmerkungen zu Texten in der OTROZHIA BIBLIA

Hinweise auf Flacius können wir auch aus einigen Texten der OTROZHIA BIBLIA ablesen.

Der slovenische und der kroatische Katechismus in diesem Buche weichen in Aufbau und Wortlaut vom Lutherschen und Brenzschen Katechismus ab, die damals allgemein im Umlauf waren, wie Kidrič festgestellt hat; er nimmt an, daß der Text auf Flacius zurückgeht,[11] was ja für den kroatischen Katechismus ohnehin naheliegt.

Insbesondere aber spricht ein anderer Text in der OTROZHIA BIBLIA für die Mitarbeit des Flacius Illyricus, nämlich die "*ANTI-*

---

[11] Kidrič, S. 122/123.

THESIS PAPISTICAE & EVANGELICAE FIDEI" (Antithesis inu raslozhenie prave chriſtianske inu antichriſtianſke krive Vere).
Der Verfasser setzt sich mit den Fragen der Erbsünde und des freien Willens, des Evangeliums und der Rechtfertigung, der Eucharistie, des Priestertums und des Papsttums auseinander; er stellt in jedem der sechs "Artikel" die protestantische Auffassung der katholischen gegenüber und hebt abschließend die größere Beweiskraft der protestantischen Argumente hervor. Diese Argumente enthalten wesentliche Elemente des Flacianismus, z. B. hinsichtlich der Rechtfertigung und der Eucharistie.[12] Der polemische Stil dieser ANTITHESIS und die scharfe Ausdrucksweise lassen an Flacius als Autor oder Initiator denken und erinnern an eine 1555 unter Pseudonym erschienene kroatische Streitschrift mit dem Titel "RASGOVARANGE MEGIU PAPISTU I GEDNIM LUTERAN", die aufgrund vieler Argumente mit Wahrscheinlichkeit Flacius zuzuschreiben ist.

V.

Zusammenfassung

Die hier skizzierten Zusammenhänge und Schlußfolgerungen, die sich aus der Entstehungsgeschichte, der formalen Konzeption und dem Kontext des ALPHABETUM SLAVONICUM ergeben, sprechen für eine Autorschaft des Flacius Illyricus. Ich möchte abschließend noch ein weiteres Argument hinzufügen:

Es ist bekannt, daß Flacius sich während der Regensburger Jahre (1562 – 1566) um die Verwirklichung einer großen Idee bemühte –

---

[12] nach Kidrič, S. 123.

der Gründung einer Universität, zunächst in Klagenfurt, dann in Regensburg. Diese Universität sollte den Völkern Südosteuropas neben dem humanistischen Bildungsgut vor allem die religiöse Erneuerung durch die Reformation vermitteln, und vielleicht auch noch den unter dem Joch des Papsttums stehenden Italienern und sogar den Europa bedrohenden Türken — der Geißel Gottes —, der man so vielleicht durch eine neue, ursprüngliche Frömmigkeit Einhalt gebieten konnte.

Bei seinen Bemühungen zur Unterstützung dieses Vorhabens hatte Flacius keinen Erfolg — vermutlich konnte sein wissenschaftlicher Ruf keinen Ausgleich bieten für den Makel der Häresie.

Im Hinblick auf diesen Plan einer Universität mit einem so großen Wirkungskreis käme dem ALPHABETUM SLAVONICUM eine ganz andere Bedeutung zu. Dieses relativ konsequent gestaltete Alphabet, dessen Titel schon die Verwendbarkeit für mehrere slavische Sprachen andeutet, hätte, über die Universität verbreitet, die Lateinschrift zu den Balkanvölkern gebracht und zur Überwindung der Schriftbarriere beigetragen und so diesen Völkern den Anschluß an die geistigen Bewegungen Zentraleuropas weit früher ermöglicht, als er tatsächlich erfolgt ist.

Die Konzeption eines Alphabets, das dem slavischen Leser neben den religiösen Texten in der eigenen Sprache auch die Wissenschaft der Zeit in lateinischer Sprache zugänglich gemacht hätte, läßt auf einen Verfasser mit dem weiten Horizont des Flacius Illyricus schließen.

Dennoch wird man auch Sebastian Krelj als Autor des ALPHABETUM SLAVONICUM in Betracht ziehen müssen, vor allem wegen der Parallelen zu der von Krelj geschaffenen slovenischen Orthographie. Die aufgeführten Argumente und die breitere wissenschaftliche Basis sprechen aber eher für Flacius als Urheber, zumindest kann man eine intensive Mitwirkung seinerseits annehmen, die über richtungsgebende Hinweise an seinen Schüler hinausging. In jedem Fall kann man im ALPHABETUM SLAVONICUM einen kleinen Bestandteil der großen kulturellen Leistung des Flacius Illyricus sehen.

Literatur

M. Breyer, *O starim i rijetkim jugoslavenskim knjigama.* Zagreb 1952.
P. Diels, "Aus der Geschichte der lateinischen Schrift bei den Südslaven." In: *Sitzungsberichte der Bayer. Akademie der Wissenschaften 1950, Heft 10.* München 1951.
Th. Elze, *Primus Trubers Briefe* (= Bd. CCXV der Bibliothek des literar. Vereins in Stuttgart). Tübingen 1897.
Fr. Kidrič, "Otrozhia Biblia 1566." In: *Časopis za slovenski jezik, književnost in zgodovino, IV Letnik.* Ljubljana 1924, S. 121 — 125.
M. Mirković, *Matija Vlačić Ilirik.* Zagreb 1960.
M. Rupel, *Primus Truber.* Deutsche Übersetzung und Bearbeitung B. Saria (= Bd. 5 der Südosteuropa—Schriften). München 1965.
Ders., "Der große und der kleine glagolitische Probezettel von 1560." In: *Welt der Slaven II.* München 1957, S. 257 — 266.
A. Slodnjak, *Studije in eseji.* Maribor 1966.
G. Stökl, *Die deutsch—slavische Südostgrenze des Reiches im 16. Jahrhundert* (= Schriften des Osteuropa—Institutes zu Breslau, Neue Reihe, Heft 12). Breslau 1940.
R. Trofenik (Hg.), *Abhandlungen über die slovenische Reformation* (= Geschichte, Kultur und Geisteswelt der Slovenen, Bd. 1). München 1968.
O. Sakrausky, "Theologische Strömungen in der reformatorischen Literatur der Slovenen und Kroaten." In: *Abhandlungen über die slovenische Reformation (= Geschichte, Kultur und Geisteswelt der Slovenen, Bd.1.)* München 1968, S. 135—151.

Ivan Kordić

Systematische und geschichtliche Bedeutung des Organismusbegriffs für das Verstehen und der Text als lebendiger Körper bei Flacius

I.

Einführung

Es ist mit Sicherheit nicht übertrieben, wenn Dilthey behauptet, daß in der "zweiten Abteilung der Hermeneutik des Flacius der Keim einer modernen Theorie über den Vorgang der Auslegung enthalten ist."[1] Dieser Keim hat seine Früchte getragen, explizit oder implizit, in der weiteren Entwicklung hermeneutischen Denkens bis zur heutigen Zeit. So kann Flacius von Geldsetzer ruhigen Gewissens als "Mitbegründer der modernen Hermeneutik"[2] bezeichnet werden.

Es ist nicht zu bestreiten, daß das Hauptinteresse des Flacius der Heiligen Schrift und ihrem Text gilt, diesen will er ergründen, und zwar möglichst gründlich und objektiv, auch wenn er sich seinem dogmatisch–religiösen Eifer nicht immer entziehen kann. Dieses sein Bemühen um den konkreten Text in seiner konkreten Aussagekraft, auch wenn er diese Konkretheit nicht selten aus den Augen verliert,

---

[1] W. Dilthey, Weltanschauung und Analyse des Menschen seit Renaissance und Reformation. Ges. Schriften, Bd. II, S. 122.

[2] L. Geldsetzer (Hg.), Matthias Flacius Illyricus, De ratione cognoscendi sacras litteras. S. 4 der Einleitung.

läßt auch Gadamer den engsten Mitarbeiter von Luther und Melanchthon als den "ersten Begründer der protestantischen Hermeneutik"[3] bezeichnen. Gadamer ist sogar der Überzeugung, daß man die hermeneutische Theorie des Flacius überhaupt nicht als eine dogmatische betrachten kann, weil es ihm um konkreten Text geht, und weil er humanistische und philologische Prinzipien der Auslegung nicht mißachtete, die den Skopus und den Kontext jedes Textes berücksichtigen wollen. So sagt er wörtlich: "Alle Lektüre und Auslegung der Heiligen Schrift, insbesondere aber auch das Wort der Predigt, das die Heilige Schrift so zum Leben erwecken soll, daß sie erneut zur Botschaft wird, stehen unter dem kerygmatischen Anspruch des Evangeliums. Das hat eine hermeneutische Besinnung anzuerkennen, und dieser Anspruch rechtfertigt keineswegs, daß die hermeneutische Theorie des Flacius deshalb dogmatisch genannt werden dürfte. Sie sucht nichts anderes als eine adäquate theoretische Begründung des Schriftprinzips, das Luther aufgestellt hatte. Die hermeneutische Lehre des Flacius verstößt nicht gegen die humanistischen und philologischen Prinzipien rechter Auslegung, wenn sie einen religiösen Text als religiöse Botschaft versteht. Sie verlangt nirgends inhaltlich dogmatische Vorannahmen, die sich am Text des Neuen Testaments nicht ausweisen lassen, sondern eine diesem Text gegenüber überlegene Instanz darstellen. Das Ganze seiner Hermeneutik folgt dem einen Grundsatz, daß allein der Zusammenhang den Sinn einzelner Worte, Textstellen usw. wirklich bestimmen kann: '*ut sensus locorum tum ex scopo scripti aut textus, cum ex toto contextu petatur*'"[4]

Flacius ist, wie übrigens jeder Denker und somit auch jeder Hermeneutiker, mit der Frage nach dem Verhältnis des Einzelnen

---

[3] H.-G. Gadamer, Rhetorik und Hermeneutik. Kleine Schriften IV, S. 153.
[4] Ebd., S. 157.

und des Ganzen und ihrer Interaktion konfrontiert, die auch eine Zirkelstruktur zum Ausdruck bringt, die verschiedene Formen anzunehmen vermag. Und wenn er sich mit einem Text beschäftigt, versucht er, alle dogmatischen Vorannahmen zurückzustellen und den Text in seiner Vielschichtigkeit mit verschiedenen Methoden und Denkmodellen zu ergründen. Die hermeneutische Bedeutung der zirkelhaften Bewegung zwischen dem Einzelnen und dem Ganzen fand auch im differenziert zu betrachtenden Begriff der Analogie ihren Niederschlag und ihren Ausdruck. Die analogische Angewiesenheit des Verstehens des Einzelnen auf das Verstehen des Ganzen und die konstituierende Kraft des Einzelnen für das Ganze läßt aber eine neue Form der differenzierten Ganzheit in ihrer ontologischen und hermeneutischen Relevanz erscheinen. Das Sein als Ganzes, aber auch der Text als eine Ganzheit, können in ihrer Differenziertheit auch als ein lebendiger Organismus betrachtet werden, der zu verstehen und zu reflektieren ist. Die Organismusmetapher ist besonders seit der Romantik aus dem hermeneutischen Verfahren nicht mehr wegzudenken. Diese Metapher kannte aber auch Flacius in seinem hermeneutischen Denken. Deshalb wollen wir uns auch dieser Problematik zuwenden, um die hermeneutische Relevanz des Flacius in diesem Zusammenhang beleuchten zu können.

II.

Systematische und geschichtliche Bedeutung des Organismusbegriffs

Im Gegenbegriff zu einem mechanisch–positivistischen Verständnis einer Ganzheit will das organische Verständnis diese als eine ganzheitliche, hierarchisch gegliederte und zielgerichtete Größe betrachten. So wird der Organismus als Metapher für viele Bereiche des menschlichen Geistes und seiner Produkte angesehen, die ihre sprachliche oder eine andere Gestalt gewonnen haben. Das Ganze besitzt seine Einheit trotz seiner Gliederung in Einzelheiten. Diese gewinnen ihren Sinn, ihr Leben, ja, man kann sagen, ihren Geist aus dem Ganzen, das in einem gewissen analogischen Verhältnis zum Einzelnen steht, jenes ist aber ursprünglicher als dieses.[5] Es kann alles, auch die als tot geltende Materie, als eine belebte, organische Ganzheit, die in ihrer Vielfalt und Einheit verstanden werden soll, betrachtet werden.[6] Das Denken versucht, diese Vielfalt in der Einheit, das Gegründete im Grund, das Besondere im Allgemeinen, das Mannigfaltige im Einen als in seinem Ursprung, der eine organische Totalität ist, zu erkennen. Der Nous, die Vernunft strebt danach, in einer ständigen Kreisbewegung die Einheit der Vielfalt zu erreichen.[7] Dieses ständige Bemühen, jedes Ganze als eine Einheit in einer größeren Einheit zu verstehen, bis hin zur Totalität des Ganzen, die der Geist zu erfassen versucht, gilt als Bedingung der Möglichkeit des Verstehens überhaupt. Und wie immer die Totalität verstanden wird, ist sie das Ziel, dem sich der menschliche Geist in jedem verstehenden Zugang zur Wirklichkeit nähern will, auch wenn er sich dessen bewußt ist, daß diese zirkelhafte Bewegung vom Einzelnen zum Ganzen und vom Ganzen zum Einzelnen keine restlose Objektivität des zu Verstehen-

---

[5] Wie es schon Aristoteles (Pol. 1252 b 30 — 1253 a) behauptet.

[6] So vergleicht Plato als erster auch das Ganze des Universums mit dem belebten menschlichen Organismus (Tim 6,30 b—d). Für Leibniz ist "alle Materie vor allem organisch" (Leibniz, Kleine Schriften. S. 379).

[7] Wie es in der Geistesgeschichte des Abendlandes besonders im Neuplatonismus und bei Hegel der Fall ist (vgl. dazu besonders W. Beierwaltes, Proklos. S. 17 ff., 31, 47 ff. und 165 ff.).

den vermitteln kann.

Auf dem Hintergrund des Gedankens, daß jede Ganzheit eine organisch gegliederte ist, stellt sich auch die Frage, inwieweit der verstehende Zugang zur Wirklichkeit eines Textes mit einer organischen Einheit rechnen kann und muß, die als eine organische, in einer zirkelhaften Bewegung zwischen dem Einzelnen und dem Ganzen, und umgekehrt, zu verstehende ist.

Das Einzelne will im Ganzen verstanden werden, ihre Einheit soll als eine untrennbare, organische gelten. Dieses organische Ganze ist aber nicht etwas Objektivierbares, unter anderem auch deshalb nicht, weil in jeder Interpretation der Interpretierende mit einbezogen ist. Die Ausbildung eines Ganzen, von dem her das Einzelne beleuchtet wird, ist auch die Leistung eines Einzelnen, der sich nicht außerhalb des Ganzen stellen kann. Die organische Einheit ist also nur approximativ zu erkennen, weil das Ganze immer mehr ist als die Summe der einzelnen Teile eines Ganzen, wie es schon Aristoteles in seiner Metaphysik behauptete.[8] Sie entzieht sich aller dogmatischen Festlegung, auch wenn diese immer wieder versucht wird, nicht nur in dogmatischen Aussagen der Theologie, sondern auch in allen anderen Bereichen des menschlichen Geistes.

Das Ganze als eine Grundlage für das Verständnis des Einzelnen, das in seiner organischen Einheit mit dem Ganzen gesehen werden soll, muß im Kontext des jeweiligen Textes, des Lebens— und Denkzusammenhangs gesucht werden. Weder Kontext aber, noch Lebens— noch Denkzusammenhang sind außerhalb des geschichtlichen und des subjektiven Geschehens zu finden. Auch wenn der Text als eine organische Einheit gesehen wird, ist diese Einheit relativ, weil sie eine geschichtlich relative Größe ist. Und wenn man das Ganze in

---

[8] Vgl. Metaphysik 1023 b.

seiner Beziehung auf das Einzelne als eine funktionale Beziehung im Sinne des Strukturalismus versteht, ist das Ganze trotzdem mehr, als in dieser funktionalen Beziehung gesehen werden kann. Ihre Beziehung ist gleichsam das organische Leben, das nur als Ganzes Leben ist und doch auch in den Teilen die Bedingungen seines Ganzen hat. So ist der Grundsatz alles Verstehens, aus dem Einzelnen den Sinn, den Geist des Ganzen zu ermitteln und durch das Ganze das Einzelne zu begreifen. Das Einzelne ist das Glied des Ganzen und das Ganze die Sphäre, in der das Einzelne lebt, sich bewegt und gedacht werden kann. Sie bedingen sich gegenseitig, sie sind ein harmonisches Ganzes.[9]

Der Begriff der organischen Einheit ist in seinen verschiedenen Modifikationen implizit oder explizit in der ganzen Geistesgeschichte des Abendlandes, wie schon angedeutet, bekannt. Eine ontologisch gedachte identische Einheit des Seins, die als solche unveränderlich und starr wäre, weicht immer wieder der organischen Einheit, deren Charakteristikum das heraklitische Werden ist. Dieses macht es unmöglich, das zu verstehende Ganze als eine seiende Transzendenz zu betrachten, die dann die lebendige, organisch verstandene Bewegung reflexiv vernachlässigen würde. So wird ein Gedanken— oder Kunstgebilde, genauso wie die lebendige und unlebendige Natur, als Organismus betrachtet. Sowohl der Kosmos als auch der Staat sind Organismen eigener Art, weil sie immer wieder als Ganzes und als Einzelnes erscheinen. Der menschliche Organismus wird mit dem staatlichen verglichen,[10] weil beide als eine dynamische Einheit fungieren, die eine ständige Interaktion des Ganzen und des Einzelnen aufrechterhält und das vielschichtige Leben in seinen Erscheinungsformen für ein geistig—spekulatives Erfassen anbietet.

---

[9] Vgl. dazu besonders F. Ast, Grundlinien ..., S. 178 f.
[10] Vgl. dazu besonders Plato, Resp. V, 10, 462 cd; 12, 464 b.

Die aus der Antike stammende Organismusmetapher für die verschiedenen Erscheinungsformen des Geistes, besonders in seiner objektiven Gestalt, findet im deutschen Idealismus, besonders bei Ast und Hegel, und noch mehr in der Romantik und ihren späteren geistigen Nachströmungen, ihre spekulative Vertiefung, bei Friedrich Schlegel, Schleiermacher und Dilthey, vielleicht sogar auch beim modernen Strukturalismus. So ist F. Ast der Überzeugung: "Alle Systeme, Ideen und Meinungen sind Offenbarungen Eines Geistes, und durch diesen in sich selbst verbunden. Ihre Einheit ist keine von außen durch irgend einen Begriff ihnen aufgedrungene, sondern ihnen unmittelbar eingeboren"; sie sind ein "Organismus", "höheres Leben".[11]

Hegels Organismusbegriff, der dem von Ast verwandt ist, ist an der Präformation und an dem Selbsterhaltungsprozeß des Geistes orientiert. Ein Organismus findet dabei das Ende und das Produkt seiner Tätigkeit als das, was er schon von Anfang an und ursprünglich ist. Dieser Begriff korrespondiert mit dem Begriff der Wirklichkeit, die eine geschichtliche Selbstverwirklichung und Arbeit des Geistes ist, der als eine organisch gesonderte Totalität verstanden wird, und dies besonders im Sinne der Objektivierung des Geistes im Staatsorganismus.[12]

F. Schlegel und seine Epoche weist der Sprache im Ganzen des geistigen Seins eine besondere Rolle zu. Dabei wird die Sprache als ein Organismus bezeichnet, der als Ausdruck eines allgemeinen spekulativen Prinzips gilt,[13] das die Grundlage auch der ganzen Literatur

---

[11] F. Ast, Grundriß einer Geschichte der Philosophie. S. 3.

[12] Vgl. G. W. F. Hegel, Enzyklopädie. (1830³) § 365.

[13] Vgl. E. Cassirer, Philosophie der symbolischen Formen. Teil I: Die Sprache. S. 96.

ist. Dieses organische spekulative Prinzip möchte sich den mechanistischen Spekulationen aus der Mitte des 18. Jahrhunderts entgegensetzen und stellt den Geist als den Mittelpunkt des Organischen dar.[14] So treibt die Philosophie bei F. Schlegel den menschlichen Geist vom Einzelnen zum Ganzen.[15] Sie muß den "Organismus aller Künste und Wissenschaften" konstruieren, um zur Wahrheit, die jedoch relativ ist, zu kommen.[16] In seinen ästhetischen Überlegungen kommt er zur Überzeugung, daß die Literatur "ein großes durchaus zusammenhängendes und gleich organisiertes, in ihrer Einheit viele Kunstwelten umfassendes Ganzes und eigenes Kunstwerk" ist.[17] Die Literatur als solche ist also eine durchaus organisierte Einheit, die ihre verschiedenen Welten, Dimensionen hat. Es gibt aber verschiedene Gattungen von Künstlern und Kunstwerken, die wiederum ihrerseits eine Einheit, ein Ganzes darstellen. Das letzte Ganze für Schlegel ist endlich das einzelne Werk, das als Ganzes die einzelnen Teile in sich birgt. Um das einzelne Werk aber verstehen zu können, muß man das Ganze betrachten.[18] Dabei muß man die Glieder des Ganzen und seinen Gliederbau nachkonstruieren können. Dies ist aber nur deshalb möglich, weil die Nachkonstruktion den Weg der schaffenden organisierenden Einheit des Schöpfers unter dem Gesichtspunkt des Ganzen, der Idee aufweisen kann.[19] Diese Nachkonstruktion läßt erkennen, daß jedes Werk ein lebendiges, organisches Ganzes ist, das man in seine Bestandteile teilen, aber nicht zerlegen kann. Denn jeder

---

[14] M. Elsässer, Kritik am Ding. S. 68 f.
[15] F. Schlegel, Charakteristiken und Kritiken 1., Krit. Ausgabe, Bd. II, S. 410.
[16] Vgl. ebd., S. 411.
[17] Ders., Charakteristiken und Kritiken 2., Krit. Ausgabe. Bd. III, S. 38.
[18] Vgl. ebd., S. 56.
[19] Vgl. ebd., S. 60.

Teil ist auch ein lebendiges Ganzes, das nur im Ganzen seine Fülle hat. Eine mechanische Zerlegung zerstört das Ganze und die Teile des Werkes.[20] Das Ganze auch des Einzelnen ist als etwas Lebendiges, organisch Aufgebautes zu betrachten.

Für F. Schlegel stehen alle Dinge der Welt in einem organischen Zusammenhang. Alle Dinge und alle Begriffe der Dinge sind verbunden. Den Grundsatz der Begriffsverbindungen leitet man aus der Idee der unendlichen Fülle und der unendlichen Einheit ab. Wenn man diese beiden Begriffe verbindet, "so entsteht der Begriff des organischen Zusammenhangs. Denn organisch heißt gerade dasjenige, worin Einheit und Fülle auf das innigste verbunden sind; was in sich selbst ganz und in seinen Teilen vollendet ist, ein Ganzes, wo alle Glieder und Teile in ein System harmonisch verschmolzen, zu einem Zwecke wechselseitig zusammenwirken, so daß jeder Teil für das Ganze notwendig ist, die einzelnen Teile und Glieder aber doch nur durch das Ganze bestimmt und beherrscht werden."[21] Dieses Verschmolzensein des Einzelnen mit dem Ganzen in einem harmonischen Zusammenhang ist als eine lebendige Verbindung eines belebten Körpers zu sehen. Sie unterscheidet sich von einer Verbindung nach dem Gesetz der Kausalität, die als eine äußerliche zu bezeichnen ist. Sie findet zwischen allen Gliedern in der ganzen Kette von Ursachen und Wirkungen statt, wodurch die Glieder äußerlich zusammenhängen, aber doch kein lebendiges Ganzes bilden. Und "dieser Unterschied zwischen der bloß mechanischen Verknüpfung und jenem innern organischen Zusammenhange, wovon hier die Rede ist, ist genau derselbe, welcher stattfindet zwischen der künstlichen Verbindung der verschiedenen Teile eines mechanischen Werkzeugs oder Kunstwerks und der

---

20 Vgl. ders., Charakteristiken und Kritiken 1., Krit. Ausgabe, Bd. II, S. 140 f.
21 Ders., Philosophische Vorlesungen 2., Krit. Ausgabe, Bd. XIII, S. 262.

lebendigen Einheit, wodurch die Glieder eines belebten Wesens und Körpers zu einem Ganzen vereinigt werden."²²

Das Organische, die Einheit des Ganzen und des Einzelnen ist aber hermeneutisch gesehen irgendwie im Buchstaben angelegt, fixiert, der lebendige Geist hat sich im Text sozusagen fixieren lassen. Deshalb muß das Lesen und das Interpretieren den Buchstaben so überwinden, daß der Geist "fließend gemacht wird",²³ was eine magische Handlung ist, eine Handlung, die nicht leicht zu verstehen und zu schematisieren ist, denn "daß ein Mensch den andren versteht, ist philosophisch unbegreiflich, wohl aber magisch. Es ist das Geheimniß der Gottwerdung; die Blüthe des Einen wird Saame für den andern."²⁴ Schlegel spricht metaphorisch: das Verstehen ist etwas Magisches, der Buchstabe wird gleichsam beschworen, seinen Geist als Samen für den Interpreten herzugeben. Der Same ist dann die Bedingung, die das Verstehen zum reifen Organismus bringt. Und dies alles geschieht irgendwie geheimnishaft, denn das Werk als Ganzes ist kein Aggregat von Teilen, nichts mechanisch zu Verbindendes, sondern etwas durch Leben und Geist Durchdrungenes, das nicht restlos verstanden und auseinandergenommen werden kann. Gerade deshalb konnte Schlegel in seinen philosophischen Bemühungen eine geplante Enzyklopädie des Ganzen der Wissenschaften als eine Einheit nicht abschließen. Denn ihm ging es um das Geheimnis des Ganzen, das in seinen Teilen und im Verhältnis der Teile zum Ganzen nicht restlos abzugrenzen, zu definieren und damit zu einer übersehbaren organischen Einheit zu bringen ist. Und aus dieser Einsicht heraus kommt Schlegel in seinen hermeneutischen Überlegungen zur Überzeugung,

---

22 Ebd., S. 262 f.

23 Ders., Philosophische Lehrjahre. Krit. Ausgabe, Bd. XVIII, S. 344.

24 Ebd., S. 253.

daß die bisherige Hermeneutik bzw. Philologie zu sehr analytisch und zu wenig synthetisch, eine gewisse Geheimnishaftigkeit und einen Mystizismus nicht berücksichtigend, vorgeht. Deshalb soll Philologie mehr Philosophie als Formularphilologie sein.[25]

Philosophie hat bei Schlegel etwas Mystisches, Erhabenes, nicht zu Erfassendes in sich. Ihm schwebt die Idee des organischen Ganzen vor, das auf dem Wege der Anschauung und Intuition zu erfassen ist. Damit setzt er sich vom Rationalismus der Aufklärer ab.[26] Da aber das Ganze ein Mystisches und rational nicht ganz zu Erfassendes ist, ist auch jeder Text als der fixierte und der zum Fließen zu bringende Geist zu betrachten. Und da das Ganze nicht in einem enzyklopädischen System unterzubringen ist, ist auch ein Text ein organisches Ganzes, das in der Wechselwirkung seines Ganzen und seiner Teile immer neu interpretiert und verstanden werden soll, weil der fixierte Geist immer neu zum Fließen gebracht oder aber im fixierten Zustand belassen werden kann. In einem organischen Ineinander stehen Künste und Wissenschaften, genauso wie in einem organischen Ineinander das Ganze und die Teile eines Textes stehen.

Wie Schlegel ist auch Schleiermacher der Überzeugung: das Geflecht des Ganzen, gleich ob es um das ontologisch gedachte Sein, die Welt, die Lebenszusammenhänge oder ihren schriftlichen Niederschlag geht, ist nicht kausal-mechanisch faßbar. Das Ganze ist gegliedert, und es entwickelt sich aus dem Lebenszusammenhang.[27]

Der Gang des Verstehens muß, nach Schleiermacher, von der jeweils zu findenden leitenden Idee und von der Übersicht geleitet

---

[25] Vgl. J. Körner, F. Schlegels "Philosophie der Philologie". In: Logos XVII, S. 22, 42 u. 45.

[26] Ebd., S. 54.

[27] Vgl. F. D. E. Schleiermacher, Hermeneutik. S. 45 ff.

werden, auch wenn diese Idee ständig ihre Modifikationen erfährt, weil sie gleichsam als "Skelett"[28] für die Gesamtheit der Einzelheiten fungiert. Sie ist als eine bestimmende Größe im Text als Licht zu bezeichnen, das das Einzelne beleuchtet. Diese Idee ist auch der Hauptgedanke eines Textes, der sich in vielen Nebengedanken widerspiegelt und in ihnen bewähren muß.[29] Schon die Struktur der Sätze kann aber einigen Aufschluß darüber geben, was die leitende Idee eines Textes ist, wenn z.B. auf den ersten Blick sichtbar wird, ob die Sätze organisch oder lose verbunden sind. Diese zwei Arten der Verbindung sind qualitativ verschieden. Die organische Verbindung der Sätze in einem Text und in einem Werk führt leichter und sicherer zum Verständnis des Ganzen. Und die Voraussetzung einer solchen Verbindung ist eine logische und dialektische Durchdringung des festgelegten Gedankenganges.[30] Die leitende Idee des Ganzen, als eine ständig neu zu suchende, treibt dauernd zu einer neuen Rekapitulation des Gewonnenen, wobei sich die Übersicht über das Ganze als allgemeine Anschauung oder als ein intuitives Schauen immer am Konkreten, am Einzelnen orientieren muß.[31].

Dilthey ist an der Kritik der historischen Vernunft interessiert, die ihm ermöglichen soll, eine Methode der Geisteswissenschaften zu entwickeln, die imstande wäre, wissenschaftliche Gewißheit im Bereich der Erforschung der geistigen Produkte der Menschheit zu vermitteln, nachdem der Aufbruch der Naturwissenschaften diese zum

---

[28] Ders., Dialektik. S. 38; vgl. dazu auch ders., Hermeneutik. S. 34, 107. Schleiermacher spricht über ein vorläufiges Kennen (ebd.,S. 46).

[29] Vgl. ders., Hermeneutik und Kritik. S. 79, 85 u. 95 ff., sowie H. Kimmerle, Hermeneutische Theorie oder ontologische Hermeneutik. S. 130.

[30] Vgl. Schleiermacher, Hermeneutik und Kritik. S. 119 f.

[31] Vgl. ebd., S. 256, 43, 45, sowie ders., Hermeneutik. S. 74 u. 89.

alleinigen Maßstab der Wissenschaftlichkeit erhoben hat. Das Leben und seine geistigen Formen müssen zum sicheren Verstehen geführt werden können. Um dies zu erreichen, greift Dilthey den geschichtlich schon bekannten Sachverhalt auf, der das Ganze der geistigen Welt aus seinem Verhältnis zum Einzelnen und das Einzelne aus dem Ganzen zu erklären versucht. Das einigende Prinzip des Ganzen ist bei Dilthey das Leben, das in seinen geschichtlichen Modifikationen verstanden und wissenschaftlich durchdrungen werden soll. Das Leben in seinen geschichtlichen Prägungen ist der einigende Geist auch in den Geisteswissenschaften. In diesem Zusammenhang steht Dilthey in der romantischen Tradition von F. Schlegel und Schleiermacher, die die Einheit des Ganzen in seinem Verhältnis zum Einzelnen zu verstehen suchen, wenn auch er das anders als die genannten Autoren tut. Denn auch Dilthey geht es vor allem darum, das Leben, das in den schriftlich fixierten Produkten menschlichen Geistes pulsiert, zu verstehen, den fixierten Geist zum Fließen zu bringen. In verschiedenen Formen des geistigen Lebens und der Welt vermutet auch er die unendliche Fülle und die unendliche Einheit, die als Ganzes und als Einzelnes ihrem zirkelhaften Verhältnis als eine organische Größe, weil in ständiger Welchselwirkung und im ständigen Strukturzusammenhang, zu verstehen ist. Verstehen, hermeneutische Tätigkeit ist nur deshalb möglich, weil es diese Einheit gibt und weil sie, wenn auch unvollständig, erkennbar ist: "Hermeneutik ist hier möglich, weil zwischen Volk und Staat, Gläubigen und Kirche, wissenschaftlichem Leben und Universität eine Beziehung stattfindet, nach welcher ein Gemeingeist, eine einheitliche Lebensform einen Strukturzusammenhang finden, in dem sie sich ausdrücken. Es besteht also hier ein Verhältnis der Teile zum Ganzen, in welchem die Teile vom Ganzen Bedeutung und das Ganze von den Teilen Sinn erhalten, und diese Kategorien der Auslegung haben ihr Korrelat in dem Strukturzusammenhang der Organisation, nach welchem diese teleologisch einen Zweck verwirklicht."[32] Trotz aller Vereinzelung und Vielschichtigkeit des Lebens und seiner Ausdrucksweisen gibt es also eine zu erforschende und tragende einheitliche Ganzheit. Das zu verstehende Ganze des einzelnen Lebens und des Lebens als solchem läßt die hermeneutische Anstrengung unabgeschlossen, weil diese in ihrem wirkungsgeschichtlichen Zusammenhang von jedem Interpreten jeweils neu unternommen werden muß. Nur das kann verstanden werden, was man selbst in sich, im Anderen, in der Umwelt, verstanden hat. Das einzelne Erlebnis soll aus der Vereinzelung in die Region des Ganzen übertragen werden, dieses Ganze nährt sich aber gleichsam von den einzelnen Erlebnissen. In diesem Zirkel entwickelt sich das Leben, die Lebenserfahrung und das Verstehen ihrer Ausdrücke, die immer wieder als ein organisches Ganzes neu erfahren und verstanden werden sollen: "Das Verstehen setzt ein Erleben voraus, und das Erleben wird erst zu einer Lebenserfahrung dadurch, daß das Verstehen aus der Enge und Subjektivität des Erlebens hinausführt in die Region des Ganzen und des Allgemeinen. Und weiter fordert das Verstehen der einzelnen Persönlichkeit zu seiner Vollendung das systematische Wissen, wie andererseits wieder das systematische Wissen abhängig ist von dem lebendigen Erfassen der einzelnen Lebenseinheit."[33] Das systematische Wissen, die Lebensäußerung und ihre Erfahrung sind also in einem verstehenden Prozeß voneinander abhängig. Das ständige Zurückgreifen vom Einzelnen auf das Ganze und vom Ganzen auf das Einzelne ist der Ausdruck des Lebensprozesses, der als ein im Text

---

[32] W. Dilthey, Der Aufbau der geschichtlichen Welt in den Geisteswissenschaften. Ges. Schriften, Bd. VII, S. 265.

[33] Ebd., Bd. V, S. 143.

festgelegter verstanden werden soll.

Auch der moderne Strukturalismus, der als eine Reaktion auf den übertriebenen, naturwissenschaftlich bedingten Atomismus entstanden ist, will das Ganze der jeweiligen Wirklichkeit in seiner Totalität verstehen. Dieses Ganze hat eine Struktur und ist kein Aggregat von unabhängigen Einzelheiten. Und diese nicht aggregierte Ganzheit ist, platonisch—aristotelisch gesprochen, doch mehr als eine lose Zusammensetzung ihrer einzelnen Elemente. Der Strukturalismus sieht vor allem von den Elementen der Struktur, dem Ganzen und dem Einzelnen, ab und versucht, sich auf ihre Relation, auf ihre Beziehung zu konzentrieren. Das Entscheidende in diesem Zusammenhang sind logische Operationen und natürliche Prozesse, in denen die Ganzheit mit ihren Elementen entsteht. Dabei bleibt die Frage, ob diese Ganzheit jeweils gebildet wird, oder ob sie eine präformierte ist, im Sinne von platonischen Ideen, Leibniz' prästabilierter Harmonie, Kants Formen der Synthese, oder aber, ob diese Frage als Frage überhaupt existiert, unbeantwortet. Viele Strukturalisten nehmen an, daß sich jede Ganzheit transformiert, ohne dabei an die unendliche Fülle und unendliche Einheit des Ganzen im Sinne Schlegels zu denken,[34] während manche der Überzeugung sind, daß die Struktur der Ganzheit eine organische Einheit ist.[35] Damit baut auch der Strukturalismus seine Berührungspunkte mit der Hermeneutik auf, die versucht, die Wirklichkeit und den Niederschlag dieser Wirklichkeit im Text als eine Ganzheit zu verstehen, die als eine organische Struktur auf den Hintergrund des Vorgegebenen im Vor—Urteil in Erscheinung tritt.

---

[34] Vgl. J. J. Kockelmanns, Strukturalismus und existentiale Phänomenologie. In: R. Gratthoff und W. Sprondel (Hg.), Maurice Merleau—Ponty und das Problem der Struktur in den Sozialwissenschaften. S. 5.

[35] Vgl. M. Wertheimer, Kurze Geschichte der Psychologie. S. 168.

Dies auch dann, wenn es nicht zu bestreiten ist, daß der Strukturalismus seine Verwandtschaft mit der analytischen Philosophie im Sinne von Russel und Moore aufweist.[36]

III.

Der Text als lebendiger Körper bei Flacius

Wir haben versucht, indem wir uns an einigen wichtigen Stationen der abendländischen Geistesgeschichte orientierten, die Fragen nach dem hermeneutischen Zirkel und seiner organischen Struktur von verschiedenen Aspekten zu beleuchten. Nun wollen wir einige wichtige Gedanken des Flacius in diesem Zusammenhang erörtern.

Flacius sah sich einer Situation gegenüber, die für Luthers Reformation bezeichnend ist. Die alten theologischen Formeln, die der Tradition entstammten, sollten neu auf ihren Schriftbezug hin geprüft werden. Nur die Schrift soll für das, was geglaubt werden kann und soll, maßgebend sein. Die Schrift ist aber kein einzelnes Buch, sondern eine Sammlung von Büchern, die irgendwie auf einen Nenner, auch im Sinne von Analogia fidei, gebracht werden soll. Dieses Anliegen läßt Flacius immer wieder durchscheinen, wobei er die Metapher aus der antiken Rhetorik übernimmt und vertieft, wonach ein jeder Text ein Körper mit Haupt und Gliedern ist, ein Ganzes, das in einer organischen Einheit aus den Einzelheiten besteht.[37] Dieses interpre-

---

[36] Vgl. E. Coreth, Grundfragen der Hermeneutik. S. 41.

[37] Eine ähnlich geprägte Begrifflichkeit gebrauchen Plato (Phaidros 264 c) und Aristoteles (Poetik 23, I), wenn es darum geht, ein harmonisches Verhältnis des Ganzen und des Einzelnen zueinander zu thematisieren und zu beschreiben. Dabei geht es um ein Ordnungsgefüge, das eine gewisse Metaphorik für die

tatorische Hilfsmittel sieht er in der hermeneutischen Bemühung der Vergangenheit vernachlässigt, und dies besonders in der Interpretation der biblischen Bücher, auch wenn sich die Gelehrten um ihr sachgemäßes Verstehen ständig bemüht haben: "Viele Interpreten haben bei der Auslegung der heiligen Bücher nach allen Regeln der Gelehrsamkeit über ihre einzelnen Teile und auch Sätze diskutiert; aber keiner, oder gewiß nur sehr wenige, haben sich gewöhnt, den Text genau zu prüfen, noch viel weniger das Argument und die Gliederung sorgfältig darzulegen und das ganze Korpus, Haupt und Glieder, während des Auslegens genauestens miteinander zu vergleichen und zu verbinden. Keiner hat sich daran gewöhnt, bei der Untersuchung, Erwägung und Beleuchtung der einzelnen Teile diese immer sehr sorgfältig auf die übrigen und besonders auf das Haupt und insofern auf das ganze Korpus zu beziehen und anzuwenden. Das jedoch mußte gerade am dringlichsten geschehen, wenn ihre Kraft, ihr Wesen und ihr Nutzen richtig und vollständig durchschaut und aufgezeigt werden sollte."[38] Nach Flacius soll jede Interpretation eine Art Dialektik wagen, die die Analogie des Glaubens berücksichtigen soll, aber auch den ganzen Körper der Schrift mit seinen Texten und Wortelementen nicht übersehen: "Im Ganzen paßt sich die Norm, die heiligen Sachen zu betrachten und die Aussagen der Schrift auszule-

---

Erörterung des wesentlichen Sachverhaltes, um den es geht, zuläßt.

[38] "Nam cum multi interpretes, in explicatione sacrorum librorum, erudite hactenus de singulis eorum partibus, aut etiam sententiis, disputaverint: nemo tamen, aut certe perpauci, accurate textum examinare solitus est; multoque etiam minus diligentissime argumentum, ac dispositionem simul, monstrare; et totum corpus, caput ac membra, subinde inter exponendum, diligentissime inter se conferre, ac conferuminare; et in singularum partium inspectione, consideratione, illustrationeque, semper eas diligentissime ad reliquas, et praesertim ad caput, totumque adeo corpus, conferre et applicare, consuevit. Quod tamen vel maxime factum oportuit; si vere pleneque earum vis, naturam ac usus, perspici monstrative debuit." (Cl. F. Bd. II, S. 23).

gen, geschickt, vorsichtig und religiös einer vernünftigen Dialektik an. Und das tut sie vor allem deshalb, damit die Interpretation dem Glauben analog wird, aber auch mit der Textstelle selbst, mit dem ganzen Körper der Schrift und den Worten übereinstimmt und gar nicht gewalttätig wird."[39] Gewalttätig darf also die Interpretation nicht sein. Und dies ist sie immer, wenn sie die Vorannahmen als unumstößliche Wahrheiten betrachtet. Deshalb will Flacius möglichst am konkreten Text festhalten, auch wenn er seinen Glauben nicht erschüttern lassen will. Einfach ist es nicht, das Ziel hat er aber sicherlich klar vor Augen. Dieses möchte er vor allem mit der synthetischen Methode der Auslegung erreichen, wobei man von den einfachsten Elementen ausgehen und zum Aufbau des ganzen Körpers des Textes kommen soll, grammatisch-literarische Prinzipien berücksichtigend: "Synthese ist in der Tat jene Methode oder Ordnung, die von den ersten und einfachsten Elementen, Prinzipien und Ursachen anfängt, sie zusammenstellt und bis dahin weiterschreitet, bis man den ganzen Körper ausbaut und zum sicheren Ende und erwünschten Ziel kommt. So fängt die Grammatik von den Elementen der Schrift an, man stellt sie zusammen und ermittelt zuerst die Silben; danach aus diesen die Worte, danach drittens Sätze; aus diesen viertens die ganzen Erörterungen, und am Ende verfertigt man den ganzen Umfang der Werke, Handlungen, Prozesse und ähnliches, wodurch die ganze aufgestellte Sache ganz ausgelegt wird."[40] Akribische Arbeit ist also

---

[39] "Summa, normam sobriae dialecticae, rebus sacris tractandis, exponendisque Scripturae dictis solerter, caute ac religiose accomodat, et ante omnia id agit, ut interpretatio sit fidei analoga, atque adeo etiam ipsimet loco totique corpori scripti verbisque congrua et minime violenta." (N. Epistola dedicatoria. S. 8.)

[40] "Est vero Synthesis, ea methodus aut ordo, quae incipit a primis et simplicissimis elementis, principiis aut causis; eaque componendo eo usque progreditur, donec tandem totum corpus extruat, et ad certum finem, metamve desideratam perveniat. Ut, Grammatica, ab elementis Literarum incipiens, componendo illa

gefragt, und nicht dogmatische Voreingenommenheit, wenn man die Harmonie des Körpers, den Organismus der Schrift erfassen will.

Flacius will die gegliederte Einheit des Textes feststellen und erforschen, wobei das Ganze und das Einzelne in einer Wechselwirkung stehen, das Eine bewährt und versteht sich im Anderen und durch das Andere. Die ihm bekannten philologischen Kenntnisse will er auf die Schrift anwenden und an ihnen festhalten, auch wenn er sich nicht immer von den dogmatischen Gewaltsamkeiten distanzieren und befreien kann. Er versucht, den Körper der Schrift zu analysieren und in seiner Einheit zu durchschauen, das Ganze und das Wesentliche vom Einzelnen und Akzidentellen zu unterscheiden. Dabei bringt er auch den Gedanken zum Ausdruck, daß auch das Einzelne, das Akzidentelle, doch wesentlich zum Ganzen gehört, denn es geht um den lebendigen Organismus, der als ganzer das Ganze mit dem Einzelnen zusammenhält: "Keinen geringen Nutzen bringt es mit sich, wenn du das Geschriebene mit deinen Worten anders wiedergibst, so als ob du, nach vollzogenem anatomischen Verfahren und nachdem du gleichsam alles Fleisch, alle schmückenden Verzierungen, Abschweifungen und Ähnliches beiseite gelegt hättest, nur das Skelett mit deiner Sprache abzeichnen würdest, damit du nur diejenigen Sätze aufnimmst, die gleichsam die Grundlage des Ganzen sind, die alles Andere gleichsam als einen Zusatz enthalten, und die auch zugleich notwendigerweise, gerade so wie die Knochen durch die Sehnen verbunden sind, untereinander zusammenhängen. Es muß nämlich die erste und höchste Sorge des Lesers sein, daß er jene grundsätzlichen und wesenhaften Sätze, in denen die ganze Entscheidung der vorge-

---

primum efficit Syllabas; ex illis deinde Voces; inde tertio Sententias; ex quibus quarto integras disputationes: ac postremo inde conficit plena volumina opera, actiones, processus, ac similia; quibus tota res proposita perfecte exponatur." (Cl. F. Bd. II, S. 56; vgl. dazu auch P. S. 95).

legten Frage am ehesten liegt, abwägt. Es ist erst eine zweitrangige Angelegenheit, daß er auch jene gleichsam äußerlichen, von außen herbeigeholten oder zusätzlichen Sätze überdenkt ... Wenn aber dieses anatomische Verfahren durchgeführt ist, wird man sogleich ausmachen, welches jene Hauptsache sei und wie ihre einzelnen Teile untereinander zusammenhängen; sodann auch, was jenes Äußerliche und Beiläufige ist, und nach welcher Regel man die anderen Satzarten verstehen muß."[41] Von der Sicht des Wesentlichen aus wird auch das Unwesentliche beleuchtet, wobei auch dieses seinen Beitrag zum Verständnis des Ganzen leistet.

---

[41] "Nec parvam utilitatem afferet, si tuo sermone id scriptum varie retextas, ut si primum, veluti facta anatomia, ac tanquam abjectis omnibus carnibus, ornatus amplificationum, decoramentorum, digressionum, et similium, sola quasi ossa tuo sermone delinees: ut tantum eas sententias complectaris, quae sunt veluti basis totius; quae omnia accersita, et quasi accidentaria, sustinent; et simul plane necessario inter sese, sicut ossa nervis colligata, cohaerent. Prima enim et summa cura esse debet Lectoris; ut illas quasi primarias et substantiales sententias, in quibus potissimum tota propositae questionis determinatio residet, expendat: secundaria vero, ut illas quasi externas, accersitas, aut accidentarias ... At facta tali quasi anatomia, mox cernitur, tum quidnam sit illud principale; ac quomodo singulae partes se invicem cohaereant; tum etiam, quid illa externa aut accidentaria, et quo tandem consilio sint adhibita plenius quoque utraeque sententiae." (Cl. F. Bd. II, S. 24).
Für diese hermeneutische Tätigkeit des Flacius sagt G. Frank: "Nichts anderes hat er nämlich in dieser Sache getan, als in größter Kürze und Deutlichkeit den Text der Heiligen Schrift selbst erhellt und nicht nur Haupt oder besondere Glieder dieses wunderbaren Körpers, sondern, wie die Anatomen in der Darstellung des bewundernswerten göttlichen Werkes, des menschlichen Körpers, zu tun pflegen, sowohl die größeren als auch die kleineren Teile und ihre Verbindung unter sich, Verbunden— heit und Harmonie, gezeigt."
("Nihil aliud enim hac in re egit, quam ut summa brevitate ac perspicuitate ipsum sacrarum literarum textum illustraret neque solum caput aut praeciqua membra pulcherrimi: huius corporis sed etiam, sicut anatomi in demonstratione admirandi divini opificii, corporis humani, factitare solent, singulas tum maiores tum minores partes earumque inter sese convenientissimam connecionem, concinnitatem, consonantiam monstraret." G. Frank, De Matthiae Flacii Illyrici in libros sacros meritis. S. 23).

Obwohl in der Hermeneutik des Flacius vieles schematisch verstanden wird, ist in allen Schemen und Tabellen der Wille vorhanden, das Wesentliche zu erfassen und von seiner Sicht her das Unwesentliche, das Einzelne zu verstehen. Das Verstehen von einzelnen Wörtern und Sätzen wird aus dem Zusammenhang des Kontextes und des Stils gesucht, die Glieder des Textes aus ihrem Zusammenhang mit dem Haupt erfaßt. Das Ganze soll in einer Zusammenschau beleuchtet[42] und in seinen Teilen gesichtet werden. Der Text hat, genauso wie ein Körper, "den Anfang, die Mitte, das Ende und den ganzen Kontext",[43] in dem er geortet ist und aus dem er verstanden werden soll. Dieser Kontext ist der engere Kontext eines Buches oder der breitere einer Literatur als Ganzheit, oder gar einer geistigen Anschauung, die als Hintergrund des Textes dient. Eine Mißachtung dieses Sachverhaltes vergleicht Flacius mit dem Versuch eines Malers, der den menschlichen Körper malen will und dabei die wechselseitige Beziehung der Körperteile nicht beachtet: "Es ist zur Erklärung dieser Sache nicht ungeeignet, die malerische Kunst zu benutzen. Denn es ist nicht genug, daß der Maler seine Instrumente und seine Geschicklichkeit hat, um Haupt oder Fuß oder Hand schön zu malen, sondern er muß die Methode kennen (wenn er den ganzen menschlichen Körper malen möchte), wie sich ein Glied mit dem anderen geeignet und an seiner

---

[42] Wörtlich heißt es da: "quasi formare scientias, totum earum corpus et membra rite conformare doceat. Atque ob hanc potissimum causam, Dialecticam Cicero artium formatricem scientiam nominat: et Plato inquit, ὁσυυοπιικὸς διαπεκιικὸς. Non potest autem artis σύνοψις et integra forma haberi sine istis ordinibus: nam per eos potissimum artes in unum corpus rediguntur, formantur, et oculis mentis totae simul conspiciendae contemplandaeque subjiciuntur." (P. S. 19; vgl. auch ebd., S. 26).
Flacius kennt auch das Platonische: ἐφ ἕν καὶ πολλὰ ὁρᾶν (Phaidros 266 b und Philebos 14 c) und wendet es in seiner hermeneutischen Bemühung an. (Vgl. Cl. F. Bd. II, Praef. S. 4 und S. 13).

[43] "initium, medium ac finem et totum contextum" (P. S. 20).

Stelle verbindet, und wie die gesetzmäßige Proportion der einzelnen Teile oder Glieder unter sich ist. Wenn er nämlich diese Ordnung außer Acht ließe und mit den Haupt auch so schön gemalte Hände und Füße verbände, oder sogar die Proportion der Teile unter sich, die den Aufbau des Ganzen angeht, nicht beachtete, wäre es notwendig, daß er einen ganz häßlichen und monströsen Körper herstellt."[44] Die Proportion der Teile unter sich und des Ganzen und der Teile ist also zu beachten. Das organisch verstandene Ganze ist proportional gegliedert, so daß man jedem Teil und dem Ganzen gebührende Achtung schenken soll, wenn man es verstehen will.[45] Der innere Zusammenhang eines Werkes ist also von größter Bedeutung, auch wenn das Äußere seinen Stellenwert hat. Und der innere Zusammenhang ist nur aufgrund der möglichst klaren Erfassung des Ganzen festzustellen.

Das Ganze soll, nach Flacius, in einer mühsamen anatomischen und logischen Arbeit gefunden werden, die ohne ein gewisses Vor—Urteil, einen gewissen Vorgeschmack, von ihm nicht geleistet werden kann. Dieses Vor—Urteil versteht sich als ein analogisches, zirkelhaf-

---

[44] "Non incommode ad declarationem huius rei adhiberi ars pictoria potest. Nam non satis est, pictorem habere sua instrumenta et scientiam, quibus possit caput aut pedem aut manum scite pingere: sed oportet etiam novisse rationeom (si velit totum humanum corpus depingere) quomodo membrum membro apte ac suo loco adiugatur, et quae sit partium singularum seu membrorum inter se legitima proportio. Si enim istum ordinem neglexerit, ac capiti manus aut pedes quantumvis bene pictos adiunxerit, aut etiam omnium inter se partium ad totius constitutionem pertinentium proportionem non servaverit, deforme profecto et monstrosum corpus efficiat necesse est." (Ebd., vgl. auch Cl. B. Praef. I, S. 3).

[45] Flacius betont also besonders die Bedeutung der Proportion, der Beziehung verschiedener Teile des Ganzen unter sich und zu diesem. Deshalb ist es vielleicht gar nicht übertrieben, wenn man sich der Wichtigkeit der funktionalen Beziehung im modernen Strukturalismus bewußt ist, daß V. Filopović Flacius als einen Vorgänger des Strukturalismus bezeichnet (vgl. V. Filipović, Matija Vlačić kao začetnik suvremene hermeneutike i strukturalizma. — Matthias Flacius als Schöpfer der modernen Hermeneutik und des Strukturalismus. In: Prilozi 1 — 2, S. 32 f.).

tes und organisches Verbinden des Ganzen und des Einzelnen in ihrer inneren Wechselwirkung, was als eine Abwehr gegen den starren Dogmatismus in Anspruch genommen werden kann. Er beschreibt sein Verfahren folgendermaßen: "Wenn du an die Lektüre eines Buches herangehst, so richte es gleich am Anfang ein, soweit es geht, daß du zuerst den Gesichtspunkt, den Zweck oder die Absicht dieser ganzen Schrift, was als Haupt oder Gesicht derselben gilt, unmittelbar und richtig im Auge behälst. Das kann man sich mit wenigen Worten merken, und nicht selten wird es in der Überschrift sogleich angegeben. Diese ist entweder eine, wenn die ganze Schrift ein einheitliches Ganzes bildet, oder es sind mehrere, wenn sie mehrere Teile besitzt, die untereinander nicht zusammenhängen. Zweitens arbeite darauf hin, daß du das gesamte Argument, die Summe, den Auszug oder die Kurzfassung desselben im Griff hast. Ich nenne aber Argument jenen reichhaltigen Begriff sowohl des Gesichtspunktes wie auch die Umschreibung des ganzen Körpers, in welchem oft zugleich auch der Anlaß der Niederschrift angegeben wird, falls das nicht in der Schrift selbst enthalten ist. Drittens mußt du die Anlage und die Gliederung des ganzen Buches oder Werkes vor Augen haben. Und du mußt sehr aufmerksam beobachten, wo sozusagen das Haupt, die Brust, die Hände, die Füße, usw., sind. Dabei also magst du genau erwägen, wie jener Körper beschaffen ist, wie er alle diese Glieder umfaßt und in welcher Weise so viele Glieder oder Teile diesen einen Körper gemeinsam erstellen, welches die Übereinstimmung, Harmonie oder das Verhältnis der einzelnen Glieder untereinander oder auch zu dem ganzen Körper und besonders zu dem Haupte ist.

Schließlich wird es nützlich sein, auch jene ganze Anatomie oder Zergliederung des einen Körpers in so verschiedene Glieder in eine Tabelle einzutragen, damit du jenes Werk um so leichter geistig erfassen und verstehen und dem Gedächtnis einprägen kannst, da du alles so in eine Gesamtübersicht oder gleichsam unter einen Aspekt gebracht haben wirst."[46]

Hinter der metaphorischen Verkleidung des Sachverhaltes steckt die Überzeugung des Flacius: die menschliche Vernunft ist imstande, trotz aller reformatorischen Skepsis ihr gegenüber, in den Sachen der

---

[46] "Cum igitur aggrederis lectionem alicujus libri: id statim initio, quoad ejus fieri potest, age: ut primum scopum, finem, aut intentionem ttius ejus scripti, quod veluti caput aut facies ejus est, protinus vereque notum habeas, qui plerunque paucis verbis notari potest. Et non raro in ipso statim titulo notatur: sive is unus est, cum totum scriptum in unum corpus conformatum est, sive plures, cum sunt plures ejus partes, prorsus inter sese non cohaerentes. Secundo elabora, ut totum argumentum, summam, epitomen, aut compendium ejus comprehensum habeas. Voco argumentum, illam pleniorem conceptionem, tum scopi; tum et totius corporis delineationem: in quo simul saepe etiam occasio scriptionis necessario indicatur; licet ea plene in ipso scripto non contineatur. Tertio, ut totius ejus libri aut operis distributionem, aut dispositionem, ante oculos delineatam habeas: utque diligentissime observes, ubi sit (ut ita dicam) caput pectus, manus, pedes et c. Ibi igitur accurate expendas, quale illud corpus sit; quomodo omnia ea membra complectatur: quave ratione, illa tot membra aut partes ad efficiendum hoc unum corpus, conveniant: quaenam sit, singulorum membrorum, vel inter sese, vel etiam cum toto corpore, ac praesertim cum capite ipso, convenientia, harmonia, ac proportio. Denique utile fuerit, etiam in tabellam diducere, totam illam unius corporis, in tam varia membra, anatomiam aut diductionem: quo tanto liquidius, et animo percipere ac intelligere opus illud queas; et melius memoriae infigere, cum ita sub oculos in synopsin, aut unum quasi adspectum, omnia subjecta habueris." (Cl. F. Bd. II, S. 22; vgl. auch ebd., S. 23, 53. 425, 460).
G. Moldaenke charakterisiert dieses hermeneutische Unternehmen des Flacius treffend: "Dieser Schriftzusammenhang aber, der innere Gliederung und Einheit zugleich bedeutet, ist ihm für alles sinnhafte Schrifttum überhaupt charakteristisch. Ihn veranschaulicht er sich unter dem Bilde des Organismus, der Einheit der Glieder in dem von ihnen konstituierten und sie zugleich tragenden Gesamtleben des Leibes. Ziel der Auslegung ... ist es nun, diesen inneren Aufbau des Schriftganzen wie seiner Teile zu erfassen und herauszuarbeiten, so daß dem Hörer die Schrift als ein lebendiger Organismus mit Haupt und Gliedern klar vor Augen rückt, in dem nichts mehr beziehungslos bleibt, alles vielmehr auf jene höhere Einheit hinweist und zugleich von ihr her seinen tiefsten, eigenen Sinn bekommt." (G. Moldaenke, Schriftverständnis und Schriftdeutung im Zeitalter der Reformation. Teil I, S. 604).

Deutung der Schrift eine gewisse Zusammenschau und die Idee des Ganzen und der Teile sowie ihrer Verhältnisse intuitiv aufzustellen und den Text zu verstehen, wie die Geographen im Aufbau der Karte zuerst das Ganze im Blick haben, um sie danach ausmalen und vervollständigen zu können: "Überhaupt ist die Natur der menschlichen Vernunft nicht so sehr schwach, sondern auch göttlich gebildet und bekleidet und so geartet, daß sie am Anfang sowohl die Zusammenschau, die Idee oder das Bild der ganzen Sache kurz zusammenfaßt als auch die Harmonie der einzelnen Glieder oder die Verbindung ihrer unter sich und mit dem Ganzen gleichsam intuitiv erkennen kann. So stellen auch die Interpreten der Schriftsteller am Anfang die Argumente und die Summe auf. Dies mit demselben Ziel und derselben Überlegung wie die Geographen, die zuerst die allgemeine Karte entweder der ganzen Welt oder einer Provinz aufzeichnen, um danach die einzelnen Teile fleißig, ausführlich und klar entwickeln, malen und darstellen zu können."[47]

---

[47] "Omnino id mentis humanae natura non tantum imbecillitas, sed et divinitus informatus inditusque ordo flagitat, ut initio tum synopsin, ideam aut picturam totius rei breviter complectatur, tum etiam singulorom menbrorum harmoniam aut coagmentationem inter sese et cum tot, uno quasi intuitu cernere possit. Faciunt igitur interpretes scriptorum initio argumenta summamve, proponenter idem, eodemque fine aut consilio quod Geographi, qui primum aliquam universalem tabulam totius mundi, vel unius alicujus provinciae proponunt: postea vero singulas partes diligentius, fusius, ac clarius evolvunt, depingunt, et illustrant." (N. S. 640; vgl. auch ebd., Epistola dedicatoria. S. 327); Flacius benutzt auch andere Bilder und Metaphern, um die Analyse, die Anatomie der Teile eines Ganzen, das ein jeder Text ist, anschaulich zu machen, wie Haus und Schiff, die als Ganzes ihren Aufbau und ihren Zweck aufweisen. So habe auch Plinius seine Naturgeschichte geschrieben. Das anatomische Verfahren, wenn es zur Erkenntnis führen soll, setzt auch das synthetische voraus (vgl. P. S. 95). Und wenn man sich diese Überlegungen des Flacius anschaut, dann wird man unwillkürlich an F. Schlegels Rede über die Intuition und über das Zum—Fließen—Bringen des im Buchstaben fixierten Geistes erinnert. Beim Verstehen werden sowohl Reflexion als auch Intuition aktiviert.

Flacius denkt sich kein abstraktes Ganzes der Schrift, sondern die Schrift, die in all ihren Einzelheiten ernstgenommen wird und die durch diese Einzelheiten das Ganze des Glaubens hergibt. Im hermeneutischen Verfahren kann man sich keine abgeschlossene Größe des verstandenen Textes vorstellen und zur Darstellung bringen, sondern man ist immer wieder gefordert, in der Kleinarbeit den zu verstehenden Sachverhalt in seiner Klarheit zu gewinnen. Nur so kann der zu verstehende Glaube seine Legitimität aufzeigen, der Glaube, den Flacius aus der Schrift schöpfen will. Das Fehlen an einer sachgemäßen Interpretation, das er für seine Zeit feststellt, läßt er in eine hermeneutische Forderung einmünden: "Deshalb beschweren sich sowohl die Gelehrten als auch die jungen fleißigen Kandidaten der heiligen Wissenschaft, daß sie die wenigsten finden, die imstande wären, auch in den kleineren Büchern der Schrift den Zweck, die Summe und den Sinn des ganzen Werkes oder des Körpers jedes Buches sowie seiner einzelnen Teile, größeren und kleineren, der Glieder und der Artikel und sogar der einzelnen Sprüche, Sätze und Worte zu zeigen; die ebenso die Harmonie all jener einzelnen Teile oder Glieder und Artikel unter sich feststellen und lehren sowie zeigen würden, wie die einzelnen einander einschließen; wie sie die dargestellte Materie untersuchen und wie der eine verstandene und erklärte Teil dem anderen Licht und Nutzen bringt und was überhaupt Geeignetes und Fruchtbares ein frommer Leser aus einem sehr sorgfältigen Vergleich und aus einer Zusammenschau bekommen kann; und endlich, wie man den Sinn einzelner Wörter und Sätze mit anderen ähnlichen, verwandten oder verbundenen, verschiedenen oder sich zum Schein bekämpfenden Aussagen vergleichen kann, ihre Übereinstimmungen oder Mißstimmungen zeigend. Ihrer Meinung (die ich nicht tadeln kann) ist die ganze Aufmerksamkeit zu schenken, und ich vertraue dem Interpreten der Heiligen Schrift, der sich mit all seinen Kräften darin vertieft, so daß er nichts Unfrommes, sondern nur dem Glauben Analoges in der Auslegung der Schrift spricht; nicht nur nichts dem Text und dem Zweck des Heiligen Geistes Fremdes bringt, sondern mit dem vorliegenden Text das Übereinstimmende zeigt, so daß er den Leser nicht nur nicht vom heiligen Text allzusehr wegführt, sondern in ihn einführt, gleichsam mit dem Finger den wahren und echten Sinn der einzelnen Sprüche, Sätze, ja sogar, soweit es möglich ist, den Sinn der Worte zeigt; und endlich, daß er dem Leser nicht nur das Haupt oder die ausgezeichneten Glieder dieses wunderbaren Körpers und Werkes zeigt, sondern auch alle einzelnen, großen und kleinen Teile sowie ihre übereinstimmende Verbindung, Verbundenheit, Übereinstimmung, Harmonie sowie den Zusammenhang zeigt: wie es die Anatomen in der Darstellung dieses wunderbaren und klaren göttlichen Werkes, das der menschliche Körper ist, zu tun pflegen."[48] Die

---

[48] "Queruntur igitur tum eruditiores, tum et studiosi juvenes sacraeque sapientiae candidati, paucissimos inveniri, qui in aliquibus tantum minoribus Scripturae libris aliquanto diligentius, tum scopum, summam, ac sensum totius operis aut corporis cujusque libri; tum etiam singularum ejusdem partium, majorum ac minorum et ceu membrorum articulorumve, atque adeo etiam singulorum dictorum, sententiarum ac vocum ostendant: qui item omnium illarum partium simul ac particularum, seu membrorum et articulorum harmoniam inter sese conferant, doceantque ac monstrent, quomodo singula inter sese cohaereant, et quomodo propositam materiam pertractent, quidve una pars alteri recte cognita expensaque lucis ac utilitatis afferat, et quid omnino commodi atque fructus ex earum accuratissima collatione et synopsi pius lector percipere debeat vel possit: ac denique quid conferant singulorum locorum sententiarumve sensa cum aliis Scripturae dictis, similibus, affinibus aut conjunctis, diverses et in speciem pugnantibus, consonantias aut dissonantias eorum sedulo monstrando. Danda igitur esset ispsorum opinione (quam ego improbare non possum) omnis opera, et in id omnibus viribus incumbendum fido sacrarum literarum interpreti; ut non solum non impia, sed et fidei analoga in sacrarum literarum expositione diceret; non solum item non aliena a proposito textu ac scopo Spiritus sancti, verum etiam convenientissima praesenti textui: utque non nimia copia lectorem magis abduceret a sacro textu, quam in eum induceret, monstrando, ceu digito, verum ac

Schrift überläßt er also nicht dem Einfall des Predigers, der den Text vor allem aus der Tiefe seiner echten oder unechten Frömmigkeit zu verstehen versucht. Er schenkt nur dem Interpreten volles Vertrauen, der seine Interpretation textorientiert durchführt.

IV.

Zusammenfassung

Den Text der Heiligen Schrift als den wichtigsten Gegenstand seiner hermeneutischen Bemühungen möchte Flacius mit den sprachlichen Maßstäben messen und erörtern, die in allen anderen Textarten gelten. So nennt er den biblischen Text Körper mit Haupt und Gliedern und gebraucht andere Metaphern, um dem Verstehen der in ihm vorhandenen Wirklichkeit gerecht zu werden. Der Text ist dabei ein Organismus, der in seiner Lebendigkeit das Ganze und das Einzelne birgt. Das Einzelne und das Ganze stehen in einer zirkelhaften Bewegung zueinander, die organisch ist. So steht Flacius in der hermeneutischen Tradition des Abendlandes und öffnet ihr neue Möglichkeiten, die besonders in der Zeit der Romantik und bei Dilthey ihre volle Entwicklung erfahren haben.

---

genuinum sensum singulorum dictorum, sententiarum atque adeo, si possibile esset, etiam verborum; et denique ut non tantum solum caput, aut etiam praecipua membra huius pulcherrimi corporis operisve monstraret lectori, sed etiam singulas quasque tum majores, tum minores partes, earumque inter sese convenientissimam connexionem, concinnitatem, consonantiam, ac ceu harmoniam et etiam Sympathiam: sicut anatomi solent in demonstratione huius admirandi planeque divini opificii corporis humani factitare."(N. Epistola dedicatoria. S. 4).

Literaturverzeichnis

Aristoteles, *Opera*. Hgg.von J.Bekker. 4 Bde, Berlin 1831—1836.
Ast, Friedrich, *Grundlinien der Grammatik, Hermeneutik und Kritik*. Landshut 1808.
Ders., *Grundriß einer Geschichte der Philosophie*. Landshut 1807.
Beierwaltes, Werner, *Proklos*. 2. Aufl., Frankfurt a. M. 1979.
Cassirer, Ernst, *Philosophie der symbolischen Formen. Teil I: Die Sprache*. Berlin 1923.
Coreth, Emerich, *Grundfragen der Hermeneutik*. Freiburg 1969.
Dilthey, Wilhelm, *Der Aufbau der geschichtlichen Welt in den Geisteswissenschaften*. Ges. Schriften, Bde V — VII, Leipzig/Berlin 1927.
Ders., *Weltanschauung und Analyse des Menschen seit Renaissance u. Reformation*. Ges. Schriften, Bd.II, Leipzig/Berlin 1921.
Elsässer, Michael, *Kritik am Ding. Grundzüge der Philosophie F. Schlegels*. Freiburg 1980.
Filipović, Vladimir, "Matija Vlačić kao zečetnik suvremene hermeneutike i strukturalizma. (Matthias Flacius als Schöpfer der modernen Hermeneutik und des Strukturalismus.)" In: *Prilozi 1—2*. Zagreb 1975.
Flacius, Matthias Illyricus, *Clavis Scripturae sacrae, seu de sermone sacrarum literarum (Cl. B.)*. Bde 1—2, Basel 1628.
Ders., *Clavis Scripturae sacrae, seu de sermone sacrarum literarum (Cl. F.)*. Bde 1—2. Frankfurt a. M. 1719.
Ders., *Novum Testamentum Jesu Christi Filii Dei ...cum glossa compendiaria Matthiae Flacii Illyrici Albonensis (N.)*. Frankfurt a. M. 1659.
Ders., *Paralipomena dialectices, libellus lectu dignissimus, et ad dialecticam demonstrationem certius cognoscendam (P.)*. Basel 1558.
Frank, Gustav, *De Matthiae Flacii Illyrici in libros sacros meritis*. Leipzig 1859.
Gadamer, Hans—Georg, *Rhetorik und Hermeneutik. Kleine Schriften IV*. Tübingen 1977.
Geldsetzer, Lutz (Hg.), *Matthias Flacius Illyricus, De ratione cognoscendi sacras litteras. Instrumenta philosophica, Series hermeneutica III*. Düsseldorf 1969.
Gratthoff, Richard, und Sprondel, Walter (Hg.), *Maurice Merleau—Ponty und das Problem der Struktur in den Sozialwissenschaften*. Stuttgart 1976.
Hegel, Georg Wilhelm Friedrich, *Enzyklopädie der philosophischen Wissenschaften*. Sämtliche Werke, Bde 8—10, Stuttgart 1949 ff.
Kimmerle, Heinz, "Hermeneutische Theorie oder ontologische Hermeneutik." In: *Zeitschrift für Theologie und Kirche*. Bd. 59, Tübingen 1962.
Körner, Josef, "Friedrich Schlegels 'Philosophie der Philologie'." In: *Logos XVII*. Tübingen 1928.
Leibniz, Gottfried Wilhelm, *Kleine Schriften zur Metaphysik*. Frankfurt a. M. 1965.
Moldaenke, Günter, *Schriftverständnis und Schriftdeutung im Zeitalter der*

Reformation. Teil I: Matthias Flacius Illyricus. Stuttgart 1936.

Plato, *Opera.* Hg.von I.Burnet. 5 Bde, Oxford 1900—1907.

Schlegel, Friedrich, *Charakteristiken und Kritiken I.* Krit. Ausgabe, Bd. II. München/Paderborn/Wien 1967.

Ders., *Charakteristiken und Kritiken II.* Krit. Ausgabe, Bd. III. München/Paderborn/Wien 1975.

Ders., *Philosophische Lehrjahre.* Krit. Ausgabe, Bd. XVIII. München/Paderborn/Wien 1963.

Ders., *Philosophische Vorlesungen II.* Krit. Ausgabe, Bd. XIII. München/Paderborn/Wien 1964.

Schleiermacher, Friedrich Daniel Ernst, *Dialektik.* Hg. von R. Odebrecht. Leipzig 1942.

Ders., *Hermeneutik.* Hg. von H. Kimmerle, Abhandlungen der Heidelberger Akademie der Wissenschaften. Abh. 2, 1959; Nachbericht zu dieser Ausgabe. Heidelberg 1968.

Ders., *Hermeneutik und Kritik.* Hg. von F. Lücke. Sämtliche Werke I/7. Berlin 1838.

Wertheimer, Max, *Kurze Geschichte der Psychologie.* München 1971.

ANNELIES LÄGREID

Matthias Flacius Illyricus und die kroatische Sprachenfrage des 16. Jahrhunderts

Zweifel sind angebracht, ob es sich rechtfertigen läßt, einen Schriftsteller wie Matthias Flacius Illyricus in Zusammenhang mit der kroatischen Sprachenfrage des 16. Jahrhunderts zu bringen, einen leidenschaftlichen und engagierten Verfasser protestantischer theologischer Schriften, der sich fast ausnahmslos der lateinischen Sprache bediente und dessen Autorschaft zweier kleinerer kroatischer Werke bis heute nicht als eindeutig erwiesen gilt. Auch wenn man ihn als Verfasser des *Razgovaranje* und des *Katechismus hervatski* in der *Otročja biblija* anerkennt, wie das z. B. sein Biograph, der Zagreber Gelehrte Mijo Mirković und in Anlehnung an ihn Josip Matešić tun[1], bleibt die Tatsache bestehen, daß für ihn selbst einer der wichtigsten Grundsätze der Reformation, nämlich die Verkündigung des Wortes in der Volkssprache, nicht im Vordergrund stand. Trotzdem wage ich es, von der Annahme auszugehen, daß er sich der sprachlichen Probleme in Kroatien zu seiner Zeit bewußt war, wie ich auch annehme, daß seine umfangreichen und vielseitigen Sprachkenntnisse ihm einen

---

[1] Vgl. M. Mirković in der Einleitung zu 'Matija Vlačić Ilirik', Katalog svjedoka istine (hrsg. von N. Majnarić), S. 29, Anmerkung 28. Sowie in seiner Monographie 'M. Vl. Ilirik', Zagreb 1960, S. 446 ff.
Ich danke Herrn J. Matešić für die Überlassung seines unveröffentlichten Vortragsmanuskripts "Die sprachwissenschaftlichen Ansichten des Matija Flacius Illyricus", in dem er die Verfasserschaft des Flacius von *Katechismus hervatski* und *Razgovaranje* anhand von Textvergleich nachzuweisen versucht.

vergleichenden Überblick über die Situation der damaligen Literatursprachen in den europäischen Ländern erlaubten. In erster Linie aber war Flacius Ilyricus Reformator und Theologe, für den die Auslegung der Heiligen Schrift im Vordergrund stand. Im zweiten Drittel des 16. Jahrhunderts galt er als einer der besten Kenner des Hebräischen.

Daß Flacius Illyricus etymologische Studien betrieben hat, geht aus einem in *Clavis* erwähnten Wörterbuch der griechischen, lateinischen, deutschen und illyrischen Sprache hervor. Leider ist dieses Wörterverzeichnis nicht überliefert, und wir wissen daher nichts über seine Qualitäten. Bemerkenswert an dieser Erwähnung ist jedoch, daß Flacius das Illyrische neben dem Griechischen, Lateinischen und Deutschen zu den vier wichtigsten Sprachen der damaligen Zeit rechnet.[2] Für uns ist hier die Frage interessant, was Flacius unter "Illyrisch" verstanden hat, und welchen Stellenwert diese Sprache für ihn hatte. Die Bezeichnung 'Illyrisch' verwendet Flacius sowohl für einen geographischen Bereich als auch für Sprache und Nationalität. 'Illyria' erstreckt sich für ihn von Istrien im Norden bis in den Süden über Dubrovnik hinaus. "Dubrovnik liegt fast an der Grenze Illyriens", schreibt er 1549 im Kommentar zu einem Brief von Mirko Ciger[3], "gegen Osten und Süden sind die Grenzen offen". Dem Slavenapostel Method verleiht er im *Catalogus testium veritatis*, genau wie sich selbst, den Beinamen "Illyricus" und weist ihm somit als Heimat Dalmatien zu. In persönlichen Briefen unterschreibt er sich kurz und bündig "Tuus Illyr"[4], ein deutlicher Hinweis darauf, wieviel diese Herkunftsbezeichnung ihm bedeutete.

---

[2] Vgl. *Clavis* II, S. 690: "Quattuor principalium nunc linguarum: Graecae, Latinae, Germanicae, et Illyricae." zitiert aus M. Mirković, op. cit., S. 365.

[3] Vgl. M. Mirković, op. cit., S. 443.

[4] Ebd., S. 451.

Seit dem Humanismus im 15. Jahrhundert verstand man unter "Illyrien, illyrisch" die Südslaven als Einheit, insofern liegt in dieser Selbstbezeichnung bereits ein Programm. Unter der illyrischen Sprache verstand Flacius zweifellos die kroatische Sprache seiner Zeit — er schreibt ja in *Clavis:* "principalium *nunc* linguarum". Die kroatische Sprache im 16. Jahrhundert war bereits eine Schriftsprache auf hohem Niveau mit einer langen literarischen und kulturgeschichtlichen Tradition. Sie geht, wie auch die anderen südslavischen Schriftsprachen, Serbisch und Bulgarisch, auf das Erbe von Kyrill und Method zurück und darf daher den Anspruch erheben, neben dem Griechischen und Lateinischen genannt zu werden. Die mittelalterliche kroatische Literatur hatte sich auf der Grundlage der altkirchenslavischen Sprache entwickelt und besaß ihr eigenes Alphabet, das Glagolitische, womit sie die älteste slavische Schrifttradition, die noch von Kyrill und Method selbst begründet worden war, fortsetzt.

Das Verhältnis des Kroatischen zum Kirchenslavischen war aber, anders als das der Volkssprachen in den zur orthodoxen Kirche gehörenden slavischen Gebieten, sehr frei. Bereits im 11. Jahrhundert existierte ein Kroatisch–Kirchenslavisch mit ausgeprägt čakavischen Zügen.

Im 16. Jahrhundert befand sich die kroatische Literatur im europäischen Rahmen auf der Höhe der Zeit. Sie war damals, gemessen an ihrem inhaltlichen und sprachlichen Niveau, durchaus vergleichbar mit der italienischen oder deutschen Literatur. Flacius durfte also, als er *Clavis* schrieb (1564 — 1566), die illyrische Sprache mit einiger Berechtigung zu den vier Hauptsprachen zählen.

Im Laufe der zweiten Hälfte des 16. Jahrhunderts entstanden in Dalmatien, in Dubrovnik, in Bosnien und im Nordwesten des Landes neue regionale Literaturen. Das Čakavische, bis dahin der Dialekt mit der längsten literarischen Tradition, verlor an Bedeutung, dafür wuchs der Einfluß des Štokavischen (Dubrovnik) und des Kajkavischen (Zagreb, Varaždin). Die angestrebte und zum Teil schon erreichte Einheitlichkeit der kroatischen Literatur und ihrer Sprache geriet in Gefahr.

Vor diesem Hintergrund ist die kroatische Sprachenfrage des 16. Jahrhunderts zu sehen, um deren Lösung sich die protestantischen Schriftsteller besonders bemühten. Der italienische Slavist Ricardo Picchio hat die Problematik der Sprachenfrage bei den Slaven in Beziehung gesetzt zum Konzept der *Questione della lingua*, das zur Zeit des Humanismus, also vom 14. bis 16. Jahrhundert in Italien und Westeuropa diskutiert wurde.[5] In diesen Diskussionen ging es um die Ausbildung der neueren nationalen Literatursprachen. Dabei standen zwei Aspekte im Vordergrund:

1. Zum einen war die Frage zu lösen, auf welcher Grundlage die neue Literatursprache geschaffen werden sollte; auf der Grundlage einer traditionellen, an einem literarischen und kulturellen Erbe gewachsenen Sprache eines überlieferten Schrifttums, einer Buchsprache also — oder auf der Grundlage einer gesprochenen, lebenden Volkssprache. Bezogen auf den kroatischen Sprachbereich bedeutete das die Wahl zwischen dem Kroatisch-Kirchenslavischen, einer Sprache, die schon frühzeitig Geltung über den kirchlich-religiösen Bereich hinaus erlangt hatte — oder einer Sprache, wie etwa das Kroatisch-Čakavische, die auf einem volkssprachlichen Dialekt basiert.

2. Der zweite Problemkomplex gruppiert sich um die Frage, welcher der regionalen volkssprachlichen Dialekte die Grundlage für die Schriftsprache abgeben sollte, außerdem um die Frage, ob es ein

---

[5] Vgl. R. Picchio, Guidelines, S. 1 f.

Dialekt oder eine Mischung aus mehreren Dialekten sein solle. In Kroatien begannen sich in der zweiten Hälfte des 16. Jahrhunderts, wie erwähnt, auch regionale Literaturen im štokavischen und kajkavischen Dialekt herauszubilden.

Die Fragen nach der Eignung, der Angemessenheit, der Würde einer Sprache, wie auch die Frage nach der sprachlichen Norm, wurden bereits in der klassischen Antike und in der Frühzeit des Christentums erörtert und fanden im 14. und 15. Jahrhundert Eingang in die humanistischen Konzepte von 'dignitas' und 'norma'. Der Begriff der 'dignitas' bezieht sich auf die Eignung einer Sprache, religiöse, philosophische, wissenschaftliche oder literarische Gegenstände angemessen ausdrücken zu können. Die Eignung hängt außerdem von der mehr oder weniger anerkannten Verwendung der Sprache unter gelehrten, gebildeten Menschen ab.

Die Norm kann entweder auf der Nachahmung bereits existierender Modelle (wie z. B. des Kirchenslavischen) oder auf der Akzeptanz einer bestimmten Sprachform durch tonangebende Kreise der Gesellschaft beruhen.

Die Voraussetzungen der kroatischen Sprachenfrage sind im Zusammenhang mit der kulturellen Situation in der 'Slavia romana' zu sehen. Für die westlichen Slaven insgesamt gelten dieselben Begriffe wie für das Studium der Sprachenfrage in den romanischen Ländern. Die übergeordnete 'dignitas' des Lateinischen war allgemein anerkannt. Weder konnte die 'dignitas' des Tschechischen, Polnischen, Slovenischen oder Kroatischen abhängig vom Lateinischen sein, noch wurde die Norm des Lateinischen von den Kodifizierungsversuchen der slavischen Volkssprachen berührt. Während die übernationele Sprache in der 'Slavia orthodoxa', das Kirchenslavische, die höchste Stufe der Kodifizierung in der slavischen Sprachtradition repräsentierte, blieb das Lateinische für die Slaven im westkirchlichen Bereich eine Fremdsprache. – Die Diskussionen, die die Identität der einzelnen slavischen Schriftsprachen unter den westlichen Slaven zum Gegenstand haben, verlaufen deshalb nach dem Muster der westeuropäischen *Questione della lingua*. Vom lateinischen Standpunkt aus betrachtet war der Status des Tschechischen, Polnischen, Slovenischen oder Kroatischen dem der italienischen 'lingua volgare' zu vergleichen.

Den sprachlichen Kontroversen in den kroatischen Ländern zur Zeit des Humanismus, der Reformation und Gegenreformation gebührt bei der Behandlung der Sprachenfrage im Bereich der 'Slavia romana' besondere Aufmerksamkeit. "Die Parallelen zu den Hauptmotiven innerhalb der italienischen Sprachenfrage sind" – so schreibt Ricardo Picchio – "derart zahlreich, daß man eher von einem gemeinsamen Kulturbereich sprechen sollte, als von Einflüssen oder typologischen Äquivalenten."[6]. Bereits im 16. Jahrhundert war die Frage berechtigt, ob eine kroatische Volkssprache zum selben Rang erhoben werden könnte wie das Lateinische oder Italienische. Zur Zeit von Humanismus und Renaissance erreichten in ganz Europa die Volkssprachen ein höheres Maß an 'dignitas', zuerst in Italien, wobei nicht nur die religiöse, sondern auch die nationale 'dignitas' zur Debatte stand. Ein typisches Beispiel für das Bestreben, nationale 'dignitas' zu erreichen, sind die Versuche von kroatischen Schriftstellern, die Heimat der Slavenapostel Kyrill und Method nach Dalmatien zu verlegen. In einem glagolitischen Breviar von 1460 lesen wir: "Die Herkunft der Heiligen Kyrill und seines Bruders Method ist in

---

[6] Ebd., S. 41.

Dalmatien zu suchen, in der Stadt Solin (Salona)."⁷

Die Sprache der Slavenapostel, das Altkirchenslavische (oder Altbulgarische), auf der das Kroatisch–Kirchenslavische = Illyrische basiert, ist demnach an Würde = 'dignitas' dem Lateinischen und Griechischen ebenbürtig. Weil viele kroatische Priester unzureichende oder schlechte Lateinkenntnisse besaßen, zelebrierten sie schon seit dem 11. Jahrhundert die Messe in kroatisch–kirchenslavischer Sprache, auch von daher gesehen war die 'dignitas' des Kroatischen begründet.

Die in Dalmatien und den angrenzenden Ländern verbreitete Hieronymuslegende, derzufolge der Kirchenlehrer die Heilige Schrift nicht nur ins Lateinische, sondern auch ins Altkirchenslavische übersetzt habe, untermauerte diese Einschätzung noch zusätzlich.⁸ Der Kampf um die Legitimität des Kroatisch–Kirchenslavischen sowie die literarischen Aktivitäten in der stark vom Čakavischen beeinflußten kroatischen Volkssprache wurden schon frühzeitig von dieser Legende beflügelt.

Durch die Anknüpfung an die kyrillo–methodianische Tradition, die sich unter anderem in der Verwendung der glagolitischen und kyrillischen Schrift ausdrückt, leisteten die Kroaten bereits seit dem 11. Jahrhundert Widerstand gegen den lateinischen Universalismus der römischen Kirche. Andererseits schuf die Hieronymuslegende auch eine Brücke von der Latinität zur kirchenslavisch–östlichen Tradition. In gewisser Weise könnten auch die Bemühungen der kroatischen und slovenischen Protestanten, nicht nur ihre katholischen Landsleute im westlichen Bereich, sondern auch die orthodoxen und

---

⁷ Hier wird der Ortsname Saloniki = Solun, Heimatstadt der Slavenapostel, mit Salona = Solin in Zusammenhang gebracht. Vgl. dazu I. Banac, op. cit., S. 190.

⁸ Ebd., S. 196 f.

muslimischen Südslaven mit der reformatorischen Bewegung zu erfassen, als ein ferner Anklang an diesen Brückenschlag von West nach Ost gesehen werden.

Der Standpunkt der kroatischen Protestanten in der Sprachenfrage ist in zwei Punkten klar:

— Erstens bestand Übereinstimmung darin, daß eine lebende Volkssprache und nicht eine Form der kirchenslavischen Buchsprache das Medium für die Verbreitung der protestantischen Lehre sein solle. Das ergibt sich schon aus dem Grundsatz der Reformation, daß die Verkündigung des Wortes in einer allen verständlichen Volkssprache erfolgen solle.

— Zweitens bestand Übereinstimmung darin, daß nicht ein bestimmter Dialekt die Grundlage für die neue Schriftsprache bilden solle, sondern eine Mischung aus mehreren regionalen Dialekten, um möglichst viele Bewohner der südslavischen Länder mit den Schriftwerken der neuen Lehre erreichen zu können. Auch der slovenische Reformator Primus Truber forderte eine allgemein verständliche kroatische Sprache.[9]

Die Kontroversen um die 'dignitas' der kroatischen Sprache waren im 16. Jahrhundert bereits ausgefochten. Die kroatische Renaissanceliteratur in Dalmatien und Dubrovnik hatte den ihr angemessenen Rang, die Würde ihrer Sprache für Gegenstände des geistigen und kulturellen Lebens, für Religion, Theologie und Wissenschaft, unter Beweis gestellt. Die 'dignitas' der Volkssprache war somit anerkannt, ihre Position sowohl gegenüber dem Lateinischen als auch gegenüber dem Kirchenslavischen abgegrenzt und gefestigt.

Große Unsicherheiten blieben allerdings in Fragen der Norm bestehen, die sich vor allem daraus ergaben, daß keine Einigkeit dar-

---

[9] Vgl. dazu M. S. Iovine, op. cit., S. 106.

über erzielt werden konnte, wie eine Dialektmischung aussehen und aus welchen Dialekten geschöpft werden sollte.

Versuche, eine einheitliche Literatursprache im kroatischen Raum zu schaffen, hatte es schon vor der Reformation gegeben. E. Hercigonja hat gezeigt, daß zu Beginn des 15. Jahrhunderts eine čakavisch-kajkavische literarische Koiné in glagolitischen Dokumenten verwendet wurde.[10]

Zu Beginn des 16. Jahrhunderts gab es im Nordwesten (Čakovec, Zagreb) Ansätze für eine literatursprachliche Mischung aus Nordčakavisch und Kajkavisch und im Südwesten eine Mischung aus südčakavischen und štokavischen Elementen (Dubrovnik, Bosnien). Solche hybriden Lösungen wurden zwar nicht bewußt angestrebt, doch verlief praktisch die Suche nach einer schriftsprachlichen Standardisierung oft in diese Richtung.

Das Čakavische spielte aber im 16. Jahrhundert noch immer eine dominierende Rolle, das gilt auch für die Sprache der kroatischen Protestanten. Denn das Čakavische war, wie erwähnt, der Dialekt mit der bedeutendsten literarischen Tradition, seine 'dignitas' und 'auctoritas' standen außer Zweifel. Außerdem stammten die aktivsten kroatischen Protestanten, wie Stjepan Konzul, Anton Dalmatin, Peter Paul Vergerius, aus čakavischem Dialektgebiet. Es war naheliegend, daß sie sich dieses Dialekts bedienten. Da es aber ihr Ziel war, alle Südslaven mit dem reformatorischen Gedankengut zu erreichen, waren sie bestrebt, sprachliches Material auch aus anderen Dialekten einzuführen.

Matthias Flacius hat zwar den überwiegenden Teil seiner Schriften in lateinischer Sprache abgefaßt, aus verschiedenen Äußerungen geht jedoch hervor, daß er den Gebrauch der kroatischen Volksspra-

---

[10] Hier zitiert nach I. Banac, op. cit., S. 209.

che in der reformatorischen Praxis und im reformatorischen Schrifttum befürwortete. Im *Catalogus testium veritatis* verurteilte er die päpstliche Kirche, weil sie hartnäckig die Tradition der lateinischen Sprache bewahrte, und empfahl, den Gottesdienst in der Volkssprache abzuhalten.

Im Zusammenhang mit seinen Plänen, in Regensburg und Klagenfurt eine Universität oder Akademie für Südslaven zu gründen, äußerte er die Absicht, eine Übersetzung der Bibel in die illyrische Sprache (*Versio bibliorum illyrica*) zu unterstützen und eine Druckerei mit glagolitischen und kyrillischen Buchstaben einzurichten.[11] In einer Denkschrift, die er im Jahre 1561 dem Baron Ungnad und anderen deutschen Feudalherren sowie dem slovenischen Reformatoren Primus Truber und Matthias Klombner sandte, findet sich neben dem Vorschlag für einen Unterrichtsplan auch der Wunsch, daß die Vorlesungen in Fächern wie Fundamentaltheologie für die Studenten aus den slavischen Ländern in der Volkssprache gehalten werden sollten.

Flacius wollte durch "eine solche Gründung die Reformation stärken, denn immerhin kann sich in der Universität eine theoretisch und ideologisch geschulte Intellektuellenschicht protestantischer Gesinnung bilden. Die Reformation kann sich somit als eine nationale Volksbewegung entfalten, wobei die Volkssprache und ihre Träger, die Schriftsteller, eine wichtige Rolle spielen".[12] Flacius geriet jedoch in Regensburg bald in Isolation und konnte seine Vorhaben nicht verwirklichen.

---

[11] Vgl. dazu die Ausführungen von E. A. van Trotsenburg, op. cit., S. 105 f. — Die Anregung zur Bibelübersetzung findet sich in einem Brief an Bartholomäus Schober vom 12.12.1561; hierzu M. Mirković, op. cit., S. 542.

[12] So M. Mirković, op. cit., S. 544.

Immerhin gelang ihm in Regensburg zusammen mit dem Slovenen Sebastijan Krelj die Herausgabe der *Otrozhia Biblia* (1566), in der der *Katechismus hervatski* enthalten ist, den Mirković für sprachlich reifer als die übrigen kroatischen protestantischen Schriften seiner Zeit hält.[13]

Der kroatisch–čakavische Dialekt von Istrien ist angereichert mit Elementen aus anderen südčakavischen und ekavischen Dialekten sowie mit Wörtern aus dem Kirchenslavischen und Slovenischen. Es wird darin deutlich das Bemühen um eine gemeinsame kroatisch-slovenische Grundlage sichtbar. Außerdem könnte die mehrsprachige Fassung des Katechismus, nämlich außer in der kroatischen Sprache noch in slovenischer, deutscher, lateinischer und italienischer Sprache, ein Hinweis darauf sein, daß Flacius Illyricus den Versuch unternahm, ein System von 'dignitates linguarum' für die Reformation zu schaffen.

In der *Otrozhia Biblia* enthalten ist außerdem das von Frau Dr. Schmidt bereits besprochene *Alphabetum Slavonicum*, mit einem wahrscheinlich von Sebastijan Krelj erarbeiteten Vorschlag zur Ausarbeitung eines neuen orthographischen Systems für die kroatische Sprache.

Die Laute der kroatischen Sprache werden mit 34 Schriftzeichen des lateinischen Alphabets bezeichnet, wobei die Reihenfolge der Buchstaben dem glagolitischen Alphabet entspricht. In einer sprachwissenschhaftlichen Analyse konnte Josip Matešić zeigen[14], daß Flacius diese Schreibung im *Katechismus* konsequent angewendet hat, und daß das graphische System des Katechismus von 1566 wesentlich einheitlicher als das des 11 Jahre zuvor erschienenen *Razgovaranje*

---

[13] Ebd., S. 453.
[14] Vgl. Anm. 1!.

(1555) ist.

Das *Razgovaranje meju papistu i jednim Luteran(om)*, eine 1555 angeblich in Padua, in Wirklichkeit in Tübingen erschienene polemische Schrift, ist das zweite Flacius zugeschriebene Werk in kroatischer Sprache. Es ist in der istrianisch-čakavischen Mundart von Labin geschrieben, zeichnet sich aber insgesamt durch einen differenzierten, nicht nur durch Wörter aus anderen Dialektgebieten, sondern auch durch Neologismen und Lehnwörter aus anderen Sprachen bereicherten Wortschatz aus.

Der Standpunkt des Flacius Illyricus in der kroatischen Sprachenfrage des 16. Jahrhunderts läßt sich zusammenfassend wie folgt formulieren:

1. In bezug auf den Aspekt der 'dignitas' bestanden für ihn keine Zweifel: Sein Eintreten für die Verwendung der kroatischen Volkssprache im protestantischen Schrifttum sowie die von ihm selbst verfaßten Werke lassen den Schluß zu, daß er von der Angemessenheit und Würde des Kroatischen (oder wie er sich ausdrückte — des Illyrischen) als Sprache der Kirche, der Literatur und der Verkündigung der christlichen Lehre überzeugt war. Sein Plan, an der zu errichtenden Universität in Regensburg oder Klagenfurt Kroatisch als Unterrichtssprache zu verwenden, bestätigt, daß er ihre 'dignitas' auch als Sprache der Theologie, Philosophie und Wissenschaft für gewährleistet ansah.

2. Die Probleme der Norm für eine neue kroatische Schriftsprache waren hingegen auch für ihn unlösbar geblieben. Zwar sind seine Bemühungen, eine für breitere Kreise verständliche Sprache zu schaffen, erkennbar: zum einen im Suchen nach einer einheitlichen orthographischen Norm, zum anderen im Lexikon und in der Grammatik durch Einbeziehung von Wörtern und Formen aus anderen Dialektge-

bieten. Auch seine Offenheit gegenüber Entlehnungen aus anderen Sprachen, wie dem Deutschen oder Italienischen, sind Ausdruck für die Bemühungen, eine Sprachform zu finden, die auch den Ansprüchen gebildeter Kreise genügen kann.

Der Schluß ist meines Erachtens erlaubt, daß Flacius Illyricus sich der drängenden Probleme, die zur Lösung der kroatischen Sprachenfrage des 16. Jahrhunderts anstanden, sehr wohl bewußt war. Doch die überwältigenden Schwierigkeiten und Existenzsorgen, mit denen er in seinen letzten anderthalb Lebensjahrzehnten zu kämpfen hatte, ließen ihm keine Kräfte übrig, um durch eigene schriftstellerische Tätigkeit auch in sprachlicher Beziehung wegweisend zu wirken.

Die zum Teil erfolgversprechenden Ansätze der kroatischen Protestanten, eine einheitliche Schriftsprache zu schaffen, blieben nicht zuletzt auch deshalb erfolglos, weil die reformatorische Bewegung insgesamt in den kroatischen Ländern bekämpft wurde.

Das sprachliche Erbe, das die Protestanten hinterließen, wurde jedoch von den katholischen Schriftstellern der Gegenreformation bereitwillig aufgenommen und weiterentwickelt.

Literatur

Banac, I. (1984): "Main Trends in the Croat Language Question." In: *Aspects of the Slavic Language Question*. Volume I, S. 189 —259.
Bučar, Fr. (1910): *Povijest hrvatske protestantske književnosti za reformacije*. Zagreb (Crtice iz hrvatske književnosti, Bd. 5).
Iovine, M. S. (1984): "The 'Illyrian Language' and the Language Question among the Southern Slavs in the Seventeenth and Eighteenth centuries." In: *Aspects of the Slavic Language Question*. Volume I, S. 101 — 156.
Katičić, R. (1984): "The Making of Standard Serbo—Croat." In: *Aspects of the Slavic Language Question*. Volume I, S. 261 — 295.
Majnarić, N. (izd.) (1960): *Matija Vlačić Ilirik. Katalog svjedoka istine*. Zagreb.

Ders. (1975): *Matthias Flacius Illyricus 1575 –1975*. Regensburg (Schriftenreihe des Regensburger Osteuropa—Instituts, Bd. 2).

Mirković, M. (1960): *Matija Vlačić Ilirik*. Zagreb. (Djela Jugoslavenske akademije znanosti i umjetnosti, knj. 50).

Murko, M. (1927): *Die Bedeutung der Reformation und Gegenreformation für das geistige Leben der Südslaven*. Prag und Heidelberg.

Picchio, R. (1984): "Guidelines for a Comparative Study of the Language Question among the Slavs". In: *Aspects of the Slavic Language Question*. Volume I, S. 1 — 42.

—— & Goldblatt, H. (ed.) (1984): *Aspects of the Slavic Language Question*. Volume I, Church Slavonic — South Slavic — West Slavic. New Haven.

Ders. (1984): *Protestantismus bei den Slowenen. Protestantizem pri Slovencih*. Wiener Slawistischer Almanach. Sonderband 13. Wien.

Ravlić, J. (izd.) (1972): *Zbornik proze XVI. i XVII. stoljeća*. Zagreb. (Pet stoljeća hrvatske književnosti, knj. 11).

Stökl, G. (1940): *Die deutsch–slavische Südostgrenze des Reiches im 16. Jahrhundert. Ein Beitrag zu ihrer Geschichte, dargestellt anhand des südslavischen Reformationsschrifttums*. Breslau. (Schriften des Osteuropa—Instituts zu Breslau, Neue Reihe 12).

Trotsenburg, E. A. van (1984): "Zur protestantischen Bildungspolitik, dargestellt an den Hochschulgründungsabsichten des Matthias Flacius Illyricus in Regensburg und Klagenfurt (1561 — 1562)." In: *Protestantismus bei den Slowenen*, S. 105 — 117.

ANNELIES LÄGREID

Flacius Illyricus and the Croatian Language Question of the 16th Century
(Flacius Illyricus und die kroatische Sprachenfrage des 16. Jahrhunderts)

Summary

Although Flacius Illyricus wrote the vast majority of his extensive work in Latin, there is some justification in assuming that he was aware of the linguistic problems in contemporary Croatia. There are several reasons for this:

1. The two Croatian documents *Razgovaranje meju papistu i jednim Luteran* and *Katechismus hervatski*, which are ascribed to him, are written in a language form in which one can clearly recognize the endeavor to write in a modern standard Croatian.

2. In one of his main works, *Clavis scripturae sacrae*, Flacius counts 'Illyrian' (= Croatian) alongside Greek, Latin and German as one of the four most important languages of his day.

3. A significant element in his plans to found a South Slavic university in Regensburg and Klagenfurt is the demand that classes be conducted in a South Slavic language, i. e. Flacius asserts that the Croatian language, which is no doubt what (alongside Slovenian) he is referring to, is perfectly suitable to be used as the language of theology, philosophy and science.

The question arises, however, as to which language form Flacius Illyricus and the Croatian Protestants wanted to promote to their standard language. Following Ricardo Picchio's reappraisal of the humanist concept of the 'Questione della lingua' with regard to the language question of the Slavs, I shall discuss the two problem areas which the development of the new national literary language gives rise to:

1. Which language form should constitute the basis for the standard language: a traditional literary language or the vernacular?

2. Should one dialect or a combination of several dialects form this basis?

Flacius Illyricus was in agreement with the Croatian Protestants that a living spoken language and not a form of the Slavic religious literary language should be the medium for the dissemination of Protestant doctrine. In addition, all were agreed that not one particular dialect, but a combination of several regional dialects should form the basis for a new standard language.

JOSIP TALANGA

Paralipomena dialectices des Matthias Flacius Illyricus

Das Werk des Flacius, das wir hier diskutieren wollen, wurde im Jahre 1558 in Basel gedruckt. Sein Name erscheint nicht auf der Titelseite, aber es gibt genügend Hinweise, daß Matthias Flacius Illyricus der Autor dieses Werkes war.[1] Es wurde nach seinen eigenen Worten in

---

[1] Der vollständige Titel lautet: **Paralipomena Dialectices. Libellus lectu dignissimus, & ad Dialecticam Demonstrationem certius cognoscendam, cuius etiam in Praefatione prima quaedam principa proponuntur, apprime utilis. Basilae, apud Iacobum Parcum.** Die Epistola nuncupatoria endet mit folgenden Worten: **Ex Academia Ienensi, Cal.Ianuarii: Anno a nato Unico salvatore Domino nostro Iesu Christo, qui solus fert & aufert peccata totius mundi, 1558. Matthias Flacius Illyricus.** Der Autor des Widmungsschreibens ist zweifelsohne Flacius. Zwischen dem 27. April 1557 und dem 2. Februar 1562 wirkte er an der Universität zu Jena, vgl. Wilhelm Preger, Matthias Flacius Illyricus und seine Zeit, Zweite Hälfte, Erlangen 1861 (Nachdr. Hildesheim 1964), S. 104 — 180. Aus dem Inhalt des Widmungsschreibens läßt sich schwerlich etwas über den Autor schließen. Jedenfalls bestehen keine inhaltlichen oder prinzipiellen Unterschiede in bezug auf den restlichen Inhalt der Schrift. Die Erklärung, unter Berufung auf den Apostel Paulus, wie und in welchen Sachen ein Lehrer gebildet sein muß, was wiederum das Studium der Dialektik rechtfertigt, finden wir auch in anderen Schriften des Flacius, z. B. *De ratione cognoscendi sacras literas*, lat.—dt. v. L. Geldsetzer, Düsseldorf 1968, S. 52 — 54. Einige Äußerungen im Widmungsschreiben machen den Eindruck, als hätte Flacius nur das Widmungsschreiben verfaßt, vgl. z. B. S. 8: **Caeterum Libellum hunc ... a quodam scriptum in publicum edere, vobisque (clarissimi Viri) dedicare volui** und S. 9: **Autori sane eius (si modo mihi satis notus est) plus satis fuerit, si vel aliis ansam, occasionemque rectius de hisce rebus cogitandi, & publicam utilitatem promovendi, hac scripto ne praebuerit.** Die Wendungen wie **a quodam scriptum** und **autori sane eius (si modo mihi satis notus est)** verstärken insbesondere diesen Eindruck. Es handelt sich jedoch um die modestia, wenn er sich in dem Widmungsschreiben an seine Gönner wendet. Schon der darauf

Epistola nuncupatoria (p. 8) in den Jahren 1550 – 1551 "während der langen und gefährlichen Belagerung Magdeburgs" (in **longa & periculosa Magdeburgensi obsidione**) geschrieben. Da der Inhalt des zu besprechenden Werkes Logik und Methodologie der Wissenschaften ist, drängt sich zuerst die Frage auf, in welchem Verhältnis dieses Werk zum Logiklehrbuch des Philipp Melanchthon sowie anderen verwandten Werken seiner Zeit steht. Danach möchte ich das ganze Werk einer eingehenden Analyse unterziehen.[2]

I.

Die möglichen Vorbilder

Der einflußreichste Logiker des 16. Jahrhunderts war Petrus Ramus (1515 – 1572). Es gibt mehrere Gründe, warum er keinen Einfluß auf Flacius ausüben konnte. Ramus wurde erst nach seinem Tode, als

---

folgende Abschnitt (S. 9 – 10) verrät den typischen, ich—betonten Stil des Flacius: **Ne vero ego quoque plane asymbolus ad hoc negocium venerim, adscribam quaedam quasi prima principia, ac primas demonstrationes Dialecticae, impolitas quidem illas, sed tamen quae aliis magis industriis occasionem dare cogitandi absolutiora possint.** Am Anfang der *Praefatio* taucht der Name des Flacius nur in Initialien auf: **Candido Lectori M.F.I. Salutem.** Jedoch der Inhalt der Vorrede stimmt mit dem Hauptteil der Schrift sowohl in inhatlicher als auch in prinzipieller Hinsicht überein. Von besonderer Wichtigkeit ist die Erwähnung von Simon Grynaeus, Flacius' Lehrer in Basel. Gewisse Reminiszenzen an den Studienaufenthalt in Basel könnte auch das oftmalige Erwähnen des Rheins sein, wenn Flacius zu konkreten Beispielen greift. In seinem großen Werk *Clavis Scripturae Sacrae* (Basel 1567) bestätigt er ausdrücklich, daß Paralipomena sein Werk ist: ... **pars Dialectices ... de qua in Paralipomenis dixi** (p.94 Geldsetzer).

[2] Nach meiner Kenntnis gibt es keine einzige Arbeit, die sich mit dieser Schrift des Flacius beschäftigt.

Opfer der Bartholomäusnacht, in protestantischen Kreisen bekannt (er war 1561 Protestant geworden). Außerdem ging Flacius — wie wir später sehen werden — in seiner Auffassung der Dialektik ausdrücklich von Aristoteles als Autorität aus, während Ramus schon 1536 in seiner Magisterthesis nachzuweisen versuchte, daß die Philosophie des Aristoteles insgesamt irrig sei.[3]

Es wäre viel wahrscheinlicher, daß Flacius den entscheidenden Anstoß in der Logik wie auch in Aristotelicis im allgemeinen durch den großen Erneuerer des Aristotelismus in den protestantischen Ländern, Philipp Melanchthon (1497 — 1560), erhalten hat. Denn Flacius studierte bei ihm an der Universität zu Wittenberg von 1541 bis 1544 und wirkte dort als Professor von 1544 bis 1549.[4] Melanchthon hatte schon 1520, also unmittelbar nach seiner kurz   antiaristotelischen

---

[3] Diese Auffassung hat er in seinen späteren Werken weiter entwickelt, z. B. in *Aristoteles animadversiones*, Paris 1543, oder in *Dialecticae institutiones*, Paris 1543. Sein Hauptargument gegen die aristotelische Logik lautet, sie sei gekünstelt und verstelle die natürliche Art zu denken. Ramus teilt eine geläufige Ansicht mit den Humanisten, nämlich die Forderung, die sog. natürliche Logik müsse mit der Rhetorik verbunden sein. Er unterscheidet zwei Teile der Logik: **inventio** oder die Kunst, die Gründe zu finden, und **iudicium** oder die Urteilsbildung. Seine Auffassung von **inventio** bleibt auf die Rhetorik beschränkt, was aus seinen späteren Werken wie *Rhetoricae distinctiones* (Paris 1549) und *Dialectique* (Paris 1555, ein Jahr später in Latein erschienen) ersichtlich wird.

[4] Vgl. Preger I 76 ff. Vgl. auch Mijo Mirković, *Matija Vlačić Ilirik*, Prva knjiga, Pula—Rijeka 1980, S. 79 — 235. (Dieses Werk hat mindestens zwei große Nachteile: 1. die unangemessene <marxistische> Methode; 2. das ständige Gegenüberstellen des reinen, unverdorbenen Slaven, ja Protojugoslaven <die Theorie vom Barbarogenius Balcanicus> gegenüber der dekadenten germanischen Welt.) Während Flacius' Aufenthalt in Wittenberg hat Melanchthon folgende Logikvorlesungen gehalten: 1542 Cicero, Dialektik; 1544 (Oktober 28) bis 1545 (Juni 8) Dialektik <insgesamt 77 Vorlesungen Cod. lat. Monac. 26 081>; 1548 über Dialektik, mit der Interpretation von Aristoteles' Organon; vgl. dazu Karl Hartfelder, *Philipp Melanchthon als Praeceptor Germaniae*, Berlin 1889, S. 561 — 563.

Phase,⁵ die erste Fassung seiner Vorlesungen über die Dialektik veröffentlicht, auf welche dann noch zwei bedeutende Bearbeitungen und Erweiterungen sowie eine Reihe von Nachdrucken folgten.⁶ Von seiner eigenen Dialektik behauptete Melanchthon, sie sei in wahrhafter und unverderbter Gestalt, wie wir sie von Aristoteles erhalten haben.⁷ Jedoch, wenn wir Melanchthons und Flacius' Dialektik vergleichen, stellen wir nicht nur große Unterschiede fest, sondern auch gänzlich unterschiedlichen Zugang und grundsätzlich andersartiges Verfahren. Melanchthons Dialektik erhebt zwar den Anspruch, eine authentische aristotelische Logik zu sein, bleibt jedoch im Grunde eine typische humanistische Logik: das Grundschema ist ein vereinfachtes mittelalterliches Logiklehrbuch, bereichert mit rhetorischem Material. Schon die Definition der Dialektik bei Melanchthon, "die Kunst, über jedes beliebige Thema geeignet und vorzugsweise zu diskutieren"(**artificium apposite ac proprie de quocunque themate disserendi**), gleicht der nämlichen Definition bei Cicero.⁸ Im ersten Teil dieser Dialektik sind, unter anderem, **praedicabilia** und **praedicamenta** bearbeitet. Es ist interessant, daß Melanchthon unter die **prae-**

---

⁵ Vgl. Peter Petersen, *Geschichte der aristotelischen Philosophie im protestantischen Deutschland*, Habil., Hamburg, Leipzig 1921, S. 24 — 38. Dies gilt insbesondere für die Jahre 1518 — 1522.

⁶ *Compendiaria dialectices ratio*, Leipzig 1520 (Nachdruck in *Corpus reformatorum* <1843 — 1860, Repr. 1963 — 1964> XX 709 — 764); *Dialectices libri qattuor*, Hagenau 1528 (Bericht darüber in CR XIII 507 ff., wieder abgedruckt in der Basler Ausgabe von Melanchthons Werken, III 172 ff.); *Erotemata dialectices*, Wittenberg 1547 (Nachdr. in CR XIII 511 — 752).

⁷ Ego veram, incorruptam, nativam Dialecticen, qualem et ab Aristotele et aliquot eius non insulsis interpretibus, ut ab Alexandro et Boetio accepimus, praedico CR VI 655.

⁸ Tusc.1,8: ratio contra alterius opinionem disserendi. Fin.5,10: ab Aristoteleque principe de singulis rebus in utramque partem dicendi exercitatio est instituta. De oratore 2,157: artem ... bene disserendi et vera ac falsa diiudicandi.

dicamenta oder Kategorien nur vier zählt (**substantia, quantitas, qualitas** und **relatio**). Das gesamte Material enspricht hauptsächlich, mit Ausnahme des letzten Teils unter dem Titel **De locis argumentorum**, der traditionellen Struktur scholastischer Logiklehrbücher. Besonders in diesem hinzugekommenen Teil, einer typischen ciceronianisch-quintilianischen Topik, kommt die humanistische Charakteristik der Dialektik Melanchthons zum Ausdruck. Hier war seine Hauptquelle und sein Ideal Rudolf Agricola (1444 – 1485) mit seinem Werk *De inventione dialectica*.[9] Der Schlüsselbegriff **inventio** wird hier vor allem im rhetorischen Sinne verstanden. Wie wir sehen werden, ist dies auch der Schlüsselbegriff zum Verständnis der Dialektik bei Flacius, jedoch ist er bei ihm frei von jeder rhetorischen Beimischung. Melanchthons Lehrbuch der Dialektik war nicht nur populär überall in Europa – z. B. die dritte Bearbeitung in einer Auflage von 3000 Exemplaren aus dem Jahre 1547, also in der Zeit, als Flacius und Melanchthon Kollegen an der Universität zu Wittenberg waren, wurde innerhalb von wenigen Tagen verkauft –, sondern es wurde sehr schnell, in Heidelberg etwa um 1522, zu einem pflichtmäßigen Universitätslehrbuch.[10] Und so beeinflußte er, auch durch seine weiteren Werke wie etwa *Ethica, De anima* oder *Physica*, in wesentlichem Maße die Gestaltung des Aristotelismus in den protestantischen Ländern bzw. der sog. protestantischen Scholastik. In *Paralipomena*

---

[9] "Kein Humanist außer Erasmus hat größeren Einfluß auf Melanchthons fundamentale Anschauungen geübt als der Friese Agricola", vgl. Hartfelder S. 217. Ganz offen bekennt er, daß unter den neueren Büchern über Dialektik das des Agricola das beste sei. **Nec vero ulla extant recentia scripta de locis et de usu Dialectices meliora et locupletiora Rodolphi libris** (CR III 676, zitiert nach Hartfelder S. 218).

[10] Vgl. Hartfelder S. 215.

dialectices des Flacius jedoch finden wir keine Spur seines Einflusses.[11]

Alles spricht dafür, daß Flacius im Jahre 1541 mit einem schon geprägten Verständnis der Dialektik nach Wittenberg kam. Davor verbrachte er ein Jahr an der Universität Tübingen, wo er bei seinem Landsmann Mathias Garbitius die griechische Sprache und Literatur studierte und sogar bei ihm wohnte.[12] Matthias Garbitius sowie die ganze Tübinger Universität lebten in Melanchthons Geiste der mäßigen, humanistisch orientierten Reformation. Dort eignete sich Flacius vor allem gute Kenntnisse der griechischen Sprache und der klassischen Literaturen an. Garbitius war ein Liebhaber der klassischen Dichtung und schrieb selbst Verse in Griechisch und Latein. Obwohl ihm unter anderem auch das Abhalten von Ethikvorlesungen oblag, zeigte er kein besonderes Interesse an der Philosophie.

Auf Flacius' philosophische Ansichten, insbesondere hinsichtlich der Dialektik, hat doch am meisten sein vorheriger Studienaufenthalt in Basel gewirkt. Dort studierte er von Mai 1539 bis Herbst 1540.[13] Sein Förderer, der ihn auch in sein Haus aufnahm, war Simon Grynaeus (1493 — 1541), einst Erasmus' intimer Freund und von den Zeitgenossen als der größte Philosoph und Philologe seiner Zeit geschätzt. Zweimal gab er Aristoteles' *Opera omnia* und einmal sein *Organon* heraus.[14] Aus seinem Nachlaß ist ersichtlich, daß er die

---

[11] An einer Stelle erwähnt Flacius Melanchthon hinsichtlich seiner Logik, S. 17: Nostra demum aetate illud eximium decus Aristotelis praeceptis, lux contigit: non solum, quia clarius commodiusque proposita sunt, sed etiam quia exemplis illustrata, ususque Dialectices est commonstratus. Quod beneficium ut ingens ac longe utilissimum fuit studiosis, ita Philippi ferme proprium.

[12] Vgl. Franjo Bučar, *Povijest hrvatske protestantske književnosti za Reformacije*, Zagreb 1910, S. 66 — 67, und Djuro Körbler, *Humanist Matija Grbić*, Rad JAZU 145.

[13] Vgl. Preger I 16 ff. und Mirković I 71 ff.

[14] Petersen S. 144.

Aristotelischen Werke, insbesondere die logischen, regelmäßig in seinen Vorlesungen behandelte.[15] Ansonsten hat er sich für die Einführung der geometrischen Methode in anderen Wissenschaften eingesetzt. Im Jahre 1533 hat er als erster den griechischen Text von Euklids *Elementa* sowie den griechischen Text von Proklos' Kommentar zum ersten Buch der *Elementa* herausgegeben. Diesem Text hat er einen Auszug aus Galenos' *Methodus medendi* vorausgeschickt, in welchem Galenos die Anwendung der geometrischen Methode in der Medizin fordert. Grynaeus war nämlich der Meinung, daß das Wesen jeder wissenschaftlichen Methode aus der geometrischen Methode hergeleitet werden kann.[16] Flacius erwähnt seinen Lehrer Grynaeus in der *Praefatio* seiner *Paralipomena dialectices* als seinen "einstigen Lehrer und gütigsten Mäzen" (**meus olim praeceptor ac Moecenas benegnissimus**).[17] Das Zentralproblem der Dialektik bei Flacius ist

---

[15] Charles H. Lohr, *Latine Aristotle Commentaries*, II: *Renaissance Authors*, Firenze 1988, S. 175 — 176.

[16] Hermann Schüling, *Die Geschichte der axiomatischen Methode im 16. und beginnenden 17. Jahrhundert*, Hildesheim/New York 1969 (Stud. u. Mat. z. Gesch. d. Phil. 13), S. 37: "Die Geometrie ist nach Grynaeus der vollkommene Maßstab der ganzen Methode. Von ihr ist das Wesen der Methode abzuleiten und zu lernen." S. 72: "Die Geometrie ... ist nach Grynaeus' Worten **methodi totius absoluta et perfecta formula**."

[17] Vgl. S. 25 — 26: Simon Grynaeus, vir longe pientissimus ac doctissimus, meusque olim praeceptor ac Maecenas benignissimus, aptissime, utpote artifex, sensum hunc hisce verbis expressit: Σύνοψιν Graeci vocant, cum fusa partibus res lateque patens in angustum redigitur, ac sub conspectum unum omnis datur, quod sit, cum singulorum tractatione missa, capita tantum recensemus, rem in omnibus disciplinis scis quam necessariam. Neque enim singula nosse sat est, nisi quo modo et qua necessitate inter se cohaerent, ac totum illud quonam pacto efficiunt, videmus, quo in omni disputatione nimus festinat, fines rei propositae comprehedere ac totam rationibus sius circumscribere volens. Sic enim natura fit, ut cum omnia videris, videre cupias universa, quasi tum tandem recte singula cernantur, cum cernitur suo quidque in loco. Praeterea ut in animante revulsa membra vim consideratae partes, nihil sane magnificum afferunt ad notitiam solidiorum.

inventio medii. Es handelt sich nämlich um einen Spezialzweig der Syllogistik, der schon bei den ersten Kommentatoren des Aristotelischen Organons auftaucht. Ausgerechnet dieser Zweig der Syllogistik scheint an der im Jahre 1460 gegründeten Basler Universität gepflegt worden zu sein, wo im Jahre 1492 die erste systematische Darstellung dieser Lehre, nämlich *Textus totius logices* von Thomas Bricot, erschien.[18]

II.

Flacius' Rechtfertigung in *Epistola nuncupatoria* und *Praefatio*

In dem Widmungsschreiben (S. 3 − 14), das ex Academia Ienensi, Cal. Ianuarii: Anno, a nato Unico slavatore Domino ... 1558 geschrieben wurde, beschreibt Flacius, welche Forderungen der Apostel Paulus an die Lehrer stellt (in Doctore severiter flagitantem). Der Lehrer muß eine gewisse Fähigkeit zum Lehren haben ($\delta\iota\delta\alpha\kappa\tau\iota\kappa\acute{o}\varsigma$, aptus ad docendum), wobei er sich auf 1.Tim.3,2 und Tit.2,1 beruft. Diese Fähigkeit besteht in einem gewissen Ordnen des Lehrstoffes, was sine certa doctrina ordinis, definitionis, divisionis et argumentationis fieri omnino nequit. Zweitens, der Lehrer muß laut Tit.2,9 fähig sein, andere zu widerlegen ($\dot{\epsilon}\lambda\acute{\epsilon}\gamma\chi\epsilon\iota\nu$, redarguere seu convincere contradicentibus). Drittens wird vom Lehrer die Fähigkeit des $\dot{o}\rho\vartheta o\tau o\mu\epsilon\tilde{\iota}\nu$ bzw. recte secare aut dividere verbum Veritatis verlangt. Diese Forderung ist in 2.Tim.2,15 ausgesprochen. Die vierte Forderung wird

---

[18] J. M. Bocheński, *Formale Logik*, 2., erw. Aufl., Freiburg/München 1962, S. 255; C. Prantl, *Geschichte der Logik im Abendlande*, Bd. IV, Leipzig 1870 (Repr. Graz 1955), S. 199 ff.

nur negativ formuliert. Der Apostel Paulus sagt in 1.Tim.1,7, daß die **seductores non attendere neque quid neque de quo affirment**. Mit diesen vier Forderungen ergibt sich die Notwendigkeit, die Dialektik zu studieren, aber auch die Notwendigkeit, diese Wissenschaft **certis principiis ac demonstratione** zu versorgen. In *Epistola nuncupatoria* unterscheidet Flacius **fundamentum** und **principium** der Dialektik. Die Grundlage (**fundamentum aut bases**) der Dialektik ist die Tatsache, daß Gott alles *numero, pondere et mensura* geschaffen und in einer wunderbaren Harmonie gestaltet hat. Der erste Grundsatz (**principium**) der Dialektik, wobei sich Flacius auf Cicero beruft (Tusc.1,14; vgl. auch Acad.2,95), lautet: **de unoquoque vere aliquid affirmari aut negari potest**. Auf diese Unterscheidung wird weiterhin nicht eingegangen. Es handelt es vor allem um ein Bekenntnis.

In *Praefatio* (S. 15 – 28) gibt Flacius eine Rechtfertigung, warum er eine Dialektik schreibt. Sein Hauptmotiv ist, die ganze Dialektik **in unum corpus redactam** zu geben. Dies hat zwar Aristoteles versucht, aber nach Flacius' Ansicht war dies ungenügend. Auch die Neueren haben der Logik des Aristoteles außer einer rhetorikorientierten Topik nichts hinzugefügt (**nihil admodum logicae praeter aptiorem locorum inventionis distributionem addiderunt** S. 17). So bleibt ihm nur noch übrig, seine eigene Meinung darüber zu äußern. Die gesamte Dialektik teilt er in **instrumenta** und **ordo**. Der erste Teil, das logische Werkzeug (**instrumenta dialectices**), muß durch den zweiten vervollständigt werden. Ansonsten kann man nicht wissen, wie man mit der gegebenen Vielfalt verfahren soll (**ubi incipiendum, qua procedendum, ubi definiendum**). Erst durch die Ordnungsprinzipien erhält das Wissen eine sinnvolle Form (**integra forma**), und erst auf diese Weise entstehen die Wissenschaften (**quasi formare scientias**). Im Mittelpunkt der Wissenschaftstheorie bei Flacius stehen also die Ordnungsprinzipien oder, wie er selber sagt, die Methode und die Konstituierung der einzelnen Wissenschaften.

Flacius' *Paralipomena dialecitces* besteht aus zwei Büchern. Der Titel des ersten (S. 29 – 78) lautet *De inveniendo medio*, des zweiten (S. 79 – 183) *De ordine*. Er meint zwar nicht, daß dies die einzigen Teile der Dialektik seien, denn ebenso wichtig sind ihm auch die sog. **instrumenta dialectices**, und diese sind **definitio, divisio** und **argumentatio**.[19] Für diesen Teil, den der vorherrschende Inhalt der Logik der damaligen Zeit deckt, sagt Flacius, er sei von anderen genügend behandelt worden (**satis enim erudite & ad usum apte a plurimis doctissimis viris hac tempore explicata sunt**).[20] Die thematische Ganzheit des zweiten Buches (*De ordine*) stellt einen Versuch dar, die Methodologie der Wissenschaften zu begründen. Es deckt sich in vieler Hinsicht mit der Thematik von Aristoteles' *Analytica posteriora*. Der Gegenstand des ersten Buches, **Inventio medii**, ist sehr eigentümlich in der Geschichte der Logik, und daher werden wir etwas genauer darauf eingehen.[21]

---

[19] Vgl. *Praefatio* p.18: Quare et dialectica necessario ad suum opus efficiendum, haec duo summa et principalia adhibet, instrumenta scilicet et ordinem. Instrumenta quidem dialectices voco definitionem, divisionem et argumentationem. Ordinem vero appello, illam certam recte progrediendi rationem in tractandis materiis, quae nobis monstrat, ubi inchoandus cursus, qua via procedendum et ubi sit gradus sistendus, ac quo ordine et quando definitione, divisione et argumentatione utendum. Atque haec duo, ordinem scilicet et instrumenta, iudico esse duas principales primariasque dialectices partes. Flacius zählt also drei Bereiche zur formalen oder Instrumentallogik: Definition oder Begriffsbestimmung, Division oder Begriffszergliederung und Argumentation oder Urteils— und Schlußlehre. Der dritte Bereich besteht aus Syllogistik (forma argumentorum), Lehre de inventione medii und Topik (sedes argumentorum).

[20] *Praefatio* p.28.

[21] Wir haben auch eine Vorlesungsnachschrift über Aristoteles aus der Zeit, als Flacius an der Universität zu Wittenberg unterrichtete. Dies ist sicherlich eine

III.

Das Problem der *inventio medii* im ersten Buch

Hinsichtlich der Grundprinzipien einer Logik, wie beispielsweise im Falle der aristotelischen Logik, lassen sich zwei unterschiedliche Fragen stellen:[22]
(1) 'Was folgt aus den gegebenen Prämissen?'
(2) 'Aus welchen Prämissen kann der gegebene Schluß hergeleitet werden?'
Von der ersten Frage ausgehend sucht man die Regeln, aus den gegebenen Prämissen einen Schluß zu finden. Aufgrund der zweiten Frage sucht man die Regeln für das Auffinden von Prämissen aus dem gegebenen Schluß. In seinen logischen Schriften beschäftigt sich Aristoteles vor allem mit der ersten Frage. Aber in An.pr.A 28 nimmt er auch die zweite Frage ganz ernst: wie sollen die Prämissen eines Syllogismus beschaffen sein, damit aus ihnen ein bestimmter, sagen wir z. B. partikular–affirmativer, Schluß folgen kann? Da das Subjekt des Schlusses in einer der Prämissen und das Prädikat in der anderen enthalten ist, während der **terminus medius** im Schluß nicht enthalten sein kann, jedoch in den Prämissen enthalten sein muß, wird das Problem auf das Auffinden des Mittelbegriffs zurückgeführt. Nach

---

der unmittelbaren Vorarbeiten für die Endfassung von *Paralipomena dialectices*. Die Vorlesungsnachschrift wird aufbewahrt in der Handschriftensammlung der Nationalbibliothek zu Wien (Signatur 10570) unter dem Titel *Scholia in Aristotelis librum II. Posteriorum, in libros Topicorum, Elenchorum et Rhetoricorum a G. Tannero collecta*. Die Handschrift stammt aus dem Jahre 1547, besteht aus 384 Blättern, also 768 Seiten, in einer schwer lesbaren Schnellschrift. Sie wurde von einem Studenten des Flacius gemacht, G. Tanner, der später Professor des Griechischen an der Universität zu Wien war.

[22] Vgl. Bocheński, S. 93.

unserer Kenntnis hat als erster Alexandros aus Aphrodisias[23] dieses Kapitel kommentiert, wobei er eine Art Diagramm benutzte, das wiederum nur bei Philoponos[24] erhalten geblieben ist. In die Hochscholastik führt Albertus Magnus, sich auf Averroës stützend, diese Problematik ein.[25] Danach begegnen wir oft scholastischen Traktaten, die dieser Thematik gewidmet sind.[26] Aber erst Thomas Bricot und Petrus Tartaretus geben eine ausgearbeitete Lehre vom Auffinden des Mittelbegriffs, mit welcher sich die bei Flacius im großen und ganzen deckt.[27]

Das ganze erste Buch (S. 29 – 78) von Flacius' *Ergänzungen der Dialektik*[28] ist der Frage der inventio medii gewidmet. Es besteht aus neun Kapiteln. Die ersten zwei (S. 29 – 32) geben allgemeine Erklärungen zum Gegenstand des Buches, das dritte bis sechste (S. 33 –

---

[23] Alexander, *In Aristotelis Analyticorum priorum librum commentarium*, ed. M. Wallies, Berlin 1883 (Commentaria in Aristotelem Graeca, 2:1), p. 301.

[24] Philoponus, *In Aristotelis Analytica priora commentaria*, ed. M. Wallies, Berlin 1905 (Commentaria in Aristotelem Graeca, 13:2), p. 274.

[25] Prantl III 105.

[26] ib. 119; 154; 256.

[27] Bei Thomas Bricot, *Textus totius logices*, Basel 1492, finden wir zum erstenmal die Memorialworte für das Auffinden des Mittelbegriffes, aber ohne die ungültigen Modi. Erst Petrus Tartaretus erwähnt die ungültigen Modi, vgl. Prantl IV 204 – 209 und Bocheński 256. Es ist interessant, daß Melanchthon in seiner antiaristotelischen Phase im Jahre 1518 ausgerechnet Bricot und Tartaretus, die ansonsten Skotisten waren, dann aber auch Lambertus de Monte und Johann Eck, die in ihren logischen Schriften gerade die Lehre de inventione medii hervorheben, namentlich als **inscitiae magistri** bezeichnet hat. Vgl. darüber Petersen S. 31.

[28] Flacius erklärt den Titel folgendermaßen (*Praefatio* p. 27): **Quae cum omnia mihi desint, video quam parum titulo mei scripti sim satis facturus, quamquam multa παραλειπόμενα in istis meis Paralipomenis cum multorum risu sim relicturus, qui iustius παραλείποντα quam παραλειπόμενα scritpum hoc vocari debere dictitabunt.**

44) sind der **inventio medii** hinsichtlich ihrer qualitativen und quantitativen Bestimmung gewidmet, im siebten (S. 45 – 47) werden diese Ausführungen mit dem Text des Aristoteles verglichen, im achten (S. 47 – 59), ohne Zweifel dem wichtigsten, wird in zusammenfassender Form die ganze Lehre von der **inventio medii** gegeben, und im neunten (S. 60 – 78) gibt Flacius ein Referat darüber, wie die **inventio medii** in der Scholastik behandelt wurde.

Im Unterschied zu den gewöhnlichen humanistischen Logiken[29] unterscheidet Flacius streng zwischen der Topik und dem Auffinden des Mittelbegriffs. Die Topik enthält **sedes** oder **loci argumentorum**, also das bloße Material zum Bilden von Schlüssen.[30] Diesem Material kann man eine gewisse Gestalt der Behauptung oder **forma argumentorum** geben, und dies gerade ist die Syllogistik.[31] Indessen, dieses Material kann auch gebraucht werden, um zwei Begriffe, das Subjekt und das Prädikat, in einem Urteil verknüpft, durch einen dritten Begriff in begründeter Weise mit anderen Urteilen zu verbinden. Gerade der Mittelbegriff übernimmt diese Rolle, weshalb ihn Flacius **vincula** nennt.[32] Er bestreitet also weder die Topik noch die Syllogi-

---

[29] Z. B. Melanchthon widmet der Topik (de **locis argumentorum**) das ganze vierte Buch seiner Logik, während er die **inventio** nur als die Methode, zwischen den gegebenen **loci** die geeigneten herauszufinden, auffaßt. Er sagt sogar ausdrücklich: Primum autem admonendi sunt adolescentes, nihil de invenienda caussa, aut quaestione in artibus praecipi. Nam hanc casus aut tempora offerunt (*Dialectices libri quattuor*, Leiden 1536, p. 114).

[30] *PD (= Paralipomena dialectices)* p. 30: ... locorum doctrina ... monstrat enim veluti digito, ubi nam quarere debeas materiam argumenti.

[31] Flacius meint, die Syllogistik sei etwas entfernter von der Topik als die Lehre vom Auffinden des Mittelbegriffs. Vgl. *PD* 30: Doctrina vero de forma argumentorum in alteram partem aliquanto longius adhuc ab inquisitione medii, quam topica recedit.

[32] Zugleich gibt Flacius zu, daß die Topik und das Auffinden des Mittelbegriffs ziemlich benachbarte Disziplinen sind, vgl. *PD* 30: .... tamen haec doctrina (sc.

stik — er betont sogar wiederholt, daß diese Gebiete gut und genügend erarbeitet worden sind[33], — sondern er richtet seine Aufmerksamkeit auf die **inventio medii**, auf dieses vernachlässigte Gebiet der Logik,[34] und — wie wir im zweiten Buch sehen werden — das Gebiet, auf welches sich die **inventio medii** bezieht, wird vor allem als das Gebiet der Erkenntnis und des wissenschaftlichen Wissens begriffen. Seine Dialektik ist vorzugsweise eine erkenntnistheoretische Logik.

Die gesamte Lehre **de inventione medii** beruht auf dem Aristotelischen Text in **An.pr.A 28**, und so gibt auch Flacius seine Darstellung, indem er sich streng an den Text des Aristoteles hält. Erst im letzten Kapitel des ersten Buches referiert er die scholastische Lehre.

---

doctrina argumentorum) aliquanto propius ad medium terminum seu vinculam accedit. Über das Verhältnis aller drei Bereiche ib. 30 — 31: Si quis sane similitudine quapiam sibi declarari peteret, quanam ratione doctrina de forma argumentorum, topica et ratio inveniendi medii inter se coniungantur, comparentur, aut sibi mutuo ad efficiendum dialectices finem subserviant, posset haec forte ei similitudo (quanquam iusto crassior sit) recte proponi, quod topica seu argumentorum loci sint veluti vascula quaedam, in quibus metalla resoluta contineantur. Formae argumentorum sint veluti typi et formae quaedam, in quas formanda materia infundatur. Doctrina vero de inventione medii sit veluti instrumentum quoddam, quo hauriamus ex locis tantum materiae et eam materiam, quae instituto operi apta est, eamque in suos typos industrie infundamus, atque ita destinatum opus efficiamus.

[33] PD 28: De instrumentis igitur dialecticis, nihil iam admodum dicam. Satis enim erudite et ad usum apte plurimis doctissimis viris hoc tempore explicata sunt. Nämlich, zur Syllogistik konnte man angesichts der vorherrschenden Beschäftigung mit diesem Teil der Logik in der Scholastik kaum etwas Bedeutendes beitragen. Was die Topik anbelangt, erkennt Flacius den wesentlichen Beitrag der Humanisten auf diesem Gebiet an, vgl. die Erwähnung Melanchthons in diesem Zusammenhang (PD 17) und Agricolas später in einem anderen (PD 87).

[34] PD 28: Unun tantum quiddam, quod ad argumentationem pertinet, a plerique praetermissum est, nempe ratio inveniendi medii. De ea ergo hic primum aliqua dicemus, postea acturi de ordine altera principali logices parte, quae iam non tantum negligitur a Scholis, sed etiam (de indoctioribus loquor ferme prorsus ignoratur.

In dem erwähnten Werk gibt Aristoteles zuerst die Regeln, wie der Mittelbegriff für das universal–affirmative, partikular–affirmative, universal–negative und partikular–negative Urteil (43b39 − 44a11) gesucht wird, und dann illustriert er diese Regeln, indem er Symbole für einzelne in den Regeln erwähnte Begriffe einführt (44a11 − 35). Dieser formalisierte Teil wurde traditionell durch ein Diagramm dargestellt, das den mittelalterlichen Studenten der Philosophie als **pons asinorum** bekannt war. Flacius fügt zu dieser Bezeichnung, von der er sagt, sie sei durch moderne (**recentiores**) Logiker eingeführt worden, auch diejenige hinzu, die nach seiner Aussage die alten (**veteres**) Philosophen gebraucht haben, nämlich **umbilicus** oder der Nabel.

Wir können jetzt die Regel, nach welcher der Mittelbegriff für das universal–affirmative Urteil gesucht wird, prüfen. Der Aristotelische Text lautet folgendermaßen: "Wollen wir den Mittelbegriff für ein allgemein–bejahendes Urteil <κατά τινος ὅλου> beschaffen, so müssen wir sowohl all die Subjekte, von denen das Prädikat des gegebenen Urteils ausgesagt werden kann, betrachten <βλεπτέον εἰς τὰ ὑποκείμενα καθ'ὧν αὐτὸ τυγχάνει λεγόμενον>, als auch all die anderen Prädikate, die von dem Subjekt des gegebenen Urteils ausgesagt werden <οὗ δὲ δεῖ κατηγορεῖσθαι, ὅσα τούτῳ ἕπεται>. Sind einige von den zu betrachtenden Subjekten und Prädikaten identisch, werden sich auch ihre Subjekte und Prädikate notwendigerweise in Urteilen gegenseitig einschließen <ἂν γάρ τι τούτων ᾖ ταὐτόν, ἀνάγκη θάτερον θατέρῳ ὑπάρχειν>" (43b39− 43). Flacius gibt diesen Text in freier Übersetzung so wieder: "Wenn man irgendetwas in bezug auf etwas Ganzheitliches rechtfertigen soll, wie wenn man im Falle eines allgemein–bejahenden Urteils die Rechtfertigung liefert, daß das Hauptprädikat, d. h. das Prädikat des gegebenen Urteils, gilt, betrachte man diejenigen Ausdrücke, die man in Übereinstimmung mit den vorausgehenden Regeln als Subjekte des Hauptprädikats sammelt; man betrachte desgleichen diejenigen Ausdrücke, die man in Übereinstimmung mit den vorausgehenden Regeln als Folgerungen und Prädikate des Hauptsubjekts sammelt. Wenn nämlich einige dieser Ausdrücke übereinstimmen, kann man den Mittelbegriff erhalten, mit welchem man die Rechtfertigung liefert, daß das Hauptprädikat von dem Hauptsubjekt gilt."[35] Diese Regeln werden klarer sein, wenn wir sie mit Beispielen illustrieren. In Flacius' Paraphrase können wir zwei Dinge hervorheben. Den Aristotelischen Ausdruck $\kappa\alpha\tau\alpha\sigma\kappa\epsilon\nu\acute{\alpha}\zeta\epsilon\iota\nu$, der die Anschaffung des Materials für das logische Argumentieren bedeutet, übersetzt er mit **probare**. Er unterscheidet nämlich **demonstratio** und **probatio**. Das erste gebraucht er für den mathematischen Beweis, das zweite für den philosophischen Nachweis bzw. die Rechtfertigung der Gültigkeit.[36] Während Aristoteles sagt, man soll $\upsilon\pi o\kappa\epsilon\iota\mu\epsilon\nu\alpha$, die logischen Subjekte, suchen, also offen läßt, welchen ontologischen Status diese Subjekte haben können, macht Flacius eine Ergänzung und sagt, man solle **voces**, Ausdrücke, suchen, die als mögliche Subjekte des Hauptprädikats dienen. Auch hier ist eine Tendenz in der flacianischen Dialektik sichtbar, daß nämlich ein Teil der traditionellen Logik als formal—technisches Geschäft verstanden, der andere Teil aber auf die allgemeinen Fragen der Methodologie und Erkenntnis erweitert wird.[37]

Kehren wir zur zitierten Regel des Aristoteles zurück und versu-

---

[35] *PD* 47 — 48.

[36] Vgl. Kant *KrV* B 762 ff.

[37] Das Gebiet der Logik und Methodologie, auf dem Flacius seinen Beitrag sieht, sind vor allem die Fragen des Erkenntnisfortschritts, also eine Art Logik der Forschung. Es entspricht dem Geist der damals aufblühenden Naturforschung. Jedoch ist es interessant, wie sich Flacius bemüht, die philosophischen Errungenschaften seiner Vorgänger zu integrieren.

chen wir, diese an einigen Beispielen zu veranschaulichen. Wenn man die Gültigkeit des Urteils 'alle Schnecken sind Tiere'[38] nachweisen soll, sucht man den Mittelbegriff zwischen diesen zwei gegebenen Begriffen, und zwar, welcher von dem ganzen Subjekt, d. h. 'Schnecke', ausgesagt wird, und welcher andererseits das Prädikat 'Tiere' gänzlich abdeckt. Solch ein Mittelbegriff ist beispielsweise 'Tastsinn', denn dieser Begriff wird dem ganzen Subjekt 'Schnecke', d. h. jeder Schnecke, zugesprochen, und von diesem Begriff wird gänzlich das Prädikat 'Tier' abgedeckt, d. h. alles, was den Tastsinn hat, ist ein Tier, und so bekommen wir den Syllogismus:

'Alles, was den Tastsinn hat, ist Tier';

'alle Schnecken haben den Tastsinn';

also: 'alle Schnecken sind Tiere'.

Dies ist natürlich der leicht erkennbare Syllogismus Barbara. Es war sogar nicht einmal nötig, eine Regel für das Auffinden des Mittelbegriffs im Falle des universal-affirmativen Schlusses aufzustellen, dies mußte der vollkommenste Modus sein. Für andersartige Schlüsse, z. B. partikular-affirmative, sind die Regeln etwas komplizierter. In diesem Falle, d. h. im Falle eines partikular-affirmativen Schlusses, wird der Modus der dritten Figur Darapti gebraucht, aber durch die Konversion kann man auch Darii aus der ersten Figur benutzen. Flacius gibt auch etliche Diagramme, die das Suchen des Mittelbegriffs erleichtern.

Im neunten Kapitel des ersten Buches referiert Flacius über die scholastische Lehre de inventione medii.[39] Nach dem zusammenfassenden Referat, in dem sich einige Fakten aus den vorhergehenden

---

[38] Das Beispiel stammt von Flacius: **conchas esse animalia** (*PD* 33).

[39] *PD* 60: **De ratione inveniendi medii, doctrina in scholis usitata.**

Kapiteln wiederholen, gibt er **duo versicula**,⁴⁰ die die mittelalterlichen Studenten auswendig zu lernen hatten:

**Fecana, Cageti, Daphenes, Hebare, Gedaco,
Gabati stant: sed non stant Febas, Hedas et Hecas.**

In diesen Versen ist jeder Buchstabe ein Hinweis darauf, wie man den Mittelbegriff findet. Der Vokal in der dritten Silbe bezeichnet Qualität und Quantität des Schlusses, in den ersten zwei Silben bezeichnen die Vokale das gleiche für das Prädikat und das Subjekt, der Konsonant in der ersten Silbe bezeichnet das Verhältnis des Mittelbegriffs zum Subjekt und Prädikat etc.⁴¹ Dieses **memorabile** erwähnt Thomas Bricot im Jahre 1492, aber ohne die ungültigen Modi Febas, Hedas und Hecas.⁴² Diese erwähnt zum erstenmal Johannes Dorp 1510 in seinem Werk *Summulae Buridani*.⁴³ Es ist wichtig zu betonen, daß damals in Europa zwischen 1480 und 1520 jährlich 15 bis 18 Logikbücher gedruckt wurden. Dies ist natürlich die Zeit des Aufblühens des Buchdrucks, und so wurden zum Teil auch ältere Werke gedruckt. In dieser Masse von Büchern blieb Flacius' *Paralipomena dialectices* ziemlich isoliert, ohne gebührende Reaktion und Nachfolger. Allerdings gehört dieses Werk zu den besseren Beiträgen in der Philosophie des 16. Jahrhunderts, was auch aus der Analyse des zwei-

---

⁴⁰ *PD* 71: Duobus his versiculis comprehensam totam rationem inquirendi medii indicant.

⁴¹ Allerdings schreibt Flacius *Daphenes* statt der richtigen Form *Dafenes*. Der Konsonant *f* bezeichnet nämlich das **consequens** (vgl. dazu *PD* 73). Es könnte sich um die typische Hyperkorrektur eines klassisch gebildeten Menschen handeln. Noch eine Form ist falsch: Der letzte richtige Modus heißt *Gebali* und nicht *Gebati*, wie es bei Flacius steht. Es handelt sich offenkundig um einen Druckfehler, denn ein paar Seiten später (p. 76), wo er die Anwendung dieser Formel erläutert, hat er die richtige Form.

⁴² Vgl. Prantl IV 201.

⁴³ op. cit. 237.

ten Buches verständlich wird.

IV.

Erkenntnis- und wissenschaftstheoretische Fragen im zweiten Buch

Das zweite Buch (S. 79 – 183) unter dem Titel *De ordine* besteht aus sieben Kapiteln. Das erste (S. 79 – 93) ist der Frage der Ordnung überhaupt gewidmet, das zweite (S. 93 – 103) der Analysis und Synthesis, das dritte (S. 104 – 110) der Definitionsordnung (**de ordine definitivo**), vom vierten an bis zum sechsten (S. 111 – 175) finden wird die Regeln für Analysis und Synthesis und im letzten Kapitel (S. 176 – 183) für die Definitionsordnung. Das gesamte Material ist nicht systematisch nach den einzelnen Kapiteln aufgegliedert, so daß sich darin zurechtzufinden Mühe bereitet. Inhaltlich jedoch finden wir hier eine große Anzahl an methodologischen und epistemologischen Fragen.

Ordo seu methodos wird als Lehre definiert, die Methoden und Wege aufweist, das gegebene Material **a priori** oder **a posteriori** zu systematisieren.[44] Dabei wird dieses Material wie eine Idee gestaltet (**veluti idaeam quandam formemus**).[45] Flacius unterteilt ordo bzw. Ordnung in drei Arten: **analysis, synthesis** und **definitionis explicatio**.[46]

---

[44] *PD* 84: Ordo, altera dialectices pars, est doctrina tradens vias, secundum quas integrarum materiarum singula membra, sive a priori sive posteriori, initium fiat, adhibitis instrumentis, definitione, divisione ac argumentatione apte ac suo quaelibet loco sint collocanda explicandaque.

[45] ib. 85.

[46] Diese Einteilung gibt er unter ausdrücklicher Berufung auf Galenos, *PD* 88: Dividit igitur ordinem Galenus principio Artis medicae seu parvae in tres

Einige meinen, daß auch **divisio** Teil davon sei, doch bei Flacius gehört **divisio** zu den **instrumenta**, also in die formale Logik.⁴⁷

Für die Synthesis, Analysis und Definitionsordnung gibt er zuerst Nominaldefinitionen, und dann illustriert er diese mit Beispielen aus verschiedenen Wissenschaften und mit Zitaten von verschiedenen klassischen Autoren. Sodann gibt er in getrennten Kapiteln Regeln für alle drei Arten von Ordnung bzw. Methode. Die Analysis wird als Verfahren definiert, mit welchem man von der Ganzheit zu den einfachsten Elementen geht, während die Synthesis umgekehrt verfährt.⁴⁸ Die Synthesis wird in der Arithmetik, Geometrie, Grammatik, Theologie und selbst in der Dialektik verwendet.⁴⁹ Die Beispiele zeigen, daß diese selben Wissenschaften auch die Methode der Analysis gebrauchen, aber wie es scheint, nur als eine Submethode im Rahmen der Synthesis.⁵⁰ Flacius sagt es nicht ausdrücklich, jedoch liegt der Schluß nahe, daß die Grundsätze der erwähnten Wissenschaften

---

species. Primam appellat analysin seu resolutionem, secundam synthesin seu corruptionem, tertiam definitionis explicationem.

⁴⁷ PD 92: Sed urgent multi, ex autoritate (ut putant) Galeni et Platonis, esse et quartam quendam ordinem, nempe divisivum ... mihi tamen maxime placet Mainardi sententia, qui sic divisivam methodum instrumentis et non ordinibus adiungendam esse probat.

⁴⁸ ib. 93 — 94: Analysis seu dissolutio est, cum cognito vel fine vel tot vel etiam composito aliquo retrogradimur, resolvendo seu dividendo querendoque nam ad efficiendum illum finem seu ad constituendum illud totum tendant. Atque ita tamdiu ordine pedetentim retrogradimur, donec ad ipsa rei principia tenuissimas partes primaque elementa perveniamus. ib. 95: Contraria huic via est systhesis seu compositio, quae a minutissimis rerum principiis minimisque partibus progreditur semper, porro pergendo et tenuissima illa inter se componendo, donec ad exoptatum rei finem prveniat aut totum aliquod corpus componat.

⁴⁹ ib. 95 — 103.

⁵⁰ Die mathematischen Disziplinen, Arthmetik und Geometrie, verwenden die synthetische Methode, aber si quisa liquod methmaticum theorema diligentius examinare vellet (ib. 100 — 101), kann er zur analytischen Methode greifen.

nach der synthetischen Methode konstruiert werden, daß aber diese Wissenschaften zum Ordnen ihres Erkenntnismaterials auch zur Methode der Analysis greifen.

Aus dem reichen Material greifen wir einige interessante Gedanken heraus. So wird in der vierten Regel des vierten Kapitels Epikurs Theologie kritisiert.[51] Das Urteil 'esse Deum' bezeichnet Flacius als **principium syntheticum**. Sachlich und terminologisch erinnert dieser Ausdruck an Kants synthetische Urteile a priori. Im Zusammenhang mit derselben vierten Regel kritisiert er einige Physiker, die ihre Grundsätze, wie z. B. **'ex nihilo nihil fit'** oder **'nullum individuum est perpetuum'**, auch auf die Ewigkeit erweitern und damit die Freiheit des Allmächtigen einschränken.[52] Der Sinn der flacianischen Kritik liegt nicht darin, die Gültigkeit dieser Grundsätze, die seiner Meinung nach durch die physikalischen Experimente bestätigt wurden, zu verwerfen, sondern darauf hinzuweisen, daß man nicht durch die physikalischen Grundsätze das Wesen der Ewigkeit ergründen könne. Dieses Beispiel zeigt, wie Flacius voraussetzt, daß einzelne Wissenschaften durch ihre Methode und ihren Gegenstand beschränkt bzw. definiert sind. Oder auch anders ausgedrückt, daß ihre Erkenntnisse an die Methode und den Forschungsgegenstand gebunden sind. Die Wissenschaft, die die materielle Natur erforscht und von Beobachtung und Experiment abhängt, kann keine autonomen Aussagen über das Göttliche machen.

In der fünften Regel ebenfalls des vierten Kapitels nennt Flacius

---

[51] ib. 119 — 124. Die Kritik geht von der Epikur zugeschriebenen Ansicht (**negabat vel esse Deum vel curare res humanas**), die wir bei Lactantius, *De ira dei* 13,19 (= fr.374 Usener) finden. An dieser Stelle negiert Epikur keinesfalls die Existenz der Götter. Er möchte nur nachweisen, daß sie in letzter Instanz für das Böse in der Welt verantwortlich sind.

[52] ib. 122.

drei κριτήρια, mittels derer die Wahrheit erkannt wird (**per quae veritas cognosceretur**). Diese sind (i) **prima principia**, die durch den Akt der Schöpfung in unseren Verstand eingeprägt sind. Beispiele dafür sind: Gott existiert; alles, was ist, ist entweder oder ist nicht; alles kann man entweder bejahen oder verneinen; das Ganze ist größer als jedes seiner Teile etc. Aus diesen ersten Prinzipien werden die Wissenschaften aufgebaut.[53] Weitere Erkenntnismaßstäbe sind (ii) **experimentia universalis** oder das Wissen auf der Grundlage der sinnlichen Erfahrung, z. B. daß das Feuer heiß ist, oder daß sich der Himmel in einer kreisförmigen Bewegung befindet etc.[54] Schließlich ist das auch noch (iii) **intellectus ordinis** im Beurteilen, was nämlich aus den Urteilen folgen kann oder nicht folgen kann bzw. was notwendigerweise folgt.[55] Als κριτήρια der Wahrheitserkenntnis nimmt Flacius also die apriorischen Prinzipien, Erfahrung und Logik, an. Alle Wissenschaften, auch die spekulativen, können durch die ersten zwei Erkenntniskriterien erfaßt werden, jedoch sind sie nicht ausreichend **ad usum vitae**. Daher muß man im Falle des Wissens um die Prinzipien mit der Frage der Zusammensetzung beginnen, d. h. mit einem logischen Problem, denn **compositio** gehört zu den **instrumenta** bzw. zu den formal-logischen Prinzipien. Genauso fängt man im Falle der Erfahrung mit der logischen Frage der Zerlegung (**dissolutio**) an.[56] So faßt

---

[53] ib. 124 – 125: Prima principia sunt notitiae quaedam divinitus menti nostrae in ipsa creatione insitae, ex quibus artes extrui oririque solent, ut 'est Deus', 'Deo credendum et obediendum est'.

[54] ib. 125: Experientia universalis est notitia sensibus exmultis congruentibusque experimentis percepta, ut 'ignem esse calidum', ... 'coelum circulari motu moveri' ...

[55] ib. 124: ... intellectum ordinis in iudicanda consequentia seu cohaerentia sententiarum, ex quid sequi aut non sequi vere possit vel etiam necessario debeat.

[56] ib. 126: ... sumpto initio a notitiis principiorum per compositionem vel ab

Flacius die Logik im Sinne der Tradition als Organon auf, aber vor allem als Organon der Erkenntnis, und zwar der wissenschaftlichen Erkenntnis. An einer anderen Stelle sagt er, daß die κριτήρια der Mittelbegriff im Syllogismus sind.[57] Daraus leuchtet ein, wie sehr Flacius die Logik und die Fragen der Erkenntnis verbinden möchte. Einige nennen als κριτήριον der Wahrheitserkenntnis auch das **verbum Dei**, aber Flacius meint, daß die Heilige Schrift nicht κριτήριον der Wahrheit, sondern eine ganzheitliche Wissenschaft von den göttlichen Dingen sei (**integra rerum divinarum scientia**). Das allererste Prinzip der Theologie, **Deum esse**, ist in die menschliche Natur eingedrückt und als solches wahr.[58] So ist es in der Interpretation der Heiligen Schrift die primäre Aufgabe, die in ihr enthaltene Wahrheit sinngemäß aufzudecken, keinesfalls diese Wahrheit oder die Wahrheit überhaupt erkenntnismäßig zu konstituieren.

In der elften Regel des vierten Kapitels wird klar, warum Flacius der Synthesis vor der Analysis den Vorzug gibt, und warum er den Wissenschaften mit höherer Dignität die synthetische Methode zuschreibt. Die Synthesis geht nämlich von dem aus, was **per se seu natura** das erste ist, während die Analysis mit dem anfängt, was an sich sekundär ist, obwohl es für uns primär sein kann.[59] Die Synthesis

---

experientia per dissolutionem...

[57] ib. 146: Tertium (sc. terminus medius) est illud, unde probat, quae nempe sunt tria illa κριτήρια, de quibus dixi, notio scilicet principiorum, notio consequentiae seu cohaerentiae et experientia. Der Mittelbegriff wird als probationis principium bezeichnet (ib. 147).

[58] ib. 126 — 127.

[59] ib. 133: Synthesis plerunque a (per se seu natura) prioribus incipit et ab illis ad posteriora progreditur. Contra analysis a per se posterioribus (quae tamen nobis priora esse, superius diximus) incipit indeque ad priora pergit. Vgl. auch ib. 99: tota methodi doctrina per synthesin absolvitur. Auch Flacius' Lehrer Simon Grynaeus meint, daß sich das Wesen jeder Methode auf die synthetische

geht also davon aus, was von den Sinnen entfernt ist und was durch die reine Vernunft erfaßt wird (**tantum mente percipiuntur**), beispielsweise die obersten Gattungen, die ersten Grundsätze in der Physik etc.[60] Außerdem verfahren die spekulativen Wissenschaften **per synthesin**, die praktischen **per analysin**.[61]

V.

Wissenschaftslogische Fragen im Zusammenhang mit der Erbsündelehre

Es sei noch auf eine Warnung am Anfang des fünften Kapitels hingewiesen, die am Beispiel der Erbsünde zu einigen wissenschaftstheoretischen Fragen hinführt. Flacius sagt an dieser Stelle, man dürfe nicht nach Art einiger moderner Sophisten vorgehen, welche in nicht nur unangemessener, sondern auch gefährlicher Weise die Philosophie in die Theologie und die Grammatik in die Dialektik "hineinstopften" (**infarserunt**).[62] Es ist interessant, dies von einem zu hören, der in Glaubensstreitigkeiten am schnellsten den Kopf verlieren konnte und kaum Widerspruch duldete. Auf dem Gebiet der Wissenschaftstheorie hat er sehr streng auseinandergehalten, wofür die einzelnen Wissenschaften zuständig sind. Aus dem Unverständnis seiner Methoden-

---

Methode der Geometrie zurückführen läßt (**geometria, quae methodi totius absoluta et perfecta formula est**), vgl. Schüling 125.

[60] *PD* 133: ut sunt suprema genera, item prima physices principia etc.

[61] ib. 134.

[62] ib. 153: qui philosophiam in theologiam et grammaticam in dialecticam non solum intempestive sed et perniciose infarserunt.

lehre ergab sich vielleicht auch das Mißverstehen seiner am meisten angegriffenen These von der Erbsünde als Substanz des Menschen. Seine Gegner haben sich auf Aristoteles berufen und seine These mit dem folgenden Syllogismus widerlegt:

Quodcunque est in alio ut in subiecto, id accidens est.

At peccatum est in homine ut in subiecto.

Ergo est accidens.[63]

Darüber hinaus muß Flacius methodologisch schon a priori diese Kritik ablehnen. Denn daß die Sünde im Menschen **ut in subiecto** ist, wie es in der **minor** heißt, muß für Flacius einen anderen, einen theologischen Sinn haben. Daß alles, was die Erweiterung der **maior** mit 'ut in subiecto' enthält, ein Akzidens bzw. ein Zusatz zur Bestimmung am Gegenstand ist, kann für Flacius nur einen philosophischen Sinn haben. Also lehnt er diesen Syllogismus ab, weil in ihm der Ausdruck 'Mensch' in zwei verschiedenen Bedeutungen angenommen wird. In der **maior** bleibt zumindest offen, um welches Gebiet der Erkenntnis es sich handelt, während die **minor** ausschließlich das Wissensgebiet der Theologie intendiert. Der erwähnte Syllogismus ist wegen der **quaternio terminorum** nicht gültig. Grenzüberschreitungen zwischen verschiedenen Wissenschaftsgebieten sind nicht erlaubt. Auf die gleiche Weise sieht Flacius in dem bekannten Beweis der Wittenberger, daß die Erbsünde nicht das Wesen des Menschen ist, einen klaren Paralogismus. Ihr Beweis läuft folgendermaßen:[64]

<u>Maior</u>   Gott schuf das menschliche Wesen und bestimmte es, gute Werke zu tun.

<u>Minor</u>   Gott schuf nicht die Erbsünde und bestimmte sie nicht zum Vollbringen guter Werke.

---

[63] Petersen 335.

[64] Orthodoxa confessio de originali peccato, sine loco, 1571, pp. 10—11.

Conclusio	Also ist die Erbsünde nicht das Wesen des
	Menschen.

In dieser Schlußfolgerung sieht Flacius einen logischen Fehler (**fallacia**). Der Ausdruck Wesen (**vox 'essentia'**) wird in der Maior und Conclusio in zwei verschiedenen Bedeutungen angewendet. Es handelt sich also um zwei verschiedene Satzgegestände (**duo diversa subiecta**) und nicht um einen einzigen. So ergeben sich in dem erwähnten Syllogismus vier statt drei Begriffe, was zum Paralogismus führt. In der Maior wird das Wesen des Menschen ganz im allgemeinen im Sinne von Stoff und Gestalt, Körper und Seele betrachtet (**in maiore consideratur essentia hominis tota ac in genere, ratione materiae et formae, corporis et animae**). Dies ist die Betrachtungsweise der Philosophie und der Vernunft (**quo modo eam etiam philosophia ratioque considerat**). In der Conclusio wird das Wesen des Menschen nur im Sinne der Seele und der ihr nach dem Sündenfall anhaftenden Form betrachtet (**in conclusione autem consideratur accipiturque potissimum tantum ratione animae ... et ratione istius horrendae formae, non per creationem, sed istam tristissimam transfigurationem ruinamque effectae**). Dies ist die Art, wie die Theologie und der Heilige Geist den Menschen betrachten (**hac ratione praesentem hominem theologia et spiritus sanctus considerat**). Hier werden Philosophie und Theologie nicht entgegengesetzt, sondern jedem von diesen zwei Bereichen wird ein anderes Wesen des Menschen zugeschrieben. Es sind **duae essentiae, notiones aut formalitates hominis**. Hier haben wir also das Thema der Gliederung der methodischen Betrachtungsweisen bzw. verschiedener Wissenschaften. Flacius meint, daß es keinen Widerstreit zwischen Philosophie und Theologie gibt. Jede der verschiedenen wissenschaftlichen Disziplinen hat ihre berechtigte Betrachtungsweise. An einer anderen Stelle heißt es: **aliter considerat ani-**

mam physicus, aliter metaphysicus, aliter ethicus, aliter ... theologus.[65] Für die Betrachtungsweise gebraucht Flacius die Ausdrücke **formalitas** oder **consideratio**.

Daß Flacius die verschiedenen Betrachtungsweisen der Einheit des Wissens zuordnet, ergibt sich aus dem Gebrauch von **formalitas** in anderen Zusammenhängen. Flacius übernimmt von Julius Scaliger die Auffassung, daß **anima**, **intellectus** und **voluntas** einen Sachverhalt darstellen und nur verschiedene **formalitates** desselben Sachverhaltes (**eiusdem rei**) sind. Obwohl sie ein Sachverhalt sind, werden sie doch durch das Denken unterschieden (**etsi sunt una res, tamen distinguuntur ratione**). Die verschiedenen Betrachtungsweisen der einzelnen Disziplinen müssen ihre Begründung haben, und sehr aufschlußreiche Ansätze hierzu finden wir im zweiten Buch der *Paralipomena dialectices*.

Im Zusammenhang mit dem Paralogismusvorwurf kritisiert Flacius noch einen wichtigen Gesichtspunkt. Der traditionelle Aristotelismus, so auch die Wittenberger, fassen das Akzidens als etwas Wirkliches auf. Demgegenüber meint Flacius, und dies übernimmt er von Ludovicus Vives[66], daß das **accidens**, das er auch **adhaerens** nennt, nur im Denken unseres Gemüts besteht (**sola mentis nostrae cognitione consistens**).

Im Zusammenhang mit der Erbsündelehre möchte ich noch einen Gesichtspunkt hervorheben. In *Orthodoxa confessio* (p. 15) heißt es, daß der Satan das gute menschliche Wesen zerstört und ihm das schlechte Wesen hinterlassen hat. Es gilt nämlich der Grundsatz: wenn man die gute Wesensform einer Sache zerstört, verwandelt man sie in eine schlechte Form (**destruens bonam formam essentialem**

---

[65] ib. 9.
[66] ib. 7.

alicuius rei illam bonam in malam formam mutat). 'Eine beliebige Sache zerstören' und 'ihre wesentliche Form ändern' sind nach Flacius äquipollente Aussagen (**aequipollentes locutiones**). Für die Bestätigung dieses Grundsatzes beruft sich Flacius auf die Erfahrung (**ipsa experientia docet**). Aber er irrt sich. Aus der Zerstörung der guten Form folgt nicht notwendigerweise die Entstehung einer schlechten. Dies wäre der Fall nur unter einer Voraussetzung: man muß annehmen, daß das Prädikat gut in dem Ausdruck 'gute Wesensform' göttlichen Ursprungs ist. Alles, was dem göttlichen Ursprung nicht unterworfen ist, ist schlecht. So bedeutet die Zerstörung der guten Wesensform den Entzug des göttlichen Prädikats und die Entstehung des Schlechten. Aber Flacius stellt diesen Grundsatz oft unbegründet hin, und so entsteht der Eindruck, daß er auch ein **malum transcendentale** einführt. Wenn aus der Zerstörung des Guten das Schlechte folgt, dann kann man sich des Eindrucks nicht erwehren, daß es sich um zwei gleichgestellte Prinzipien handelt, das Gute und das Böse. Es war kein Wunder, daß man Flacius des Manichäismus anklagte.

Zum Schluß können wir feststellen, daß Flacius' *Paralipomena dialectices* ein sehr interessantes, an Ideen und Stoff reiches Werk über einige wesentliche Fragen der formalen und der Erkenntnislogik sowie der Methodenlehre und der Wissenschaftstheorie ist. Leider hat es keinen spürbaren Einfluß hinterlassen, obwohl es in vieler Hinsicht einflußreichere Werke der damaligen Zeit übertrifft.

JOSIP SOLIĆ

La culture et la communication contre l'échec scolaire chez M. Flacius

Sehr geehrter Herr Professor Matešić,
sehr geehrte Damen und Herren,
liebe Kollegen,

Permettez—moi de vous exprimer mes remerciements les plus cordiaux pour l'honneur que Vous m'avez fait en me permettant d'être parmi vous et de pouvoir prendre la parole à ce colloque dans l'enceinte de cette honorable université dont la réputation est très connue. C'est d'autant plus un grand honneur pour moi, puisqu'enfant, j'ai grandi à Labin, la ville natale de Mathias Flacius Illiricus, et comme lui j'ai suivi plus tard des études, après Nice et Paris, à Strasbourg où Illiricus passa plusieurs années de sa vie et où il a laissé une empreinte plus que remarquable par son travail et par sa passion d'honnête homme qui cherche la vérité.

(J'ose espérer qu'un jour notre université de Strasbourg aura des relations avec l'université de Mannheim comme elle les a déjà avec l'université de Freiburg im Breisgau et celle de Bielefeld.)

I.

L'échec scolaire

J'ai promis de vous entretenir sur le sujet concernant la culture contre l'échec scolaire, sujet de ma recherche depuis de nombreuses années déjà. En langue française nous appelons ainsi un phénomène socio-éducatif qui n'a rien à voir avec le jeu royal qu'est le jeu des échecs. Il s'agît malheureusement souvent plutôt d'un "mat" plus que d'un échec, car, en effet, en France, chaque année plus de 470 000 élèves (dans de nombreux pays européennes la situation n'est pas meilleure) sont obligés de constater qu'ils n'ont soit, pas réussi un examen, qu'ils ne peuvent plus continuer leurs études et sont obligés d'aller dans un établissement technique ou professionnel où le travail manuel prédomine, ou encore, ce qui est plus tragique, ils sont déprimés, malades et incapables de continuer avant d'avoir été soignés. Ceux d'entre eux qui ont 16 ans et plus quittent souvent l'école et à demi-lettrés, partent chercher du travail souvent mal rémunéré et dans des conditions insatisfaisantes. Des milliers d'entre eux finissent par exercer une profession qu'ils n'ont pas désirée. Donc pour la plupart elle deviendra tôt ou tard détestable car même un bon salaire ne peut que rarement remplacer la passion ou l'amour que nous avons pour un métier quand il est une vocation.

Sur le marché du travail les moins diplômés sont les moins bien traités et se trouvent au sein de la société parmi les mécontents, parmi les chômeurs et permettez-moi de dire parmi les plus malheureux car même s'ils gagnent de l'argent par leur travail, ils sont souvent privés de certains plaisirs qu'offre une grande culture, et qui sont, comme celui de lire un beau livre et enivrant, d'en écrire un, ou de réaliser une autre oeuvre d'art et sourtout d'apprécier déjà les oeuvres existantes à travers lesquelles souvent le beau et le divin transparaissent comme c'est le cas d'une cathédrale qui est la Bible écrite dans la pierre, chose que nos écoles n'enseignent que peu et que même l'Eglise oublie parfois de dire.

Les technologies nouvelles et les nouvelles relations sociales au niveau national et international nous obligent à devoir savoir de plus en plus pour mieux comprendre les autres cultures et pour être mieux compris par des millions de non-Européens qui habitent parmi nous en tant que porteurs de leurs éléments culturels islamiques, bouddhistes et autres.

Rendre capables les jeunes générations de continuer la vie de notre culture européenne et chrétienne avec toutes ses facettes et sa profonde spiritualité est un des devoirs de l'école. Or l'école est en difficulté dans tous les pays européens et les Américains et les Japonais nous ont souvent dit qu'ils étaient loin d'être entièrement satisfaits de leurs écoles.

Pourquoi? Que se passe-t-il?

L'école est en difficulté car on lui demande maintenant d'enseigner, et les matières scientifiques, et les langues et la littérature, et de remplacer la famille, les parents – ce qui n'est pas son devoir – car les familles, même quand elles ne sont pas brisées par le divorce, accablées par le travail, les longs transports et les fatigues modernes, aident peu les enfants. Ou bien encore les parents sont carrément incapables d'aider les jeunes car ils n'ont pas été assez instruits pour transmettre une culture, même élémentaire, à leur progéniture.

Les écoles laïques sont souvent semblables aux écoles athées du monde où règnent les doctrines marxistes sous leurs diverses formes d'application. Et dans beaucoup de pays occidentaux un élève peut passer de l'école maternelle à la fin des études universitaires sans entendre le mot "morale" ou le nom Dieu.

Pour toutes ces raisons, et bien évidemment pour d'autres encore, l'éducation est devenue pénible d'autant plus que l'école peut maintenant envoyer à l'université et l'université rendre l'homme capable de gigantesques découvertes et combinaisons scientifiques sans se soucier si cela sera utilisé dans le bien ou dans le mal. L'essentiel c'est de savoir dit-on souvent. Les comités qui prêchent un certain esprit éthique sont inquiets car la situation devient de plus en plus grave, et le savoir pour savoir éloigne l'homme de son rôle sur cette terre qu'il devait soigner, aimer.

II.

Le rôle de Mathias Flacius Illiricus dans l'éducation des jeunes et du peuple

Aujourd'hui les mathématiques et les sciences jouent les rôles principaux dans la réussite scolaire d'un jeune homme ou d'une jeune fille. Mathématique, physique et chimie dominent sur la scène de la recherche scientifique tandis que les autres matières sont considérées par la plupart des communs des mortels comme "secondaires". Dans les établissements scolaires techniques et professionels en France, par exemple, l'histoire et la géographie sont réduites à une heure d'enseignement hebdomadaire. Cela est bien triste. Historia n'est plus magistra vitae.

C'est encore l'une des causes parmi les plus graves pour laquelle nombreux jeunes mathématiciens, physiciens et astro-physiciens ignorent et l'histoire et l'évolution des sciences à travers les siècles ainsi que l'ethique de base. Quant aux notions fondamentales de théologie, ne dit-on pas que c'est l'affaire de ceux qui se préoccupent des "problèmes d'ordre divin qui ne doivent pas intéresser les vrais savants — comme si savants ils cessaient d'être hommes ...

Ainsi est rejeté tout ce que le cerveau ne peut pas comprendre, raisonner donc, tout ce qui vient du coeur comme c'est le cas de la foi qui n'a jamais été une affaire de raisonnement cérébral.

ICI NOUS RENCONTRONS JUSTEMENT CE QUE M. F. ILLIRICUS AVAIT TRES BIEN COMPRIS IL Y A PLUS DE QUATRE SIECLES. En effet, sur les fondations que l'Eglise réformée avait déjà posées avec M. Luther à la tête, elle commence très sérieusement la préparation d'une éducation nouvelle forte et dans notre langage du XXième siècle on peut dire déjà moderne. Il s'agissait de rendre toute la population capable de s'élever à un degré supérieur de culture et d'accéder à la Sainte Ecriture directement en lisant et en la buvant aux sources. L'éducation des jeunes — cet avenir de la nation et de l'humanité — avenir du peuple de Dieu n'est pas du tout negligée. Au contraire, dès la traduction de la Bible en langue populaire allemande avait commencé une campagne pour une lecture intensive de la Parole de Dieu.

On peut dire que jamais auparavant un peuple entier n'avait autant lu que les Allemands en ce temps-là. C'est l'époque de Luther, mais aussi l'époque qui devient celle d'Erasme, de F. de Rabelais, de Dürer, de Michel-Ange de Copernic et de tant d'autres personnages célèbres de l'humanité et de l'humanisme. Ce fut l'époque de Paracelse et d'Ignace de Loyola, époque de Magellan ... mais, et ne l'oublions pas, aussi l'époque de Faust et des Fugger et de tout ce monde-là qui pensait qu'il pouvait tout acheter avec son or y compris l'âme humaine. Jusqu'à nous ces achats et ventes sont de plus en plus éloignés de l'homme de l'esprit divin en le rapprochant de plus en plus de mammon en or.

Ce fut la principale raison pour laquelle les gens ont fini par ne plus voir le monde sous la même lumière à travers laquelle le voyaient nos incêtres au Moyen–Age. En effet, le monde mercantiliste et financier devient déjà agité et moins stable qu'avant l'Eglise réformée durant tout le reste de la vie de M. Luther et celle de son successeur dans le domaine de l'éducation M. F. Illiricus n'a pas cessé de se battre pour une éducation vraie forte et chrétienne de toute la jeunesse. Selon elle, le spiriuel devait primer. Luther n'avait-il pas mis sa vie au service de la Sainte écriture et de l'écriture de l'homme? Illiricus va aller encore – on peut le dire – encore plus loin, car il va accomplir un travail historique sans précédent pour, justement, affermir encore davantage l'Ecriture Sainte à travers le temps et l'espace.

Depuis 1521 jusqu'en 1534 Luther travailla sur la traduction de la Bible, le Nouveau puis l'Ancien testament. De là naquirent les ouvrages "Le grand cathéchisme" puis "Le Petit cathéchisme", manuels d'une instruction plus qu'apréciable du peuple et de la jeunesse. Ces ouvrages sont, cela est incontestable, d'une grande qualité pédagogique . On avait pris de l'éducation médiévale ce qui était très valable comme le courage, l'amour et la crainte de Dieu, mais on y ajouta la Bonté divine du Père Eternel qui est moins juge et plus Père miséricordieux, qui juge moins qu'il ne se plaît de pardonner dans l'Amour. Cela change beaucoup de choses dans l'âme humaine qui ne se voit plus comme une misérable, écrasée par le pêché et la mort, mais comme l'être radieux racheté par le Christ et qui n'a plus rien à craindre s'il aime Dieu et s'il vit selon sa Parole.

On refuse d'enseigner à partir de livres de seconde main. On doit boire à la source disait Luther, et Illiricus continuera dans cette voie. On recommande une grande connaissance de langues, de la rhétorique et des oeuvres classiques d'Aristote et de Cicéron par ex. Les mathématiques ne sont pas réjetées, certes, mais elles ne jouaient pas le rôle primordial dans les buts de l'enseignement de la Réforme. M. F. Illiricus met l'histoire à la première place car elle est la seule matière qui renseigne l'homme sur la naissance et de l'humanité et de la spiritualité chrétienne et de l'Eglise du Christ.

On instruit les filles comme les garçons et déjà en 1524 Luther avait écrit aux magistrats des villes allemandes comme suit: "Chers seigneurs, s'il faut chaque année tant dépenser pour les armes à feu, des chemins, des passerelles, des digues et d'innombrables choses du même genre de manière à ce qu'une ville puisse jouir de la paix temporelle et de la sécurité pourquoi donc ne dépense-t-on pas tout autant pour la pauvre jeunesse dans le besoin, en entretenant 1 ou 2 hommes qualifiés comme maîtres d'école?"

— La Réforme donne un statut nouveau aux maîtres d'école.

— En 1530 dans un sermont sur le devoir d'envoyer les enfants à l'école, Luther disait que s'il n'était pas prédicateur il serait heureux d'être humain ... quoi de plus grand et de plus noble?

Mais on conseille également aux jeunes d'apprendre un bon métier et tout en étant instruits, de travailler et de continuer à se perfectionner et dans la connaissance de choses divines et dans son métier pour être encore plus apte à rendre service et à être utile à son prochain, chose que Dieu aime. Les parents sont vivement invités à aider les jeunes et pour ce faire, à s'instruire eux-mêmes afin de pouvoir accomplir la tâche que Dieu leur a confiée. On cultive le dialogue. On se méfie d'utopisme, on reste réaliste face à de nombreuses faiblesses humaines que ni Luther ni M. F. Illiricus n'ignoraient. Le

Petit cathéchisme et le travail manuel fondé sur les connaissances ont rendu un immense service au peuple allemand tout entier qui est devenu depuis l'un des plus actifs et des plus instruits du monde.

Après Luther et Illiricus, Melanchthon continuera l'oeuvre d'instruction du peuple. Calvin et Comemus Bucer suivront les mêmes voies chacun avec leur originalité mais avec des visées identiques. Mais il faut souligner que le premier "Projet culturel", englobant tous les aspects de la vie et fondé sur l'Ecriture Sainte et l'Histoire de l'Eglise des vrais témoins à travers leurs vies, on le doit à M. F. Illiricus qui éclaircit ce que chez M. Luther était encore un peu flou, à savoir: Comment donner un enseignement méthodique et progressif de la Sainte Ecriture d'une manière logique et accessible aux gens de tout âge? Ce problème sera résolu par M. F. Illiricus grâce à sa passion à prouver l'histoire de l'Eglise autrement que celle enseignée par Rome et grâce à la gigantesque masse de documents qu'il réunit avec ses collaborateurs dans ce but. Il ne voyait pas immédiatement ce qui se cristallisa au cours de ce travail c'est-à-dire, un axe historique autour duquel furent réunies toutes les autres matières à enseigner et à étudier; matières présentées par les Témoins de la Vérité en tant que savants ou en tant que simples hommes de foi qui ont lutté à travers les siècles pour maintenir l'esprit de la vérité pour laquelle ils donnèrent souvent leurs vies.

III.

L'oeuvre historique de M. Flacius Illiricus

Nous n'insisterons pas sur l'importance de plus de 300 ouvrages que nous a laissés M. F. Illiricus, et dont il a enrichi de nombreuses villes allemandes, autrichiennes et croates. Illiricus nous est, certes, surtout connu comme grand théologien, et cela est juste. Mais il est, et cela est incontestable, un très grand historien.

En effet, "Le Catalogue des Témoins de la Vérité", puis "Les Centuries de Magdébourg" constituent un travail d'historien non seulement difficile, mais surtout riche et structuré d'une manière jusque là inconnu. Il y est question d'un matériel inimaginable réuni des années durant par M. F. Illiricus et par ses collaborateurs, classé dans un ordre précis, avec le but de faire un impact sur l'opinion des lecteurs et de rendre claire le déroulement providentiel de l'histoire humaine à travers l'histoire de l'Eglise. Gibbon et Bossuet après M. F. Illiricus écriront l'histoire dans la même démarche et elle sera enseignée par Bossuet au jeune monarche français Louis XIV, "le roi soleil".

A travers ces oeuvres il était précisément question d'enseignerl'histoire dans un nouvel esprit qui devait néanmoins reposer sur les enseignements des premiers Chrétiens. La thèse centrale lancée par M.F. Illiricus consistait à dire que l'Eglise catholique n'était pas la seule au monde. Dès le début —toujours selon M.F. Illiricus —il y eut des divisions entre ceux qui déviaient vers le mondain et ceux qui restaient fidèles à la Parole de Dieu. Les déviationnistes pour lui ne pouvaient être que les "papistes" et il se donnait la peine de le prouver.

Il entreprît d'écrire plus de mille ans d'histoire contenue dans 13 énormes volumes et racontant le cheminement des hommes depuis les premiers martyrs chrétiens; à travers la vie des Bogumiles croates et des Cathares français, des Manichéens, des Vaudois, puis des disciples de Jan Hus et des Frères moraves sans oublier de déboucher sur la

Réforme qui, dans cet ordre

n'était pas du tout élan de fantaisie de M. Luther mais une continuité chrétienne légitimée par le passé aussi long que celui de L'Eglise catholique qu'il nomme toujours ou presque seulement "romaine".

Donc, Rome cette ennemie de la Réforme ne pouvait plus s'appuyer sur le temps passé et sur la longue tradition qui lui servaient jusque là de principal argument.

Avant d'aborder ce travail de recherche terriblement pénible , d'écriture, de publication et de distribution aux lecteurs les plus éloignés des villages perdus il savait ce qui l'attendait. Mais il ne recule pas devant la sacrifice pour que "Catalogus testium veritatis" voit le jour et apporte aux Réformés une assurance et la paix de l'esprit. Ils en avaient bien besoin car ils avaient une grande peur de commettre l'erreur, de se tromper là justement où l'on a le plus possible de vérité et de certitude pour nourrir la foi en Dieu.

Le matériel lui parvient de toute l'Europe. On est surpris devant certains documents qui jusqu'à ce jour n'avaient été que peu consultés, d'autres mal lus et mal interprêtés d'autres encore inédits.

On les classe siècle par siècle d'abord, puis par homme célèbre et par événement; et c'est alors que l'on se rend compte que le temps n'est pas aussi important que le sont les événements dont les hommes se situent au centre comme des moteurs de l'histoire. M. F. Illiricus voit alors que certains événements dépassent les siècles tels que l'homme les a imaginé avec un début à l'an 1, 101, 201 ... 1501, 1601 etc. Cela lui donne l'idée que Dieu, ce grand Maître du temps, regarde davantage ce que fait l'homme que le temps qui passe et qui peut être vide. Il accorde donc la primauté à l'événement et à la vie de l'Eglise de Dieu dans le temps comme ce fut le cas aussi bien au temps d'Abraham, au temps de la captivité du Peuple de Dieu en

Egypte, à l'Israël ancien en tant que "Ha tzahal le Yahweh" ("Armée ou eglise de Yahwe"), et finalement à l'Eglise fondée par le Christ Jésus. A la tête de ces mouvements à travers l'histoire il y avait toujours un homme choisi par Dieu.

Quel fut l'impact de ce travail? Il fut énorme. Les lecteurs devinrent encore plus nombreux et la lecture encore plus passionnée, même pour ceux qui se targuaient de connaître des pages et des pages de la Bible par coeur. Et tout cela pour la paix et le bonheur de l'homme et pour l'amour et la Gloire de Dieu.

IV.

Les centuries de Magdébourg

La Réforme vivait les temps difficiles. Les oeuvres historiques de M. Flacius Iliricus montrent justement surtout les hommes à travers les siècles souffrir pour la Vérité divine. Cela encourage quand on pense que d'autres plus méritants et plus grands que nous ont souffert plus que nous. C'est l'histoire de la Parole de Dieu parmi les hommes. Cela devait être au coeur de toutes les études d'un vrai et bon Chrétien et cela fut écrit dans ce sens.

Cela conduisit des centaines de milliers de gens à réfléchir sur l'histoire et sur le Plan de Dieu pour les hommes dans le temps et plus tard hors du temps au niveau spirituel de la cosmogonie humaine d'abord et divino–humaine. M. F. Iliricus ne pensait pas à faire la première oeuvre historique pédagogique fondée sur une systématisation chrétienne des événements historiques et du déroulement de l'histoire dans son ensemble. Avant lui personne n'avait jamais réuni un aussi gigantesque matériel pour écrire un livre d'histoire. Ce livre était la plate-forme de la Réforme. Toute l'éducation y était fondée et il était und grande force.

Mais dans cette force, comme dans toute chose humaine il y a aussi des faiblesses. M. F. Iliricus était un homme très lucide et très passionné. Et la passion peut nous emporter parfois au-delà du raisonnable. Car dans sa flamme de combattre le Pape, il lui arrivait de prendre ici et là des documents qui allaient certes au profit de la Réforme, mais qui n'étaient pas toujours de première main; donc probablement peu certains. Mais la figure de matyre de son oncle Baldo Lupetina martyrisé à Venise se colle sur toutes les autres à travers les siècles et tout particulièrement sur celle de Jan Hus et de Jérôme de Prague. Les grands portant le Verbe divin à travers les siècles et souffrant devaient également servir d'exemple aux Réformés après la débâcle de 1547 et après le Concile Tridentin qui risquait de leur être aussi défavorable que le fut le concile du XVIème siècle qui condamna Hus au bûcher. C'est pourquoi, dès de début de la parution des premiers chapitres des Centuries, M. F. Iliricus donna l'impression aux lecteurs que depuis la fondation de l'Eglise la lutte entre les ténèbres et la lumière de Dieu avait commencé plus âpre que jamais dans le passé humain. Pour lui les ténèbres c'est Rome, La Réforme c'est la lumière. Cette écriture et la gigantesque chasse aux documents à travers l'Europe avait réveillé des soupçons et quelques années durant les chercheurs et M. F. Iliricus lui-même travailleront dans le secret ou dans le semi-secret car les catholiques les empèchaient souvent d'entrer dans certaines archives.

Néanmoins, le travail progresse et les documents depuis Jérusalem, Constantinople, Dubrovnik et Moscou, de Vienne, de Rome et d'ailleurs arrivent à Magdébourg et continuent à alimenter l'écriture des Centuries à Bâle. Et pour distinguer les documents authentiques des faux on perfectionne les études et on se spécialise dans les diverses lectures et écritures. L'histoire de 13 siècles de Christianisme passe au "peigne fin" et donne une allure scientifique d'épistémologie aux travailleurs autour de M. F. Iliricus.

On insiste beaucoup sur les documents qui montrent l'Eglise des 3 premiers siècle comme pauvre, persécutée et unie dans l'Amour de Dieu. Saint Paul la dit: "Un seul corps qui souffre tout entier quand un seul membre souffre." —

A travers plusieurs milliers de documents M. F. Iliricus mène une violente polémique contre la Pape pour lui prouver que les apôtres n'avaient pas d'ordres de régner, que le Christ n'a pas voulu régner dans ce monde et que la primauté des papes est une invention dangereuse et sans aucun sens. Il approuve — documents à l'appui — que les anciens, les "djed" chez les Bogumiles et les pures chez les Cathares avaient des fonctions dans l'Eglise différentes de celle du Pape. Puis à partir du IVième siècle, M. F. Iliricus montre comment l'Eglise commença à s'enrichir et à dévier. Nous n'entrerons pas dans le détail des polémiques qui sont longues, instructives, certes, mais impossibles à présenter dans ce laps de temps qui nous est ici accordé.

Ce qui est plus intéressant, c'est la vision cinématographique que construit M. F.Iliricus à travers les fresques des siècles. Eglise pauvre et persécutée, Eglise qui s'affranchit et qui s'enrichit, Eglise qui commence à vivre la vie mondaine et royale ... qui prophétise et guèrit, puis qui commence à faiblir spirituellement au fur et à mesure que ses biens matériels grandissent grâce aux cadeaux qu'on lui fait et aux héritages qu'elle accepte. L'Eglise aide les pauvres, gère les hospices, enseigne et soutient. Elle est une Eglise bonne jusqu'au jour où le matériel la submerge, pense M. F. Iliricus et la fustige d'avoir permis une telle déformation.

Mais bientôt naquirent les premiers "hérétiques" au sein de l'Eglise réformée. M. F. Iliricus les combat certes, mais quelques années plus tard il sera lui-même combattu en tant qu'hérétique.

Ce qui nous a particulièrement intéressé dans le travail et dans la stratégie des Centuries c'est l'enseignement d'une page d'histoire. Il s'agît en fait de chercher des vrais documents, de les comprendre à la lumière des hommes qui les ont écrits — ce qui exige une grande capacité culturelle — et de décrire grâce à ces documents les hommes d'Eglise dans leur temps, les autres hommes importants plus ou moins importants qui sont dans l'axe de temps et des événements plus ou moins éloignés de la vie d'Eglise et de construire une chronologie synchroptique.

1. De la vie de l'Eglise.
2. Des hommes et de leurs travaux.
3. Des hérésies.
4. Des autres religions côtoyant l'Eglise.
5. Une colonne consacrée à la naissance d'Islam.
6. La situation payenne de l'Europe centrale et orientale jusqu'au Xième siècle.
7. Les biens de l'Eglise à travers les siècles (dans le but de les montrer grandissant).
8. La morale chrétienne et les gestes dans la vie quotidienne. Des hommes, des femmes, des coutumes et de l'évolution de l'ensemble à travers les âges.
9. Des peuples européens, de leur histoire et de la situation de l'Eglise dans leur pays.
10. Des écrivains ecclésiastiques et des empereurs
    etc...

Les centuries sont un extraordinaire exemple de méthode et de rigueur scientifique. Elles sont très maniables et on les lit facilement malgré leur ampleur. Elles répondent à quelques 1.100 questions posées au départ. Chaque centurie à ses chapitres et chaque chapitre ses sous-chapitres. Les dogmes religieux, les chismes, l'administration écclésiastique, cérémonies, personnnalités ecclésiastiques et autres, évêques, maîtres, papes, combattants idéologues et politiciens, ceux qui furent pour et ceux qui furent contre le papisme ... tout y passe dans cette gigantesque oeuvre encyclopédique ou se rencontrent, s'entremêlent, vivent se battent et meurent avec leurs grandeurs, passions et défauts. Les sources de divers documents les suivent et facilitent au lecteur l'accès à la source. Le texte est partout réel, vivace, concis et agréable à lire ... Que de maîtres, professeurs, et écrivains de manuel scolaire et d'autres livres historiques devraient s'inspirer de ce grand homme que fut M. F. Iliricus. Malgré sa passion il expose souvent les textes contradictoires pour laisser au lecteur la liberté de juger lui-même de la véracité de ce qu'affirment les sources et de ce qu'affirment ceux qui pensent le contraire.

En lisant les Centuries de M. F. Iliricus on s'instruit dans dans de nombreuses sciences comme l'histoire, le droit ecclésiastique et civil, l'histoire de l'évolution économique, l'ethnographie, la géographie, les peuples, les coutumes et les états, les arts culinaires, la constitution et la chute de certains grands états et l'état moral de peuples et de certaines personnalités et parfois de personnes simples. On y lit encore l'histoire de l'enseignement, de l'art de constituer des bibliothèques, la littérature, l'architecture, des sciences sociales et économiques, de la philosophie et pour ne pas chercher à les citer toutes, en un mot de tout ce qui touche l'homme dans sa vie depuis la nais sance, la rencontre avec la Vérité de Dieu et son cheminement vers Dieu dans un combat acharné qu'illustre la vie de Job. C'est incontestablement pour nous tous un exemple de ce que peut faire un vrai historien quand il a un but précis. Il peut rendre de nouveau l'histoire "Magistra vitae". Les Centuries sont une oeuvre classique, donc dignes d'être enseignée en classes scolaires. Elles sont historiques et en même temps des critiques historiques. C'est pourquoi l'on peut dire sans trop d'erreur que l'enseignement actuel de tous nos pays européens a plus que jamais besoin des Centuries pour vivifier l'histoire qui se meurt et pour lui donner son vrai statut car elle est la seule science qui accompagne l'homme depuis son apparition sur cette terre et qui — comme le disait V. Hugo (Goethe pensait d'ailleurs avant lui de la même manière — possède la clef qui ouvre la parte par laquelle l'homme peut entrevoir son avenir.

V.

Conclusion

Sans vouloir pretendre qu'il suffirait d'imposer l'étude des centuries dans une classe scolaire pour changer, améliorer ses connaissances, qu'il me soit permis de dire que le travail, comme celui que M. F. Iliricus a partiellement accompli, pour réunir le matériel et pour examiner sous un oeil critique les documents, les déchiffrer, les interpréter, aident les élèves en difficultés scolaires. Ils finissent par aimer chercher, comprendre et écrire des pages sur leurs recherches, leurs gestes, rencontres et sentiments. Et quand ils ont une certaine base de notre culture chrétienne et européene, quand ils se rendent compte de la façon dont nos ancêtres ont imaginé certaines techniques pour réaliser leurs idées sous forme d'un livre imprimé, d'une technique simple et compliquée de faire le pain et le vin ou de bâtir une cathédrale, alors une force se réveille en eux et la vie leur paraît plus passionnante. Je vais répéter que là n'est pas la seule cause d'un échec et de réussite scolaire, mais si les parents pouvaient avoir une instruction culturelle plus solide et s'ils pouvaient la mettre en pratique, les jeunes générations amélioreraient leur travail scolaire. Faudrait-il encore avoir le temps. Car le temps semble nous manquer du fait que tout va vite, trop vite, or, les jeunes âmes ont besoin de calme pour mûrir les fruits des sciences et de la culture avant de les goûter et de les transmettre à leur postérité.

Je vous remercie de votre attention.

FRANJO ZENKO

Flacius–Rezeption in Kroatien als ideologisierende Vermittlung mit dem gegenwärtigen Leben

I.

Einleitung

Die Frage, die mich bei der Wahl des Themas meines Beitrages zu diesem Gespräch über Flacius' Leben und Werk bewegte, lautete: *Warum* und *wie* liest man heute einen Theologen wie Flacius, wenn man selber kein Theologe ist? Offensichtlich ist "lesen" hier nicht in alltäglichem, unreflektiertem, sondern philosophisch–hermeneutischem Sinne zu verstehen, d. h. als verstehendes, auslegendes, in letzter Konsequenz — und das ist meine These — als selbstauslegendes Lesen. Wenn es dabei um einen Autor, in unserem Falle um einen protestantischen Theologen aus dem 16. Jahrhundert, geht, dann kann das selbstauslegende Lesen nicht als eine Art der Rekonstruktion des verschwundenen 'geschichtlichen' Geistes interpretiert werden, sondern muß mehr bedeuten: nämlich das je eigene und deshalb das eigentliche geistesgeschichtliche Leben selbst. Das Wesen eines solchen geistesgeschichtlichen Lebens ist also nicht in der Restitution des Vergangenen, sondern — wie es Hegel sagen würde — in der denkenden Vermittlung mit dem gegenwärtigen Leben zu suchen.[1]

---

[1] Vgl. Gadamer, *Wahrheit und Methode* (2. Aufl. 1965), S. 161.

Unsere einleitende Frage, *warum* und *wie* man heute einen Theologen wie Flacius liest, ist im Lichte des selbstauslegenden Verständnisses des Lesens wie folgt zu präzisieren: Wird Flacius heute in der denkenden Vermittlung mit dem gegenwärtigen Leben oder nur in der Absicht der 'objektiven' Restitution des Vergangenen gelesen?

Diese Frage stellt sich für mich in aller Schärfe heute wie auch vor einigen Jahren, als ich zum erstenmal gebeten wurde, an einem ähnlichen Symposium in Istrien, und zwar in Labin selbst, über Matija Vlačić zu sprechen. Die Frage: *Warum* und *wie* liest man den Theologen Vlačić, wenn man selber kein Theologe ist, möchte ich hier am Beispiel der Vlačić–Rezeption in Kroatien thematisieren und hermeneutisch–philosophisch problematisieren.

II.

Warum und *wie* wurde der Theologe Vlačić in der neueren Zeit in Kroatien gelesen?

Diese Frage erhält ihre Berechtigung durch die Tatsache, daß Vlačić — in erster Linie als protestantischer Theologe anerkannt — in Kroatien bis vor kurzem nicht von den dortigen katholischen Theologen[2], sondern von den kroatischen Literatur– und Kulturhistorikern und anderen Wissenschaftlern, die sich für kroatische Geistesgeschichte interessierten, perzipiert und rezipiert wurde. Kann diese Tatsache so gedeutet werden, daß die kroatischen Literatur– und Kulturgeschicht

---

[2] So ist z. B. in der Dissertation *Attività letteraria di Mattia Flacio Illirico* (Pars Dissertationis. Roma 1981) von Ante Bilokapić keine Arbeit von irgendeinem kroatischen Theologen zu finden.

ler, die Vlačić und den Protestantismus im allgemeinen studiert haben, dazu neigten, sich mit der Theologie, besonders aber mit der protestantischen Theologie flacianischer Prägung aus innerstem Drang zu beschäftigen? Und diese spezifische Prägung von Vlačićs Theologie kann man ohne aufwendige Analysen seiner Schriften aus dessen negativer Kritik aller vorherigen und damaligen Theologie wie auch aus seinem eigenen positiven theologischen Ansatz leicht einsehen. Das alles finden wir bei ihm auf folgende Weise zusammengefaßt: "Die alten Schriftsteller haben die Heilige Schrift zwar aus Unkenntnis der Sprache und der Sachen selbst verdunkelt; die neueren Sophisten jedoch aus Unwissenheit und Bosheit zugleich. Ich beschwöre Euch: Kann man sich eine verderblichere Verdrehung des Sinnes der Heiligen Schrift ausdenken als die, daß sie für die hauptsächlichsten Wörter oder vielmehr Sachen (wie für Sünde, Gerechtigkeit, Rechtfertigung, Glaube, Gnade, Fleisch, Geist und ähnliches) einfach philosophische und Aristotelische Bedeutungen in die Heilige Schrift hineingebracht und sie dadurch gänzlich verkehrt haben. Während sie von sich aus eigens und ausdrücklich einzig das Lamm Gottes, sein Opfer, seine Verdienste und seine Taten als den einzigen Weg des Heils zeigt, ist sie nun durch den Betrug dieser Sophisten so verdreht worden, daß sie Moses und die guten Werke und Verdienste der Menschen in den Vordergrund zu stellen und zu rühmen scheint."[3]

Nochmals unsere Frage: Haben die kroatischen Protestantismus- und Vlačić-Forscher wirklich aus theologischen Grundmotiven, die sich bei Vlačić um die Hauptfragen von Sünde, Gerechtigkeit, Rechtfertigung, Glaube, Gnade, Fleisch, Geist konzentrieren, Vlačić gele-

---

[3] Matthias Flatius Illyricus: *De ratione cognoscendi Sacras literas.* (Lateinisch-deutsche Parallelausgabe — übersetzt, eingeleitet und mit Anmerkungen versehen von Lutz Geldsetzer). Düsseldorf 1968, S. 7.

sen? Oder haben sich diese kroatischen Literatur- und Kulturgeschichtler vielleicht aus dem Grund mit Vlačić befaßt, weil die "kroatische Literatur" und die kroatische Kultur — wenigstens in ihrem beträchtlichen Teil — durch den primären protestantistisch-religiösen Geist oder bzw. sekundär intellektuell durch die protestantische Theologie geprägt worden war? Da sich eben diese Frage als das entscheidende Problem der kroatischen Protestantismusforschung und folglich auch der Vlačić-Rezeption herausgestellt hat, so sei hier eine kurze Rekonstruktion dieser Fragestellung angebracht.

Trotz der intensiven kroatischen Protestantismusforschung durch kroatische Literatur- und Kulturgeschichtler (wie Kukuljević, Kostrenčić, Bučar bis zu Bartolić, Jembrih, Bratulić) ist die widersprüchliche These vom Grundverhältnis des Protestantismus und Vlačić einerseits und der kroatischen Literatur und Kultur andererseits nicht geändert worden. Diese These hat Franjo Bučar aufgrund seiner Forschungen über den Einfluß des Protestantismus unter Kroaten in Istrien folgendermaßen formuliert: "Trotz der 'äußerst fleißigen' Inquisition, die bald die Reformation in allen venezianischen Ländern ausgerottet hatte, gab es dennoch in Istrien genug entschlossene Männer, die entschiedene Anhänger der Reformation waren." Dies sei, so Bučar weiter, "für uns Kroaten ... umso interessanter, da die istrianischen Reformatoren eine besondere protestantische kroatische glagolitische Literatur angeregt, herausgegeben und geschaffen haben zur Zeit der Reformation, die auch später die Entwicklung der kroatischen, besonders aber der kirchlichen Literatur wesentlich beeinflußt hat."[4] Am Ende derselben Abhandlung schreibt Bučar im Schlußwort das Gegenteil. Bezogen auf die schriftstellerische Tätigkeit der kroatischen Reformatoren und ihre glagolitischen protestanti-

---

[4] Franjo Bučar, *Reformacija medu Hrvatima po Istri*. Zagreb 1918, S. 7.

schen Bücher schreibt Bučar: "Alles das ist inzwischen untergegangen wegen des großen antireformatorischen Drucks, sei es von der Seite der venezianischen Inquisition, sei es von der Seite der österreichischen Regierung. Nicht einmal ein Jahrhundert lang hat sich die Reformation gehalten, und der katholische Glaube verbreitete sich durch alle Gegenden des venezianischen und österreichischen Istriens, und auf diese Weise ist die neuzeitliche literarische Bewegung unter den dortigen kroatischen Glagoljaši erloschen und ebenso der neue Glaube unter dem kroatischen Volk, in den Städten und beim Adel."[5]

Nicht nur in Istrien, sondern in allen anderen Gegenden, auch in Slovenien und im Gebiet der Militärgrenze (Vojna Krajina), wo der stärkere deutsche verwaltungspolitische und gesellschaftliche Einfluß in der Zeit der Reformation schon am Werke war, ist der Protestantismus bald verschwunden, und der katholische Glaube konnte seine geistige, kulturelle, soziale und politische Macht erneut etablieren. Deshalb hat sich bei den traditionell gesinnten kroatischen Literatur- und Kulturgeschichtlern die Gegenthese behauptet, die ihren Hauptprotagonisten in Franjo Fancev (1882 – 1943) gefunden hat.[6] Fancev, so faßt Josip Bratulić kritisch und aus zeitlicher, aber auch aus geistesgeschichtlicher Distanz zusammen, Fancev habe gemeint, die Bedeutung, die Wichtigkeit und der Einfluß des Protestantismus auf das geistige Leben der Kroaten sei überschätzt worden. Dieser Einfluß sei eigentlich sehr mager gewesen.[7] Wenn man also keine echte, d. h. theologische Grundmotivation bei der Erforschung der protestanti-

---

[5] Ibid., S. 26.

[6] Vgl. F. Fancev, Malo objašnjenje uz "Bibliografiju hrvatske protestantske književnosti". In: *"Starine"*/JAZU/, knj. 39. (1940).

[7] Josip Bratulić, Mirkovićev Flacius–Vlačić. In: *"Susreti na dragom kamenu"*, 3/1971, S. 21.

schen Literatur, besonders bei Vlačićs Schriften, bei den kroatischen Forschern nachweisen kann und andererseits auch kein nachhaltiger protestantischer Einfluß in der kroatischen Literatur und Kultur zu finden ist, so fragt man sich, war für ein Beweggrund dann bei der kroatischen Protestantismus- und Vlačićforschung dahintersteht. Auf diese Frage soll eine kurze Analyse der kroatischen Vlačić-Rezeption die Antwort geben.

III.

Der "kroatische Protestantismus" als Metapher

Im Vorwort zu seinem Flacius-Buch von 1938 schreibt Mijo Mirković, der kroatische Volkswirt und Dichter, der aus seiner innigen Verbundenheit mit seiner istrischen Heimat all seine Kraft schöpfte — sowohl für seine Dichtung als auch für seine Tätigkeit als Wissenschaftler und Forscher, insbesondere aus seiner langjährigen Untersuchung von Flacius' Leben und Werk — das Folgende: "Seit dem Illyrismus, als in Zagreb die Werke von Vlačić Ilirik gesammelt wurden, bis zum heutigen Tag hat es genug Zeit gegeben, in diesen hundert Jahren, um unter uns die Gestalt Vlašićs wiederzubeleben und seinen Gedanken auferstehen zu lassen."[8] Daß das nicht geschah, erklärt Mirković, sei selbstverständlich, weil die ganze kroatische Geisteswissenschaft vom antireformatorischen, antiprotestantischen Geiste getrieben wurde und noch immer getrieben wird. Dies glaubt Mirković aus dem Schicksal des schon zitierten kroatischen Literaturwissenschaftlers Franjo Bučar ableiten zu können, welcher als erster eine

---

[8] Mijo Mirković, *Flacius*. Zagreb 1938, S. VIII.

gewisse Bedeutung des kroatischen Protestantismus für die geistesgeschichtliche Entwicklung in Kroatien in Erwägung zieht.[9] Mirković stimmt mit Franjo Fancev darin überein, daß es "in der kroatischen Literatur wenig protestantische Traditionen gibt"[10], aber er glaubt nicht, daß die "bedeutsamen Keime und Antriebe des protestantischen Geistes in der kroatischen Literatur" durch "die gegenreformatorischen Gesetze des kroatischen Parlaments (*Hrvatski sabor*)" erstickt worden seien, da diese Gesetze z. B. an den Besitztümern von Zrinjski überhaupt nicht angewandt wurden, sondern vielmehr durch "die Bücherverbrennungen, physischen Foltern, Drohungen ...".[11]

Nicht nur durch diese und ähnliche äußere Umstände, sondern auch infolge der falschen inneren Einstellung der kroatischen Protestanten war der "kroatische Protestantismus" zu geistesgeschichtlichem und sozialpolitischem Scheitern verurteilt. Die Zentren der "protestantischen Aktionen im Volk" waren klein, zerstreut, provinzlerisch und nicht miteinander verbunden (Istrien, das nördliche kroatische Küstenland, Karlovac, Međimurje). Aber nicht nur das. Noch mehr haben zum Scheitern des kroatischen Protestantismus die falschen Vorstellungen eines Vergerius und Ungnad beigetragen, welche glaubten, es sei "genug, ein Übersetzungsinstitut für die Bibel, die deutschen Kathechismen und Postillen" zu gründen, um dem kroatischen Protestantismus zum Sieg zu verhelfen. Der Grundfehler dieser und anderer Hauptakteure des kroatischen Protestantismus war, so schreibt Mirković weiter, daß sie nicht das Wesentlichste eingesehen hätten, nämlich, daß "die protestantische Bewegung eine deutschnationale Bewegung" war. Um als Ferment der nationalen Selbstbesin-

---

[9] Ibid., S. 189.

[10] Ibid., S. 198.

[11] Ibid., S. 196.

nung im kroatischen Volk wirken zu können, mußte der Protestantismus als Protestantismus in Kroatien selbst "auf die gleiche Art wie in Deutschland durchlebt und ausgelebt und nicht einfach übersetzt werden". Und als Kroatien sich damals — und dazu bestand eine Tendenz — von Rom abwenden wollte, "dann hätte Kroatien die deutsche Reformation nicht einfach aufnehmen, sondern seine eigene schaffen müssen. Das hat Vlačić verstanden. Die Abkehr von Rom sollte nicht über Wittenberg führen."[12]

Indem Mirković Vlačić als die höchste und positivste Strategiestelle des kroatischen Protestantismus so stilisiert, ist er, Mirković, verpflichtet, den gesamthistorischen Mißerfolg des kroatischen Protestantismus irgendwie durch Vlačić selbst auch rechtfertigen zu müssen. Und das tut er, indem er schreibt: "Die großen Konzeptionen von Vlačić hätten große Ergebnisse mit sich bringen sollen, aber sie konnten im Rahmen der damaligen kroatischen Wirklichkeit nicht realisiert werden. Die Persönlichkeit Vlačićs war zu groß für einen solchen Rahmen."[13] (Diese Stelle aus Mirkovićs Flacius-Buch könnte man sachlich sehr leicht mit dem Topos "große Ideen und kleine Völker" in Zusammenhang bringen, welchen vor zwanzig Jahren der damals nur als Historiker bekannte Franjo Tuđman mit seinem Buch unter gerade diesem Titel in der kroatischen intellektuellen Szene lancierte. Unter diesem Titel hat Tuđman damals versucht, das schicksalhafte Verhältnis der Idee des Weltkommunismus und des kroatischen Volkes zu thematisieren. Lassen wir aber diesen vergleichenden Exkurs beiseite und kehren zum Schlußsatz in Mirkovićs Flacius-Buch zurück.) Bezogen auf das Wesentliche im kroatischen Protestantismus lautet der Schlußsatz folgendermaßen: "Das Wesentliche war, ob die

---

[12] Ibid., S. 212.
[13] Ibid.

Kroaten die fortschrittlicheren zeitgemäßen Ideen, die es in der Welt gab, aufnehmen und sich aneignen würden, um aus ihnen die Elemente einer eigenen Kultur zu schaffen. Alles hing davon ab, auch damals."[14] Alles ist klar in diesem Satz, dunkel bleiben aber jene zwei Worte am Ende: "auch damals". Wenn wir sie ganz schlicht und einfach verstehen wollen, dann könnte man meinen, durch sie sei nur nebenbei angedeutet, daß auch im Jahre 1938 alles davon abhing, daß die Kroaten die fortschrittlichen Ideen aufnehmen sollten.

Wenn wir uns aber fest vor Augen halten, daß es im Buch um den protestantischen Theologen Flacius und den kroatischen Protestantismus geht, und daß das Buch mit dem Satz "Alles hing davon ab, auch damals" endet, dann verschiebt sich bei Mirković die Bedeutung des Flacius und des kroatischen Protestantismus insgesamt, indem sie beide auch im Jahre 1938 in demselben Sinne aktuell für die geistige Situation des kroatischen Volkes sein sollten wie vor vierhundert Jahren. Eben das ist aber der Leitgedanke des Flacius–Buches von Mirković, nur daß dabei Flacius und der kroatische Protestantismus nicht im ursprünglichen protestantisch–theologischen Sinn verstanden, sondern von Mirković selbstauslegend als Metapher aufgefaßt wurden. Metapher wofür? Zahlreiche Stellen sprechen dies indirekt oder sogar direkt an.

Am eindeutigsten tritt die ideologische Motivation der Beschäftigung des Autors mit Flacius hervor, wenn er im Vorwort die damalige Situation Kroatiens so beschreibt, als ob man im Jahre 1938 wieder vor der Wahl stünde, sich für die Reformation oder für die Gegenreformation entscheiden zu müssen. Dazu wird Kroatien gezwungen durch "die internationale mitteleuropäische Konstellation", die "nicht günstiger ist als jene nach der Schlacht bei Mohács". Im Gegenteil,

---

[14] Ibid.

weil jetzt, im Jahre 1938 – so Mirković weiter – "die internationale Welle der politischen, sozialen und kulturellen Gegenreformation größere Schlagkraft hat als zu Vlačićs Zeit."[15] Offensichtlich handelt es sich bei Mirković nicht um die historische Gegenreformation, die die lutherische Reformation des 16. Jahrhunderts bekämpft. 'Gegenreformation' ist die Metapher für die internationale Reaktion gegen den Gesamtblock der progressiven politischen, sozialen und kulturellen Kräfte, der auch in Mirkovićs Augen – als denen eines kroatischen Linksliberalen – durch die europäische und folglich auch die kroatische Linke dargestellt wird. Als ihre Stoßkraft wurde in Kroatien auch die Kommunistische Partei mit ihrem Blick nach Moskau, das für den Autor des Flacius-Buches das neue Wittenberg darstellt, anerkennt. Das Flacius-Buch von Mirković wurde nicht von der damaligen – von nationalrechts Stehenden beeinflußten – Gesellschaft der kroatischen Schriftsteller, sondern von einem kroatischen Verlag (*Hrvatska naklada*) herausgegeben, den ein hoher Funktionär in der Kommunistischen Partei Kroatiens, Genosse Dr. Vladimir Bakarić (der am Ende des Partisanenkrieges Chef der kroatischen Kommunisten wurde) leitete.

Die linksliberale Umdeutung des ursprünglich christlichen, protestantisch-theologischen Sinngehaltes der Flacius-Schriften funktioniert bei Mirković offensichtlich als 'selbstauslegend'. Es handelt sich aber im Flacius-Buch nicht nur um die persönliche geistesgeschichtliche Entwicklung des Autors selbst, die er oft als das Apriori seiner Flacius-Forschung in aller intellektuellen Redlichkeit bei seinen Flacius-Recherchen offenlegt, sondern um die gesamtkroatische Literatur-, Kultur- und Geistesgeschichte, die aufs neue auszulegen sei gemäß ihrem – von traditionell-konservativen kroatischen literatur-

---
[15] Ibid., S. VIII.

und geistesgeschichtlich führenden Schichten nicht oder absichtlich nicht anerkannten — Kontext der grundverändernden geistigen und weltlichen Situation im postflacianischen Europa. Angenommen als schon absolut vollzogen, wird die nicht nur antirömisch-katholische — in Kroatien, das als katholisches Land gilt, ist die Untertänigkeit gegenüber Rom von kroatischen Linksliberalen gemeinsam mit den Marxisten als übelste Krankheit der kroatischen Geistesgeschichte, aber auch der kroatischen Politik immer wieder thematisiert worden —, sondern areligiös gestimmte Verweltlichung zum hermeneutischen Ausgangspunkt in Mirkovićs Flacius-Auslegung. In seinem Flacius--Buch steht das Folgende über Gott und Glaubensdinge geschrieben: "Die Vorstellung von Gott ändert sich. Gott ist nichts Absolutes mehr, sondern etwas Nützliches, etwas von positivem Einfluß, wenn es auch nur fiktiv und hypothetisch besteht, etwas, was zu erdenken wäre, wenn es nicht bestünde, wie Voltaire sagt. Relativismus und Pragmatismus in Glaubenssachen und die große Möglichkeit des Fortschritts der Wissenschaft und der materiellen Kultur haben den Glauben an den ständigen Wirtschafts-, Gesellschafts-, Wissens- und Kulturfortschritt geschaffen."[16]

Das war der eigentliche ideologische Horizont der kroatischen linksliberalen Flacius-Rezeption unmittelbar vor dem zweiten Weltkrieg. Zu der Zeit funktionierten Flacius und der "kroatische Protestantismus" als die Metapher für die linksliberale, aber auch für die marxistische Weltanschauung, von deren Standpunkt aus die ganze kroatische Literatur und Kultur sowie die kroatische Politik jetzt programmatisch (re)interpretiert werden sollte.

---

[16] Ibid., S. 187.

IV.

Wissenschaftlich-dogmatischer Ansatz

In der Nachkriegszeit hat Mirković seine Flacius-Forschungen, die nun von der Jugoslawischen Akademie der Wissenschaften und Künste unterstützt wurden, vertieft und mit neuem Horizont fortgesetzt. Die völlig neue geistige Situation in Kroatien wurde jetzt durch die kommunistische Machtergreifung und die Etablierung des wissenschaftlichen Sozialismus, der sich als ein neuer Deutungshorizont des ganzen Lebens-Welt-Zusammenhanges behauptete, charakterisiert. Dies erwies sich für Mirkovic insofern als eine begünstigende Voraussetzung, als er in vollem Einklang mit der offiziellen Ideologie seinen neuangesetzten, diesmal wissenschafts-ideologisierenden Horizont der Flacius-Rezeption voll entwickeln und radikalisieren konnte. Das kam nicht so sehr in seiner 1957 in Belgrad veröffentlichten, von ihm selbst aber als "populäre schriftstellerische Monographie" bezeichneten Schrift unter dem Titel "Mathias Vlačić" (Matija Vlačić) zum Ausdruck, als vielmehr in seiner wissenschaftlich sehr anspruchsvollen Monographie unter dem Titel "Matija Vlačić Ilirik", die im Jahre 1960 von der Jugoslawischen Akademie der Wissenschaften und Künste in Zagreb herausgegeben worden ist. Seinen methodologischen Gesichtspunkt bestimmt er in der Gegenüberstellung zur Theologie als den einer statischen Betrachtungsweise. "Deshalb habe ich den statischen theologischen Betrachtungen das historische Prinzip und die historische Perspektive, die Selbständigkeit der wissenschaftlichen Erkenntnis sowie den positiven dialektischen Einfluß auf die Wissenschaft auch derjenigen Theoreme von Vlačić entgegengestellt, die von ihm in seiner Zeit und gemäß seiner Ideologie nur vom Gesichtspunkt der theologischen Erkenntnis betrachtet und behandelt worden sind."¹⁷

In dieser knappen, aber vollständigen Beschreibung des neuangesetzten wissenschafts–ideologischen, genauer, wissenschafts–ideologisierenden Horizonts ist jeder Satzteil von Mirković semantisch und semiologisch in der konkreten damaligen geistigen Situation in Kroatien tief verwurzelt. Für mich und meine Generation ist das viel leichter zu verstehen als für die jüngeren Kollegen in und aus Kroatien, von denen einige hier anwesend sind. In den späten fünfziger Jahren, als Mirković seine große Vlačić–Monographie schreibt, war ich Philosophiestudent an der Zagreber Universität und habe pflichtgemäß durch das ganze Studium, d. h. acht Semester lang, bei Vranicki und seinem damaligen Assistenten Gajo Petrović den dialektischen und historischen Materialismus studieren müssen. Und wenn Mirković dem theologischen Materialismus als dem bisher — so meint Mirković — einzig geltenden Horizont für Flacius–Forschungen "die statische Betrachtungsweise" vorwirft, dann muß darauf hingewiesen werden, daß nicht nur der Theologie, sondern auch der ganzen europäischen Philosophie, die sich im Grunde als Metaphysik verstand, sowie der bürgerlichen Geistesgeschichte vom Marxismus, den ich in Zagreb studiert habe, eine "statische Betrachtungsweise" vorgeworfen wurde, welche man gleichsam ideologisch als konservative, reaktionäre und kontrarevolutionäre Einstellung bewertete. Und "das historische Prinzip" und "die historische Perspektive" als der einzig echt "wissenschaftliche" Standpunkt bei Mirković stehen im Zusammenhang und im Einklang mit einer marxistischen Auffassung der Geschichte und sind — nach Hegelschem Verständnis von Vergeschichtlichung und Verzeitlichung der Philosophie sowie auch der Theologie — als die einzige und absolute Wissenschaft zu verstehen. Die "dialekti-

---

¹⁷ M. Mirković, *Matija Vlačić Ilirik*. Zagreb 1960. S. XV.

sche" Beeinflussung der Wissenschaft ist so zu verstehen, daß Vlačić durch die Verwissenschaftlichung der Theologie, was bei Mirković dasselbe wie die Vergeschichtlichung derselben ist, einen bedeutsamen Beitrag zur absoluten neuzeitlichen Verwissenschaftlichung geleistet hatte, welche überall jedweden mystisch-theologischen Keim zersetzt und alles wissenschaftlich-natürlich erklärbar und durchsichtig macht. So auch Leben und Werk von Flacius, was eben Mirković durch seine enormen Anstrengungen leisten wollte.

Mirković hat sich nämlich bemüht, den "protestantischen Geist" des Flacius wissenschaftsdogmatisch, d. h. grundsätzlich und restlos nur durch Vlačićs Ursprung, das Milieu Labins, seine Familienverhältnisse sowie durch Schulung und Prägung seiner Persönlichkeit in Labin und Venedig bis zu seinem neunzehnten Jahr, d. h. bis zu seiner Ankunft in Deutschland zu erklären. Einer solchen wissenschaftlich-naturalistischen Deutung widerspricht die Tatsache, daß der Theologe Vlačić durch sein eigenes Leben und Werk sein christlich-theologisches Selbstverständnis bezeugt. Das kommt auch dadurch zum Ausdruck, daß er, nach seiner — wie er sagt — durch die Gnade Gottes bewirkten Bekehrung zum wahren christlichen Glauben auf sein vorheriges natürliches Leben sehr wenig Bezug nimmt, was für Mirković rätselhaft bleibt.

Diese Ausführungen dürften als Grundlage für eine abschließende kritische Auseinandersetzung mit der zuvor skizzierten national--geistesgeschichtlichen, linksliberal sowie wissenschaftsdogmatisch ideologisierenden Flacius-Rezeption in Kroatien genügen.

V.

"Kritische" Schlußbemerkungen und Fragen

Da die einleitende Frage — *warum* und *wie* liest man den Theologen Mathias Flacius, wenn man selber kein Theologe ist? — auch jetzt wie vorher für mich der gültige Horizont bleibt, so werde ich mich hier auf eine Bemerkung zur Flacius–Rezeption in Kroatien im allgemeinen und auf zwei Fragen, die die "Sache selbst" betreffen, beschränken. Deutlicher ausgedrückt: durch diese Fragen soll auf das Problem der Rechtfertigung der dargelegten ideologisierenden Flacius–Rezeption hingewiesen werden. Zurück zur ersten und allgemeinen Bemerkung, die für die hier anwesenden kroatischen und deutschen Kollegen vielleicht interessant sein könnte.

Durch die kurze Darstellung des ideologischen Hintergrundes der Flacius–Rezeption in Kroatien ist klar zum Ausdruck gekommen, daß Flacius' Werk auch in der neueren Zeit zu denjenigen verbindlichen Texten der kroatischen Geistesgeschichte zu zählen ist, durch die das Selbstverständnis des kroatischen Volkes als einer Kulturgemeinschaft konstituiert, interpretiert und dadurch kreativ weiterentwickelt wird.

Die erste Frage, die im Zusammenhang mit den ideologischen Elementen in der kurz dargestellten Flacius–Rezeption in Kroatien vom Standpunkt einer möglichen philosophisch–hermeneutischen Fragestellung gestellt werden könnte, sollte vielleicht so lauten: Gibt es nicht ideologisierende Elemente auch im Flacius–Werk, die eine ebenso ideologisierende Interpretation seines Lebens und Werkes als legitim zulassen würden? Mit anderen Worten: Enthält nicht Vlačićs Theologie auch selbst ideologisierende Elemente, die den theologisch-

—mystischen Kern seiner Theologie affizieren?[18]

Die zweite Frage. Wenn es das erste Verhängnis für das Christentum war, daß man an das Gotteswort — um es allgemein, d. h. auch den Gentilen, verständlich zu machen — mit den Methoden der paganischen altgriechischen rationalistischen Metaphysik herangegangen ist, war es dann nicht auch das zweite Verhängnis für den christlichen Glauben, daß man die Bibel mit hermeneutischen Mitteln ergründen wollte, die doch die Mittel sind, die die philosophische Gnosis erfunden hat, um ihre Weltmacht zu behaupten? Ist die seit der von Thomas von Aquino bewirkten Durchdringung der christlichen Theologie mit dem Geist des Aristoteles ohnehin schon abgeschwächte Grenze zwischen der philosophischen Gnosis und einer christlich-—theologischen Gnosis durch die streng wissenschaftliche, multidisziplinär angesetzte, flacianisch—protestantische Hermeneutik noch unmerklicher, vielleicht schon nichtig geworden?

Es ist nicht die Frage, ob die hier dargelegte Flacius—Rezeption in Kroatien als die ideologisierende Vermittlung zum heutigen Leben vom philosophisch—hermeneutischen Standpunkt aus zu bewerten sei, sondern vielmehr, ob sie uns doch irgendwie zum Denken veranlaßt.

VI.

Geistesgeschichtlicher Rückblick auf die Flacius—Rezeption in Kroatien

Die Erforschung der Vlačić—Rezeption in Kroatien hat gezeigt, daß Vlačić, obwohl sein Name als der Name eines protestantisch—theologi-

---

[18] Vgl. A. Bilokapić, O. c., S. 83.

schen Schriftstellers bekannt war, relativ spät als einer der "Klassiker" der europäischen protestantischen Theologie und ihrer Hermeneutik entdeckt worden ist. Die moderne kroatische Vlačić–Rezeption hat aber nicht im Rahmen der kroatischen Theologie, sondern innerhalb der Erforschung der kroatischen protestantischen Literatur angefangen. Sie entsteht im Zusammenhang mit der durch den national--ideologischen Impuls des *Hrvatski narodni preporod* intensivierten Erforschung der kroatischen Literatur–, Kultur– und Geistesgeschichte im allgemeinen, wodurch die geistesgeschichtliche Individuation des kroatischen Volkes als einer modernen Nation vollzogen worden ist. Dabei sind alle konstituierenden Elemente der kroatisch–nationalen geistesgeschichtlichen Individuation sowie der Einfluß des Protestantismus als einer ursprünglich deutschen, aber bald gesamteuropäisch gewordenen frühneuzeitlichen geistesgeschichtlichen Bewegung zum erstenmal kroatisch national–geistesgeschichtlich gedeutet oder interpretiert worden.

In diesem Zusammenhang haben die Erforschung der kroatischen protestantischen Literatur und des Vlačić–Werkes insbesondere des 20. Jahrhunderts einen ideologischen Zug angenommen, indem man diese Bemühungen als gefährdend für die traditionell, d. h. katholisch orientierte Deutung der gesamtkroatischen Geistesgeschichte empfunden hat. Die Ideologisierung in der kroatischen Vlačić–Rezeption hat in den späten dreißiger Jahren dieses Jahrhunderts zugenommen im Zusammenhang mit den fast absolut ideologisierten gesamtgesellschaftlichen Lebensverhältnissen und der scharfen Konfrontation zwischen den unterschiedlichen Ideologien in Kroatien. So haben die kroatischen linksliberalen und marxistisch–kommunistischen Intellektuellen radikale Interpretationen der kroatischen Literatur–, Kultur– und Geistesgeschichte unternommen, wobei neben der kroatischen glagolitischen Literatur und den bosnischen Bogumilen der 'kroatische Protestantismus' einer der Hauptstützpunkte des neuen Selbstverständnisses der gesamtkroatischen Kultur- und Geistesgeschichte sein sollte.

In diesem neuen Selbstverständnis funktioniert der 'kroatische Protestantismus' bzw. seine Hauptfigur und sein Symbol Vlačić als Metapher für den Kulturrevolutionärismus, der sowohl als retrospektiv neuentdeckter Wesenszug der gesamtkroatischen Geistesgeschichte wie auch als prospektiv für die sozial-, politisch- und kulturrevolutionäre Ideologie der kroatischen Linksliberalen und Marxisten des Krleža-Kreises unmittelbar vor dem zweiten Weltkrieg gelten sollte.

In der Vlačić-Rezeption nach der kommunistischen Machtergreifung und der Etablierung des "wissenschaftlichen Sozialismus" marxistischer Prägung, der sich als alles umfassender Horizont der Deutung aller gesellschaftlichen und geistigen Phänomene der Vergangenheit sowie der Gegenwart in der kroatischen Gesellschafts- und Geisteswissenschaft durchsetzte, wurde versucht, Vlačićs Leben und Werk streng wissenschaftlich zu erklären. So wird sein "protestantischer Geist" geographisch-anthropologisch, soziologisch-politisch, regional- und national-geistesgeschichtlich, also multikausal--naturalistisch erklärt — im Gegensatz zur üblichen theologischen Interpretation und der von Vlačić selbst gegebenen Deutung im Sinne eines religiösen Gnadengeschehens bzw. eines christlich-theologischen Selbstverständnisses.

Nach dieser wissenschaftlich-natürlichen Rezeption, teils auch im Gegensatz zu ihr, folgt eine Vlačić-Rezeption im Sinne der kroatischen bürgerlich-liberal orientierten Philosophie. Sie versucht, aus der protestantisch-theologischen Hermeneutik des Vlačić — wie diese in der *Clavis scripturae sacrae* enthalten ist — einen neuzeitlich-an-

thropozentrischen, selbstlegitimierenden Ansatz für eine atheologisch-
-humane Hermeneutik im Sinne der "Clavis vitae humanae" heraus-
zulesen.

Zur Zeit bahnt sich die kroatische Vlačić-Rezeption neue Wege, die näher zum Wesentlichen des theologisch-hermeneutischen Werkes von Flacius zurückführen sollen. Man bemüht sich um einen echten Dialog mit der katholischen Theologie im Geiste der neuangesetzten Ökumene, die bereit ist, die "Scriptura Sacra" als die norma normans — mit Vlačić als Klassiker der gesamtchristlichen Theologie — im innerchristlichen Gespräch anzuerkennen. Wenn nun Vlačić seinen verdienten Platz in der kroatischen gesamtchristlichen und gesamtökumenischen Theologie finden soll, kann er auch endlich als einer der 'Klassiker' der kroatisch-nationalen Geistesgeschichte erkannt und anerkannt werden.

Einen kontemplativen fundamental-philosophisch-hermeneutischen Zug nimmt andererseits die Vlačić-Rezeption in der heutigen kroatischen Philosophie an, die sich vom Rest der Dominanz der marxistischen Ideologie freimacht. Das wäre eine zusammenfassende geistesgeschichtliche Rekonstruktion der kroatischen Vlačić-Rezeption, die auf den ihr immanent innewohnenden fundamental-hermeneutisch zirkulären Charakter hinweist im Sinne der Selbstauslegung des je eigenen geistesgeschichtlichen Selbstverständnisses.

VII.

Zusammenfassung

Die Flacius-Rezeption in Kroatien in der neueren Zeit fängt nicht primär innerhalb der katholischen Theologie an sich abzuzeichnen, sondern im Zusammenhang mit der literatur- und kulturgeschichtlichen Erforschung der kroatischen protestantischen Literatur. Ideologisierende Züge nimmt sie besonders in der linksradikal gesinnten Flacius-Forschung an, die erkennbar in zahlreichen Abhandlungen und drei Monographien, und zwar Flacius (1938), Matija Vlačić (1957) und Matija Vlačić Ilirik (1960) von Mijo Mirković (1898 – 1963), zum Ausdruck gekommen sind.

In der starken ideologischen Bipolarisierung vor dem Zweiten Weltkrieg wurde Flacius zur Symbolfigur des "kroatischen Protestantismus", der aber als Metapher für die linksliberale und auch marxistische sozialrevolutionäre Ideologie gedeutet wurde. In der Nachkriegszeit, als sich in Kroatien der "wissenschaftliche Sozialismus" als dominierende Doktrin etablierte, hat man den Protestantismus von Flacius, im Gegensatz zur theologischen Deutung, restlos "wissenschaftlich" zu erklären vesucht. So wird die protestantische theologiewissenschaftliche Hermeneutik von Flacius gedeutet als ein entscheidender Beitrag zur Behauptung der neuzeitlichen, alle Lebensbereiche erfassenden absoluten Verwissenschaftlichung, die überall, auch in Glaubenssachen, jedweden theologisch-mystischen Keim zu zersetzen habe.

Jure Zovko

Zur Rezeption von M. Flacius
in der philosophischen Hermeneutik

Der Beitrag von Matthias Flacius Illyricus zur Entwicklung der hermeneutischen Wissenschaft wird in der Forschung sehr intensiv und ausführlich thematisiert. Sein Hauptwerk *Clavis Scripturae Sacrae* (1567) galt über zwei Jahrhunderte hinaus als Grundwerk der biblischen Hermeneutik, und gerade die prominenten Denker der philosophischen Hermeneutik, W. Dilthey und H.–G. Gadamer, haben auf die Bedeutung dieses umfassenden Werkes für die Konstituierung der Hermeneutik als universeller Verstehens- und Auslegungsmethode verwiesen. Dilthey betrachtet *Clavis* als "die erste bedeutende und vielleicht die tiefgründigste"[1] Schrift der frühhermeneutischen Literatur. Gadamer hebt einige besonders aktuelle Aspekte der flacianischen Auslegungstheorie hervor und setzt sich mit manchen Mißverständnissen und Fehldeutungen in der modernen Flacius–Literatur auseinander.[2] Man darf nämlich nicht außer acht lassen, daß eine Anzahl von Hermeneutikforschern die Bedeutung von Flacius für die Geschichte der Hermeneutik entweder geringschätzt oder völlig bestreitet. So ist für Klaus Weimar *Clavis* "ein eigenartig und zutiefst

---

[1] Vgl. W. Dilthey, "Die Entstehung der Hermeneutik". In: *Gesammelte Schriften*, Stuttgart 1957, Bd. V, S. 321.

[2] Vgl. Gadamers Aufsätze "Rhetorik und Hermeneutik" und "Logik oder Rhetorik?" In: *Gesammelte Werke*, Tübingen 1968, Bd. II, S. 276 — 300. Gadamer kritisiert hier vor allem die Ansichten von H. Jaeger.

widersprüchliches Buch"³, und H.—E. Hasso Jaeger behauptet, unter Berufung auf J. C. Dannhauer, *Clavis* sei "logisch und methodisch ein dilettantisches 'Chaos'"⁴, während Oliver Fatio die berühmte Schrift als "Plagiat" des protestantischen Theologen Andreas Hyperius betrachtet.⁵

In diesem Aufsatz wird auf einige Philosopheme der flacianischen Hermeneutik aufmerksam gemacht, die *mutatis mutandis* in der romantischen und später sogar in der sog. philosophischen Hermeneutik aufgegriffen und weiter thematisiert wurden. Ich werde zunächst erörtern, auf welche Weise Luthers Überlegungen zu den biblischen Schriften ausschlaggebend für die Entfaltung der Auslegungskunst des Flacius waren, und dann zeigen, wie diese Ideen in der Hermeneutik von Schlegel bis Gadamer für die Explikation des Kunstwerks als solchem appliziert wurden.

Bei Luther wird die Heilige Schrift ähnlich wie in der patristischen Tradition zugleich als Menschen— und Gotteswort aufgefaßt (*simul Dei et hominum verbum*). Betrachtet man die Schrift als geschriebenes Zeichen, als *Buchstaben* bzw. normatives Gesetz, dann

---

[3] K. Weimar, *Historische Einleitung zur literaturwissenschaftlichen Hermeneutik*, Tübingen 1975, S. 38.

[4] H.—E. Hasso Jaeger, "Studien zur Frühgeschichte der Hermeneutik". In: *Archiv für Begriffsgeschichte* 18 (1974), 42. Jaeger verweist darauf, daß der Terminus "hermeneutica" erst bei J. C. Dannhauer erscheint.

[5] O. Fatio, "Hyperius plagié par Flacius. La destinée d'une méthode exégétique". In: Histoire de l'exégèse au XVIe siècle, Genève 1978, S. 362 — 381.
Unter den Exegeten, die Flacius' Werk besonders geschätzt haben, sollte man vor allem G. Moldaenke und K. Holl erwähnen. Holl schreibt über die *Clavis*: "Es gibt in unseren Tagen offenbar nur noch ganz wenige Menschen mehr, die das ehedem so berühmte und einflußreiche Werk des Matthias Flacius, die Clavis scripturae sacrae, einmal gelesen haben. Wer sich durch die allerdings unglaubliche Formlosigkeit des Buches nicht abschrecken läßt, der wird auch heute noch seine Bewunderung nicht versagen."
ders., *Gesammelte Aufsätze zur Kirchengeschichte*, Tübingen 1927, S. 578.

erscheint sie lediglich als Menschenwort. Sieht man in ihr die Frohe Botschaft des *Evangeliums* und die Fülle des lebendigen Geistes, dann erweist sich die Schrift als Wort Gottes. Entscheidend für diese Auffassung war die Stelle aus dem zweiten Korintherbrief (3,6): "*littera enim occidit, Spiritus autem vivificat*". Da nach Luthers Ansicht nur im *Verstehen* der Schrift und nicht durch irgendein Lehramt entschieden werden kann, ob sie Gottes— oder Menschenwort sei, bestehen Aufgabe und Zweck der Auslegung darin, in dem geschriebenen Buchstaben den lebendigen Geist zu erschließen, und zwar nicht, wie in der traditionellen Exegese seit der Patristik üblich, durch die Transformation des buchstäblichen Sinnes in den "moralischen", "allegorischen" und "anagogischen" Schriftsinn, sondern mittels eines einheitlichen literarischen Sinnes, der vom Heiligen Geist, dem wahren Verfasser der Schrift, ausgeht. Der verstehende Übergang vom Menschen— zum Gotteswort kann nach Luther eigentlich nur im Glauben und mit Hilfe des Glaubens bzw. seines Ursprungs, der Gnade Gottes, vollzogen werden. Luther radikalisiert diese Ansicht und behauptet sogar, daß alles Verstehen und alle Einsicht im Grunde genommen von Gott her durchgeführt werden, weil Gott der eigentliche Glaubende und Verstehende in uns ist. Dementsprechend schreibt er: "*Quando ego praedico, ipse (spiritus) praedicat in me ...*"[6] Die Ansicht, daß das bei der Lektüre der Schrift zustandegebrachte Verständnis identisch sei mit der Erfahrung des Glaubens, enthält die Quintessenz der lutherschen Rechtfertigungslehre; denn daraus leitet Luther seine Lehre von der Klarheit und Transparenz der Heiligen Schrift ab: sie sei "*ipsa per sese certissima, facillima apertissima, sui ipsius interpres, omnium omnia probans iudicans et illuminans.*"[7] Die

---

[6] Luther, Werke, Kritische Gesammtausgabe, Weimar 1883, Bd. 20, S. 350.

[7] A. a. O., Bd. 7, S. 97.

Unklarheit und Unverständlichkeit der Schrift ergibt sich dadurch, daß das Wort Gottes in normalem Menschenwort gefaßt und verkündet wird, wobei die innere Klarheit (*claritas interna*) im geschriebenen, geäußerten Wort (*verbum externum*) verborgen bleibt. Das innere lebendige Wort erkennt man, wie gesagt, lediglich im verstehenden Akt des Glaubens.

Bemerkenswert ist, daß Luther die Attribute, die in der traditionellen Metaphysik ausdrücklich der Wahrheit bzw. Gott als dem höchsten Seienden zugeschrieben wurden, wie z. B. Klarheit, Gewißheit, Unverborgenheit, auf die Heilige Schrift bzw. auf das Wort Gottes als verbum internum, ihr eigentliches Konstituens, überträgt. Flacius knüpft an die luthersche Unterscheidung von Buchstaben und Geist bzw. von Gesetz und Evangelium der Heiligen Schrift an und sieht in der gründlichen Klärung ihres Verhältnisses das eigentliche Geheimnis des Verstehens und der richtigen Auslegung der Bibel. Dementsprechend schreibt er im zweiten Buch *Clavis, De ratione cognoscendi sacras literas*: "Das ist in der Tat der Schlüssel zur ganzen Schrift, daß man weiß, es ist zweierlei Lehre in der Schrift und ein doppelter Heilsweg, von denen der eine dem anderen geradezu entgegengesetzt ist", nämlich "Gesetz und Evangelium" (*Haec igitur revera clavis est totius Scripturae ... scire in ea contineri duplex genus doctrinae, et duplicem viam salutis quae sint sibi invicem per se plane contrariae.*)[8]

Als Bedingung für die erfolgreiche Anwendung der hermeneutischen Auslegungsprinzipien bezeichnet Flacius die luthersche Ansicht von der normativen Selbständigkeit und Suffizienz der Schrift (*Scrip-*

---

[8] *Clavis Scripturae sacrae*, Basel 1567. M. Flacius Illyricus, *De ratione cognoscendi sacras literas*, ed. L. Geldsetzer, Düsseldorf 1968; *Clavis* II, 8; II, 4; *De ratione ...* 42.

tura sui ipsius interpres), wodurch die Behauptung des katholischen Lehramts von der Insuffizienz der Schrift an sich und der Notwendigkeit ihrer Auslegung durch die kirchliche Autorität und ihrer Ergänzung durch die Lehre der kirchlichen Tradition als durchaus entbehrlich erscheint. Den Vorwurf der römischen Kirche, die Schrift sei dunkel und mehr Zankapfel als Richterin des Streites, weist Flacius durch die Forderung nach profunder Kenntnis der Sprache der Heiligen Schrift (das dritte "*remedium*": *solida cognitio sermonis Sacrarum literarum*) zurück. Die erforderliche Kenntnis der Sprache ermögliche nämlich dem Leser die Durchführung der sog. "grammatischen" Interpretation, d. h. die Erfassung des eigentlichen "buchstäblichen" Sinnes (*simplicem ac geniunem Sacrorum literarum sensum*). Dabei gilt für Flacius die aus der antiken Rhetorik stammende Regel, daß man die einzelnen Textstellen im Zusammenhang des Ganzen betrachtet und das Ganze durch das Einzelne versteht, als grundlegend; d. h. jedes Wort erhält seine Sinnbedeutung aus dem Satz, und dieser wiederum hat seine eigene Bedeutung im weiteren Kontext eines sprachlichen Sinnzusammenhangs bzw. der Sprache als solcher. Bei dem Vollzug dieses hermeneutischen Zirkels des Verstehens legt Flacius dem "Scopus" besondere Bedeutung bei, worunter "der Zweck oder die Absicht der ganzen Schrift" (*finem, aut intentionem totius scipti*) verstanden wird.[9] Der Scopus ermöglicht es dem Leser, den Sinn der einzelnen Textteile im Zusammenhang der Ganzheit des

---

[9] Dem Terminus "Skopos" begegnen wir schon bei Platon (vgl. *Theaitetos* 194 a; *Georgias* 507 d; *Staat* 519 c) und bei Aristoteles (v. a. in den Schriften zur praktischen Philosophie) in seiner ursprünglichen Bedeutung als Ziel, Zweck. Die Bedeutung des Skopos für die Textauslegung wird zum erstenmal, wie Jaeger meint, von Simplicius (in *Categorias*) hervorgehoben. Flacius hat den Terminus vermutlich von Melanchthon übernommen (vgl. Gadamer, GW II, 282). Geldsetzer vertritt die Ansicht, daß bei Flacius mit dem Terminus "scopus" "das Anliegen der einzelnen biblischen Bücher" gemeint ist. (Ders., Einleitung).

Textes bzw. der eigentlichen Intention des Werkes zu durchschauen. Demgemäß schreibt Flacius in der *Clavis*, "daß der Gesichtspunkt (*scopus*) sowohl der ganzen Schrift als auch ihrer einzelnen Teile oder Stellen sehr sorgfältig zu beachten ist; denn von daher fließt uns ein wunderbares Licht zur Einsicht in die einzelnen Aussagen und Sätze zu."[10] An anderer Stelle in der *Clavis* (II,8) wird der Scopus mit dem Theseusfaden verglichen, der dem Leser hilft, sich in der Vielfalt der Schriften auszukennen und die eigentliche Intention des Verfassers zu erschließen.

Flacius betrachtet die Heilige Schrift als eine harmonische und organische Einheit, in der alle Einzelteile in einem umfassenden und geordneten Zusammenhang stehen. Alle Fälle der Obskurität erklärt Flacius mit der Tatsache, daß das Gotteswort in gewöhnlichem Menschenwort erscheine. Sofern der Leser aber versuche, solche Fälle im Hinblick auf den Scopus des Werkes zu verstehen, werde er alsbald auch dessen Sinn erschließen. Deshalb fordert Flacius vom Leser, daß er die innere Struktur und die Gliederung des Werkes stets vor Augen habe: "Und du mußt sehr aufmerksam beobachten, wo sozusagen das Haupt, die Brust, die Hände, die Füße usw. sind. Dabei magst du genau erwägen, wie jener Körper beschaffen ist, wie er alle diese Glieder umfaßt und in welcher Weise so viele Glieder oder Teile diesen einen Körper gemeinsam erstellen, welches die Übereinstimmung, Harmonie oder das Verhältnis der einzelnen Glieder untereinander oder auch zu dem ganzen Körper und besonders zu dem Haupte sei."[11]

---

[10] "diligentissime: observandum esse scopum, tum totius scripti, tum etiam singularum ejus partium aut locorum: nam inde mirabilis lux affulget nobis, ad intelligendas singulorum dictorum sententias", *De ratione* ..., 100.

[11] "Ut totius ejus libri aut operis distributionem, aut dispositionem, ante oculos delineatam habeas: utque diligentissime observe, ubi sit (ut ita dicam) caput, pectus, manus, pedes & c. Ibi igitur accurate expendas, quale illud corpus sit;

Flacius in der philosophischen Hermeneutik 183

Der Mangel aller bisherigen Auslegung der Schrift bestand nach Flacius eben darin, daß die Interpreten diese organische Einheit und Ganzheit der Schrift nicht ausreichend beachtet, sondern deren einzelne Teile ohne Bezug auf den Scopus des Textes willkürlich gedeutet haben, ähnlich den spielenden Mädchen, die nach ihrem Gefallen Blumen auf der Wiese pflücken.[12] Es ist bemerkenswert, daß Flacius die traditionelle Definition der Wahrheit als In–sich–Stimmigkeit (*adaequatio, convenientia*), die vor allem in der platonischen dialektischen Methode als Diairesis (Einteilung der Ideen in ihre Unterarten) zum Ausdruck gebracht wurde und in gewissem Sinne für die gesamte metaphysische Tradition kennzeichnend war, auf die Kunst der Auslegung und des Verstehens von Texten überträgt. Ähnlich wie für Platon in seinen Spätdialogen die intelligible Struktur des Kosmos die Bedingung für eine erfolgreiche Durchführung der diairetischen Methode darstellt, erweist sich für Flacius die organische Einheit des Textes als *conditio sine qua non* des richtigen Verständnisses der einzelnen Textteile der Schrift. Die Bemühungen des Interpreten, die einzelnen Textteile in ihrem Sinnzusammenhang zu erfassen, vergleicht Flacius mit der Tätigkeit des platonischen Dialektikers, der die Vielfalt der erscheinenden Dinge mit einer Idee faßt und danach dieselbe Idee in ihre Unterarten einteilt: "Das ist nämlich jenes sehr nützliche Beispiel des Platon (ἐφ' ἕν καὶ πολλὰ ὁρᾶν), das Eine in dem Vielen und das Viele in dem Einen sehen und untersuchen zu können."[13] Das angeführte Zitat ist dem platonischen Dialog

---

quomodo omnia ea membra complectatur: quave ratione, illa tot membra aut partes ad efficiendum hoc unum corpus conveniant: quaenam sit, singulorum membrorum, vel inter sese, vel etiam cum toto corpare, ac presertim cum capite ipso, convenientia, harmonia, ac proportio."

[12] Vgl. *De ratione ...*, 108.

[13] "Hoc enim est illud perutile Platonis documentum ἐφ' ἕν καὶ πολλὰ ὁρᾶν:

Phaidros entnommen, in welchem die eigentliche Aufgabe des Dialektikers bestimmt wird. Dort (266 b) behauptet Sokrates, er selbst sei ein "Liebhaber der Einteilungen und Zusammenfassungen" der Ideen, "um sowohl reden als auch denken zu können. Und wenn ich einem anderen die Fähigkeit zutraue, daß er von Natur aus sein Augenmerk auf das Eine und das Viele richten kann, so folge ich seiner Spur wie der eines Gottes."[14] Insofern hat Gadamer durchaus recht, wenn er bei Flacius die Fortsetzung der platonischen Logos–Konzeption sieht, wonach jeder Text bzw. jede Rede "wie ein lebendiges Wesen organisiert sein" muß, statt "eine bloße Aneinanderreihung von Worten und Sätzen zu sein."[15]

Obwohl Flacius explizite hervorhebt, daß die erfolgreiche Durchführung der "grammatischen" Interpretation die Voraussetzung für das Verständnis der Schrift sei — und ihre besondere Relevanz kommt am deutlichsten bei den sog. "dunklen" Textstellen zum Ausdruck —, vertritt er entschlossen die Ansicht, daß jene, trotz aller Feinheit der semantischen Textanalyse, mitnichten dem Leser die wahre Einsicht in das innere Wesen der Schrift zu vermitteln vermag, ähnlich wie der Buchstabe oder das Gesetz allein nicht imstande ist, dem Menschen das ewige Leben zu verschaffen. Da mit Hilfe der grammatischen Interpretation die Fülle der Frohen Botschaft des Evangeliums nicht zu erschließen ist, muß sie durch die Interpretation dem Geiste nach vervollkommnet werden. Denn der Heilige Geist ist nach Flacius der eigentliche und wahre Autor und Ausleger der Schrift, und es ist seine Aufgabe, uns "die ganze Wahrheit zu

---

unum multis, & multa in uno, cernere ac examinare posse." *De ratione ...*, 52.

[14] *Phaidros* 266 a/b.

[15] Gadamer, GW II, 287.

vermitteln".[16] Demzufolge erhält der Leser Einsicht in die wahre Bedeutung der Schrift ausschließlich durch den Geist, denn nur mittels der ursprünglichen Tätigkeit des Geistes werden sozusagen "tote Buchstaben einer Schrift" in die Worte des "lebendigen Gottes" transformiert. In diesem Sinne sollte man die Grundforderung von Flacius betrachten, daß alle Auslegung und Verstehensbemühung der Schrift in Übereinstimmung (*congruentia, consonantia*) mit der christlichen Lehre, wie sie im Dekalog, dem Evangelium und den ältesten Glaubensartikeln enthalten ist und in der gnesiolutheranischen Katechese vertreten wurde, stattfinden soll.[17] Diese Übereinstimmung nennt Flacius "*analogia fidei*" und behauptet, daß "das ganze Verstehen und die Auslegung der Schrift nach der Analogie des Glaubens" geschehe, "welche wie eine Art Norm eines gesunden Glaubens ist".[18]

Dieser hermeneutische Imperativ des Flacius, daß alles Verstehen und Auslegen nach der "*analogia fidei*" vollzogen werden soll, ist in der hermeneutischen Forschung sehr umstritten und gilt folglich als hermeneutische Inkonsequenz. So meint Klaus Weimar in seiner Studie *Historische Einleitung zur literaturwissenschaftlichen Hermeneutik*, daß der Hermeneutik, in welcher der Heilige Geist allein der Autor und der rechtsmäßige Ausleger ist, "nicht einmal die Erfüllung der propädeutischen Aufgabe zugebilligt werden" kann, "mit Hilfe ihrer Regeln das Vermeiden des Irrtums zu lehren, weil ja die göttliche Wahrheit ohnehin selbst schon jeden Irrtum ausschließt und

---

[16] *De ratione* ..., 24; 96.

[17] Vgl. *De ratione* ..., 48; auch G. Moldaenke, *Schriftverständnis und Schriftdeutung im Zeitlater der Reformation*. Teil I, Matthias Flacius Illyricus, Stuttgart 1936, S. 563.

[18] *Clavis*, II, 12; *De ratione* ..., 46; "Omnis intellectus, ac expositio Scripturae, sit analoga fidei: quae est veluti norma quaedam sanae fidei."

besiegt";[19] kurzum: die Hermeneutik sei überflüssig.

Im Unterschied zu diesen Ansichten bewertet A. Schwartz in seiner Dissertation *Die theologische Hermeneutik des Matthias Flacius Illyricus* die flacianische Auffassung von der Auslegung nach der Analogie des Glaubens sehr positiv. Der Glaube fungiert dabei wie eine Form des "Vorverständnisses", das erst im Laufe des Vollzugs des hermeneutischen Zirkels die Form des einsichtsvollen Verstehens erreicht.[20] Dieser Deutungsversuch von Schwartz läßt sich auch durch den Hinweis des Flacius auf die Unentbehrlichkeit der grammatischen Auslegungsmethode für das Schriftverständnis untermauern.

Die Schriften von Flacius, namentlich die *Clavis*, wurden — wie schon erwähnt — im 17. und 18. Jahrhundert sehr intensiv studiert. Der berühmte Hermeneutikforscher J. Wach behauptet in seinem umfassenden Werk zur Geschichte der Hermeneutik *Das Verstehen*, daß die *Clavis* des Flacius die Hermeneutik des 17. Jahrhunderts beherrscht.[21] Besonders der zweite Teil der Schrift über die hermeneutischen Regeln hat eine breite Rezeption in der hermeneutischen Literatur gefunden. *Clavis* wurde ebenfalls in den Kreisen der katholischen Exegeten mit großem Interesse studiert. Eine der gründlichsten und zutreffendsten Kritiken der flacianischen Auslegungsmethode stammt von dem katholischen Gelehrten Richard Simon. In seinem 1685 veröffentlichten Buch *Histoire critique de Vieux Testament* verweist er auf die mangelhaften Hebräischkenntnisse des Flacius.[22] Wei-

---

[19] K. Weimar, a. a. O. 42.

[20] Fast die gleiche Meinung vertritt R. Keller in seinem Buch *Der Schlüssel zur Schrift. Die Lehre vom Wort Gottes bei Matthias Flacius Illyricus*, Hannover 1984, S. 133.

[21] J. Wach, *Das Verstehen*, Tübingen 1926, Bd. I, S. 14.

[22] R. Simon, *Histoire critique du Vieux Testament*, Rotterdam 1685, S. 484; vgl. auch W. Dilthey, GS II, 126.

terhin wird Flacius vorgeworfen, daß er sich der exegetischen Ergebnisse der Kirchenväter in großem Maße bediene, obwohl er ihre exegetische Arbeit schonungslos kritisiere. Letztendlich bestehe der größte Nachteil der flacianischen biblischen Hermeneutik in der konfessionellen Ausschließlichkeit ihrer Anwendung: die an sich nützlichen Auslegungsregeln würden durch die verengte Applikation auf die Lehre der lutherischen Kirche beinahe belanglos.

In der zweiten Hälfte des 18. Jahrhunderts kritisieren die protestantischen Bibelforscher und Hermeneutiktheoretiker die flacianische "dogmatische" Ansicht von der kanonischen Einheit der Bibel. J. S. Semler und J. A. Ernesti erkennen nämlich, daß die Bibel keineswegs eine einheitliche Schrift darstellt, sondern von verschiedenen Autoren verfaßt wurde. Infolgedessen verlange die verstehende Auslegung der Schriften die Berücksichtigung der historischen Umstände, unter denen die einzelnen Schriftwerke entstanden seien, und die Ergänzung der grammatischen Auslegung durch die historische.

Wenn Dilthey meint, daß Flacius mit seinem System der hermeneutischen Regeln "auf lange hinaus die hermeneutische Wissenschaft bestimmt hat", so ist es doch schwer oder fast unmöglich, anhand genauer Belegstellen seinen Einfluß auf die spätere Hermeneutikliteratur nachzuweisen. Dilthey hat durchaus recht, wenn er behauptet, daß zwischen Flacius und Schleiermacher keine "historische Vermittlung" besteht, sondern "nur eine innere Gewalt der Sache selbst wirkt".[23] Die wesentlichen Ideen der flacianischen Hermeneutik werden bei verschiedenen Denkern der Hermeneutik, je nach den geistesgeschichtlichen Umständen, unterschiedlich appliziert. So wird in der aufklärerischen Hermeneutik bei J. M. Chladenius und G. F. Meier der flacianische "gesunde Glaube", der als Maßstab des Verstehens

---

[23] Dilthey, GS II, 127.

und der Auslegung galt, durch den "gesunden Verstand" abgelöst. Die Dunkelheiten und Unklarheiten in den Texten sollten nun mit Hilfe des alles erklärenden "vollkommenen Verstandes" behoben werden.[24]

Der "dogmatische" Charakter der flacianischen Hermeneutik ist zweifellos der Grund, daß bei der Konstituierung der Hermeneutik als universeller Methode bzw. Theorie des Verstehens Flacius' Schriften völlig unberücksichtigt blieben. Flacius wird nämlich weder bei Schlegel noch bei Schleiermacher erwähnt. Auch wenn Jean Paul seine philosophischen Reflexionen über die Philosophie Fichtes mit der Überschrift "*Clavis Fichtiana*" versieht (1800), bleibt es unklar, ob er dabei auf Flacius oder auf Ernestis *Clavis Ciceroniana* (1739) oder sogar Jacob Boehmes *Clavis specialis* anspielt.

Obwohl man auf den ersten Blick den Eindruck erhält, daß in der romantischen Hermeneutik kein Interesse an der flacianischen Auslegungstheorie bestand, muß hervorgehoben werden, daß die Grundbegriffe seiner Hermeneutik, nämlich "Buchstabe" und "Geist"

---

[24] In seinem neulich erschienenen Buch *Einführung in die philosophische Hermeneutik*, Darmstadt 1991, vergleicht J. Grondin Flacius' Konzeption des "scopus" mit dem Chladeniusschen Begriff "Sehe—Punckt": "An sich ist das Wort Sehepunkt nichts als die deutsche Übertragung des lateinischen scopus, der ein zentrales Thema der Hermeneutik seit Augustin und Flacius gewesen war", a. a. O. 72. Dieser Vergleich ist ziemlich umstritten, da bei Chladenius mit dem Begriff "Sehe—Punckt" die subjektive bzw. "monadische" (unter dem Einfluß von Leibniz) Begrenztheit des Interpreten, der den Text nur unter einer Perspektive bzw. von seinem subjektiven Standpunkt aus betrachtet, zur Sprache gebracht wird. In diesem Sinne schreibt Chladenius: "Diejenigen Umstände unserer Seele, unseres Leibes und unserer ganzen Person, welche Macher oder Ursache sind, daß wir eine Sache so und nicht anders vorstellen, wollen wir den Sehe—Punckt nennen." Ders., *Einleitung zur richtigen Auslegung vernünftiger Reden und Schriften*, Leipzig 1742, Nachdruck Düsseldorf 1969 § 309. Demgegenüber versteht Flacius unter "scopus" den Zweck bzw. die Intention des Werkes; es handelt sich freilich um die textuelle Struktur, die der Leser bei der Auslegung der einzelnen Textteile stets vor Augen haben muß.

(welche Flacius vom Standpunkt seiner Schriftauslegung her auch "Gesetz" und "Evangelium" nennt), mittels derer das interaktive Verhältnis von göttlichem und menschlichem Geist erläutert wird, in der Romantik unter dem neuen Aspekt des künstlerischen Schaffens thematisiert wurden. Nach Flacius besteht die Schrift, ähnlich wie der Mensch selbst, aus dem Leib, d. h. aus dem sichtbaren Text und dem unsichtbaren Geist, der den Körper am Leben hält und den Text verständlich macht. In der *Glosse* zu dem von Erasmus herausgegebenen Neuen Testament schreibt Flacius: "Die göttliche Schrift besteht nämlich aus dem Sichtbaren und dem Unsichtbaren, wie aus einem Körper, der die sichtbare Schrift ist, und aus der Seele, dem Sinn, der sich in dieser Schrift befindet, und schließlich aus dem Geist, der in sich etwas Himmlisches enthält."[25] Zweck der Auslegung ist es, im Buchstaben den lebendigen, göttlichen Geist zu erfassen.

In der romantischen Hermeneutik, namentlich bei Friedrich Schlegel und Friedrich Ast, wird mit dem Begriffspaar "Geist — Buchstabe" der künstlerische Schaffensprozeß als solcher beschrieben. Die Hermeneutik ist, so Schlegel, "eigentlich nichts als Vergleichung des Geistes und des Buchstabens eines Werkes".[26] Vergleichung ist demnach die ästhetische Beurteilung der Frage, in welchem Maße ein Kunstwerk eine "Welt" erscheinen läßt, in der der unbestimmte "Geist" seine individuelle Formbestimmung erhält. In seinem berühmten "Gespräch über die Poesie" schreibt Schlegel: "Wo irgend lebendinger Geist in einem gebildeten Buchstaben gebunden er-

---

[25] *Glossa compendiaria*, Frankfurt 1659, S. 164 (Scriptura divina ex visibilibus et invisibilibus constat, veluti ex corpore quodam: litera scilicet quae videtur; et anima, sensu, qui intra ipsam deprehenditur; et spiritu, secundum id, Quod etiam quaedam in se coelesia teneat.)

[26] Friedrich Schlegel, Kritische Ausgabe, Paderborn 1957 ff., Bd. XVI, S. 168.

scheint, da ist die Kunst."²⁷ Den Buchstaben versteht Schlegel als Konkretisierung bzw. Individualisierung des Geistes, denn nur im Buchstaben, d. h. in der Sprache, erhält der Geist eine bestimmte Form: "Buchstabe ist fixierter Geist."²⁸ Die Interpretation betrachtet Schlegel als einen Prozeß der Belebung bzw. der Befreiung des "gebundenen" Geistes. In einem Fragment seiner frühen nachgelassenen Schriften schreibt er: "Lesen heißt, gebundenen Geist frei machen."²⁹ Diese Befreiung des Geistes ist identisch mit der Enthüllung des "Sinnes" des Textes, denn was der Interpret durch den Vergleich von Geist und Buchstaben eines bestimmten Werks leistet, ist im Grunde genommen nichts anderes als Erschließung seines Sinnes.

Ähnlich wie Schlegel betrachtet auch Ast "Buchstaben, Sinn und Geist" als drei Elemente seiner hermeneutischen Interpretation, was als Ergebnis der Wirkungsgeschichte des flacianischen Gedankens zu betrachten ist. In der Schrift *Grundlinien der Grammatik, Hermeneutik und Kritik* heißt es: "Die Hermeneutik des Buchstabens ist die Wort- und Sacherklärung des Einzelnen, die Hermeneutik des Sinnes die Erklärung seiner Bedeutung im Zusammenhang der gegebenen Stelle und die Hermeneutik des Geistes die Erklärung seiner näheren Beziehung auf die Idee des Ganzen."³⁰ Merkwürdig ist, daß Ast — wie auch Schlegel, sein philologisches Vorbild — diesen Prozeß des Verhältnisses von Geist und Buchstaben mit dem Vollzug des hermeneu-

---

²⁷ Schlegel, KA II, 290.

²⁸ Schlegel, KA II, XVIII, 297.

²⁹ Ebd. Über das Verhältnis von Geist und Buchstabe in der Schlegelschen Hermeneutik. Vgl. J. Zovko, *Verstehen und Nichtverstehen bei Friedrich Schlegel. Zur Entstehung und Bedeutung seiner hermeneutischen Kritik*, Stuttgart 1990, S. 93 ff.

³⁰ Fr. Ast, *Grundlinien der Grammatik, Hermeneutik und Kritik*, Landshut 1808, S. 193.

tischen Zirkels gleichsetzt. Ast schreibt über diesen Zirkel des Verstehens: "Der Grundsatz allen Verstehens und Erkennens ist, aus dem Einzelnen den Geist des Ganzen zu finden und durch das Ganze das Einzelne zu begreifen."[31] Hiermit wird die flacianische Scopus-Lehre wieder aufgenommen, wonach der Sinn der einzelnen Textstellen in ihrem jeweiligen Zusammenhang und aus dem ganzen Kontext verstanden werden soll ("*ut sensus locorum, tum ex scopo scripti aut textus, tum & ex toto contextu petatur*").[32]

Daß Flacius mehr oder weniger in jeder Geschichte der Hermeneutik, vor allem im Zusammenhang mit ihrer Entstehung, erwähnt wird, ist in erster Linie Wilhelm Dilthey zu verdanken. In seinem 1900 veröffentlichten und für die Forschung der Hermeneutik sehr wichtigem Aufsatz "Die Entstehung der Hermeneutik" vertritt Dilthey die Ansicht, daß man "die endliche Konstituierung der Hermeneutik ... der biblischen Interpretation", und zwar jener protestantischer Provenienz, verdankt. "Die erste bedeutende und vielleicht die tiefgründigste dieser Schriften war die *Clavis* des Flacius."[33] Mit der Entstehung der Hermeneutik entfaltet sich nach Dilthey innerhalb der reformierten Kirche eine neue Form des "historisch-kritischen Denkens". Im Unterschied zu den katholischen Exegeten, die immer die "Unverständlichkeit" und "hermeneutische Unzulänglichkeit" der Schrift betont haben, um aufzuzeigen, daß für ihr Verständnis die Hilfe der kirchlichen Autorität und die Ergänzung durch die altkirchliche Überlieferung vonnöten sei, bemüht sich Flacius nachzuweisen, daß auch die Heilige Schrift durch die korrekte Anwendung der allgemeingeltenden Auslegungsregeln verstehbar ist wie jedes andere

---

[31] Ast, a. a. O. § 75.

[32] Flacius, *De ratione* ..., 108.

[33] Dilthey, GS V, 321.

Buch. Hiermit wird nach Dilthey die Grundlage für die autonome Entwicklung der hermeneutischen Wissenschaft geschaffen. In der Hermeneutik des Flacius sei "der Keim einer modernen Theorie über den Vorgang der Auslegung enthalten". Diese Hermeneutik, meint Dilthey, enthielte "zwei Elemente von ganz verschiedener Herkunft und ebenso verschiedener geschichtlicher Bedeutung. Das erste Element stammte aus der Tiefe des religiösen Erlebnisses in der protestantischen Welt." Das zweite Element "stammte aus der großen Tendenz der ganzen humanistischen Epoche, zu klarem, reinlichem und sicherem Verständnis von Schriftwerken zu gelangen".[34] Dilthey ist sich auch ganz im klaren, daß es Flacius nicht gelungen ist, diese beiden Komponenten in der Praxis zu vereinigen. Jedoch meint er, daß Flacius, trotz des dogmatischen Charakters seiner Hermeneutik und seines Insistierens auf den Glaubensformeln der protestantischen Kirche "in bezug auf selbständige Forschung und aus ihr erwachsener Vollständigkeit der hermeneutischen Regelbildung die Mehrzahl seiner Nachfolger" übertrifft und "so auf lange hinaus die hermeneutische Wissenschaft bestimmt" hat.[35] Eine vollständiger entwickelte Hermeneutik findet man nach Dilthey erst bei Schleiermacher, der für ihn als der Begründer der Hermeneutik als universeller Theorie des Verstehens gilt.[36]

Ähnlich wie Dilthey meint auch H.-G. Gadamer, daß "das Schriftprinzip der Reformation" (*scriptura sui ipsius interpres*) "Voraussetzung der biblischen Hermeneutik" ist,[37] die am Anfang des 19. Jahrhunderts von der Methode der kunstgerechten Textauslegung zur

---

[34] Dilthey, GS II, 123.

[35] A. a. O. 117.

[36] A. a. O. 127.

[37] Gadamer, *Wahrheit und Methode*, Tübingen 1975, 4. Aufl., S. 163.

universellen "Kunst des Verstehens" entwickelt wurde. Das Verdienst des Flacius besteht nach Gadamer darin, daß er die Regeln der antiken Rethorik — wie eine Rede gestaltet sein soll — und die von ihr "gebrauchten 'organischen' Metaphern wie Haupt und Glieder und ihr Verhältnis zueinander" auf das Verstehen und die Auslegung der Schrift übertragen hat.[38] Infolgedessen unterzieht Gadamer den Versuch von H.–E. Hasso Jaeger, Flacius "auf Kontroversliteratur der Theologen" einzuschränken, einer scharfen Kritik. Gadamer meint zwar, daß die *Clavis* des Flacius im Dienste seines theologischen Anliegens stehe, "aber ihre Grundlage ist ganz und gar eine im allgemeinen Sinne philologisch–humanistische". Als "der große Hebraist und Philologe" verteitigt er "Luthers Losung '*sacra scriptura sui ipsius interpres*' gegen die tridentinische Polemik, die die Unentbehrlichkeit der Lehrtradition der Kirche behauptete"[39], und bemüht sich, um das Verständnis der Schrift zu erleichtern, allgemeingeltende Regeln der Interpretation auszuarbeiten. Während Gadamer in seiner Einleitung zu der Textauswahl "Philosophische Hermeneutik" noch die Ansicht vertreten hat, daß "das Regelsystem der *Clavis* ... in der Anwendung immer wieder selber zu den dogmatisch motivierten Gewaltsamkeiten" führt, "die der Kritiker des dogmatischen Bibelgebrauchs gerade vermeiden wollte"[40], zeigt er in dem Aufsatz "Rhetorik und Hermeneutik" erstaunliche Aufgeschlossenheit gegenüber der "dogmatischen" Auslegungskunst des Flacius, die von dem in *Wahrheit und Methode* vorgetragenen Urteil beträchtlich abweicht[41]. Im genannten Aufsatz wird Diltheys Flacius–Darstellung als "meister-

---

[38] Gadamer (Hg.), *Seminar: Philosophische Hermeneutik*, Frankfurt 1976, S. 19.
[39] Gadamer, GW II, 296.
[40] Gadamer, *Seminar*, S. 19.
[41] Gadamer, WuM, 165 ff.

haft" bezeichnet und ihm gleichzeitig vorgeworfen, daß seine Beurteilung der flacianischen Hermeneutik unter starkem Einfluß der historisch-kritischen Methoden der liberalen Theologie abgegeben wurde, so daß nach den dort aufgestellten Kriterien der Bewertung in Flacius' Werk sich "geniale Antizipation des Richtigen mit unbegreiflichen Rückfällen in dogmatische Enge und leeren Formalismus" mischen[42].

Da die historische Theologie mittlerweile einer kritischen Betrachtung unterzogen worden ist, sind wir heute nach Ansicht Gadamers "für die hermeneutische Legitimität des Kanon und damit für die hermeneutische Legitimität des dogmatischen Interesses bei Flacius empfänglicher geworden"[43]. Gadamer widersetzt sich entschlossen jedem Versuch, die Hermeneutik des Flacius des Dogmatismus zu bezichtigen, da seine Auslegungstheorie "nicht gegen die humanistischen und philologischen Prinzipien rechter Auslegung" verstößt und ebensowenig "inhaltlich dogmatische Vorannahmen" verlangt, die sich "am Text des Neuen Testaments nicht ausweisen lassen". Wenn sich Flacius bemüht, den biblischen Text als "religiöse Botschaft" zu verstehen, hält er sich dabei an den Grundsatz der Auslegung, "daß allein der Zusammenhang den Sinn einzelner Worte, Textstellen usw. wirklich bestimmen kann"[44]. Die flacianische Auffassung des Textes als "organische Einheit" sowie seinen Versuch, bei der Interpretation eine "gewisse Anatomie" des Textes durchzuführen, vergleicht Gadamer mit der platonischen Konzeption des Logos, wie sie in dem Dialog *Phaidros* dargestellt wird: jeder Logos muß wie ein "Lebewesen" ($\H{\omega}\sigma\pi\epsilon\varsigma\ \zeta\tilde{\omega}o\nu$) konstituiert sein. Dies ist ein weiterer Hinweis auf die

---

[42] Gadamer, GW II, 277.

[43] A. a. O. 278.

[44] A. a. O. 287.

Affinität zwischen der Hermeneutik des Platonikers Gadamer und der des kroatischen "Gnesiolutheraners".[45]

Gegen Gadamers und Diltheys Flacius-Auslegung kann man einwenden, daß in ihr nur die positiven und für die Wirkungsgeschichte der Hermeneutik relevanten Aspekte berücksichtigt wurden, so daß sich mit Recht die Frage erhebt, ob nicht beide prominenten Vertreter der philosophischen Hermeneutik gegen das schon etablierte Prinzip der Immanenz und Kohärenz der Interpretation verstoßen, ein Grundsatz, der in erster Linie Flacius zu verdanken ist?!

Zum Schluß soll noch ein Verweis auf die auffallend ähnliche Ablehnung der theoretisch-abstrakten Reflexion sowohl in der flacianischen Hermeneutik als auch in der gadamerschen Bestimmung der Geisteswissenschaften folgen. Gadamer meint, daß die Geisteswissenschaften wegen ihrer besonderen Eigentümlichkeit, daß sie "etwas zum Gegenstand machen, dem der Erkennende selber notwendig zugehört"[46], nicht nach dem Vorbild des neuzeitlichen Begriffs von Methode und Wissenschaft verfahren können, sondern nach dem Modell der aristotelischen praktischen Philosophie. Gadamer sieht eine Ähnlichkeit zwischen der "hermeneutischen Praxis" des Verständlichmachens mit dem sittlich-praktischen Wissen der Phronesis bei Aristoteles, das stets auf die menschliche Lebenspraxis bezogen bleibt bzw. auf die konkrete Situation gerichtet ist. Ein Wissen im allgemeinen, das nicht auf die konkrete Lebenssituation anwendbar sein kann, bleibt sowohl in der hermeneutischen Reflexion als auch im sittlich-praktischen Handeln "sinnlos". Ähnlich wie das praktische Wissen der Phronesis setzt sich auch das "hermeneutische Problem"

---

[45] *Phaidros* 264 c. Eine ähnliche Ansicht vertritt auch Aristoteles in seiner *Poetik* 1459 a 20.

[46] Gadamer, WuM, 514.

"von einem reinen, von einem Sein abgelösten Wissen" offenkundig ab. Das Verstehen ist für Gadamer "ein Moment des Geschehens", in dem der Interpret seine Zugehörigkeit zu der Überlieferung erfährt. Deshalb sind für Gadamer die Geisteswissenschaften keine "theoretischen", sondern "*moralische*" Wissenschaften, ihr Gegenstand ist der handelnde Mensch und sein Wissen um sich selbst. Dieses Wissen soll "das menschliche Tun leiten", d. h. die Möglichkeiten seines Seins und Handelns erschließen. Insofern kann man sagen, daß die Geisteswissenschaften wegen ihrer Bezogenheit auf die menschliche Lebenspraxis und ihre geschichtliche Tradition "ein humanistisches Erbe" verwalten.

Flacius beruft sich ebenfalls auf die aristotelische Ethik, um den praktischen Charakter der christlichen Lehre hervorzuheben. Alle seine Bemühungen um das richtige Schriftverständnis werden nicht allein um der Erkenntnis willen als solcher unternommen, sondern um unsere Lebenspraxis mit der Botschaft des Evangeliums zu bereichern. Dementsprechend schreibt er in *Clavis*: "wie Aristoteles von der Ethik behauptet, ihr Ziel sei nicht Erkenntnis, sondern Praxis, so (muß) auch das Ziel dieser Lehre noch hundermal mehr die Praxis sein. Denn viel weniger noch als die Moralphilosophie kann diese Lehre allein in der Theorie bestehen ohne Praxis".[47] Flacius ist der Ansicht, daß die Grundfragen, die die menschliche Existenz durchdringen, keineswegs im theoretisch-abstrakten Denken, sondern durch die Anwendung der christlichen Lehre auf die menschliche Lebenspraxis gelöst werden können. Insofern deckt sich seine Meinung mit der Aversion der Vertreter der philosophischen Hermeneutik von Schlegel bis Gadamer gegenüber der metaphysischen Denkart. Flacius, als Nachfolger Luthers, optiert für die Verkoppelung des Lebens und des

---

[47] Flacius, *De ratione* ..., 64.

Glaubens, und die Vertreter der philosophischen Hermeneutik setzen sich für eine Philosophie des Lebens bzw. für eine künstlerisch–poetisierende Denkweise ein.

LUTZ GELDSETZER

Matthias Flacius Illyricus und die wissenschaftstheoretische Begründung der protestantischen Theologie

I.

Thema und Fragestellung dieser Untersuchung erscheinen vielleicht sonderbar angesichts der verbreiteten Meinung, Theologie habe es wesentlich mit dem Glauben und somit gerade nicht mit Wissen und insofern auch mit Wissenschaft zu tun. Demgegenüber sind daher zunächst einige altbekannte Tatsachen in Erinnerung zu rufen: 1. Abendländische Theologie als "Gotteswissenschaft" steht seit Anbeginn in der Traditionslinie der griechischen Metaphysik als wissenschaftlicher Forschung nach der "Arché", dem Ursprung, Wesen und "beherrschenden" Prinzip aller Wirklichkeit, das auch hier schon immer als "das Göttliche" angesprochen worden ist. Abendländische Theologie ist insofern immer eine Gestalt abendländischer Metaphysik gewesen. 2. Diese Theologie hat in wissenschaftlichem Interesse das philosophische und wissenschaftliche Erbe der Antike in ihren Lehrinstitutionen in Anspruch genommen und dadurch in ausschlaggebendem Maße für seine Erhaltung gesorgt. So wurden neuplatonische Klassiker wie Proklos und Plotin zu "Theologen" stilisiert ("Dionysius Areopagita"), das übrige Erbe antiker Wissenschaftlichkeit als wissenschaftliche Propädeutik benutzt. 3. In den mittelalterlichen Universitätsgründungen hat sich die Theologie der "wissenschaftlichen" Konkurrenz der beiden übrigen "höheren Fakultäten" Jurisprudenz und Medizin gestellt und mit ihnen das gemeinsame Propädeutikum der Philosophischen Fakultät geteilt. Dieses Propädeutikum enthielt in seinen "trivialen" und "quadrivialen" Bestandteilen *in nuce* das geistes— und naturwissenschaftliche Potential damaliger Wissenschaften, das dann durchweg auch Form und Gestalt der Theoriebildungen in den höheren Fakultätsdisziplinen bestimmte. 4. Insbesondere ist auch die sog. scholastische Autoritätenmethode kein Spezifikum theologischer Glaubensgewißheit, sondern eine allgemeine Problemlösungsmethode aller Disziplinen unter obligatorischer Heranziehung alles einschlägigen Wissens. Auch das "credo ut intelligam" (Augustinus) oder das "fides quaerens intellectum" (Anselm) ist kein solches Spezifikum, da es auch jetzt noch als Maxime des Umgangs mit Axiomen oder hypothetischen Vor—Urteilen im normalen Forschungsprozeß dienen kann.

Alles dies kann nicht heißen, daß der Glaube — als Gegenteil des Wissens — in der Theologie gar keine Rolle gespielt habe oder spiele. Es kommt aber vieles darauf an, daß man ihm nicht alles oder zu viel von dem aufbürdet, was in der Theologie eine Rolle spielt. Dieses ist es aber gerade, was einer wissenschaftstheoretischen Betrachtung zugänglich wird: es ist das Wissenschaftliche an der Theologie schlechthin. Unsere Fragen sind aber nun darauf gerichtet: Was macht das Wissenschaftliche an der protestantischen Theologie aus? Und was hat Flacius Illyricus damit zu tun?

II.

Die wissenschaftstheoretischen Konzeptionen der Scholastik und der Renaissance

Um die Wissenschaftskonzeptionen einer Epoche dingfest zu machen, hat man sich an die umlaufenden ontologischen und erkenntnistheoretischen Ideen zu halten. Diese halten sich in der Spätscholastik im Rahmen des aristotelistischen Paradigmas, das sich seit der Hochscholastik mehr und mehr durchgesetzt hatte. Der Umbruch der Renaissance bedeutete demgegenüber die Restitution eines platonistischen Paradigmas, wie es vor der "aristotelistischen Revolution" des 13. Jahrhunderts die ganze Entwicklung von Patristik und Scholastik beherrscht hatte.

Betrachten wir zunächst die ontologischen Implikationen dieses Paradigmawechsels. Der Aristotelismus, zumal der radikal—nominalistische, vertrat eine realistische Ontologie. Die sinnlich wahrnehmbaren Dinge — *res* — galten als die eigentliche Wirklichkeit. Materialität, Stofflichkeit war Individuationsprinzip und damit zugleich Realitätskriterium. Damit war im Prinzip allem wissenschaftlichen Reden über eine von der Materie abgetrennte eigenständige geistige Substanz der Boden entzogen. Das Geistige mußte als "formales" Akzidenz der materiellen Dinge aufgefaßt und erklärt werden. Das führte zu stoisch—demokriteischen Konzeptionen zurück, nach denen das Geistige — *pneuma* — selbst als feinste Materie vorgestellt wurde. Aber diese Konzeption, vertreten etwa von Amalrich von Bene, wurde als pantheistische Häresie von der Kirche nachhaltig bekämpft und unterdrückt. Gleichwohl blieb sie auch im Nominalismus (W. v. Ockham) immer virulent, weshalb dieser auch immer im Geruch des Häretischen verblieb.

Wer nun die ontologische Selbständigkeit des Geistigen retten wollte, der mußte zu einer Zwei-Welten-Ontologie übergehen und damit seine Kompromisse mit dem Platonismus machen. Die meisten Aristoteliker haben dies getan. Sie waren von der materiefreien Existenz unsterblicher Seelen, Engel und eines göttlichen Wesens überzeugt. Aber ihnen stellte sich dann auch die Aufgabe, ihre Überzeugungen auf realistisch-ontologischem Boden beweisförmig zu begründen. Bekanntlich blühten in der Hochscholastik dann auch die "aposteriorischen" Gottesbeweise. Sie gingen vom Faktum der sinnlich gegebenen Dingwelt – die hier keines Existenzbeweises bedurfte – aus und versuchten, die un- oder übersinnliche Geisterwelt von ihr abzuleiten. Die *quinque viae* des Thomas von Aquin sind dafür nur das prominenteste Beispiel.

Für die platonistische Ontologie stellte sich die Lage gerade umgekehrt dar. Für sie war das Geistige schlechthin die einzige Wirklichkeit. Sie konnte und mußte daher nicht bewiesen oder begründet werden. Ihr ontologisches Problem war vielmehr das schon in der platonischen Akademie aufgekommene Problem der "Rettung der Phänomene". d. h. die Substanzialität der materiellen Erscheinungswelt davor zu bewahren, sich in lauter Schein und Trugbilder aufzulösen. Man könnte hier von Weltbeweisen reden, wenn die platonische Ontologie diese Form der Argumentation angenommen hätte. In der Tat wurde sie aber als evolutionäre Lichtmetaphysik und Allbeseelungslehre der Natur entwickelt.

Die ontologischen Auseinandersetzungen sind vor allem als "Universalienstreit" bekannt geworden. In ihm ging es vordergründig um den ontologischen Status der Allgemeinbegriffe (*universalia*). Der Hintergrund war aber gerade der Streit um den Status des Geistigen gegenüber dem Sinnlich-Materiellen. Bei den Begriffen ließ er sich an Sinn und Bedeutung (Intension) gegenüber der materiellen Natur des lautlichen oder stimmlichen Zeichens festmachen.[1] Die nominalistischen Aristoteliker erkannten konsequenterweise nur das materielle Zeichen als wirkliches an; Sinn und Bedeutung mußte für sie am Zeichen hängen oder sich aus ihm ergeben, durfte jedenfalls keine eigenständige Wirklichkeit behaupten. Für die Platoniker war umgekehrt Sinn und Bedeutung ein Teil der geistigen Wirklichkeit selbst vor und unabhängig davon, ob er in Zeichen zur "Erscheinung gebracht" werden konnte. Insbesondere war es für sie kein Problem, sondern eine theoretische Voraussetzung, daß sich ein und derselbe Sinn in verschiedenen Zeichen, etwa auch verschiedener Sprachen, ausdrücken ließ. Es zeugt übrigens von der Vorherrschaft der Aristoteliker, daß sie sich mit der terminologischen Bezeichnung der Platoniker als "Realisten" durchsetzen konnten, was bekanntlich dann auch Sprachgebrauch in der Philosophiegeschichtsschreibung blieb. Sie lancierten damit das bis heute wirksame und diffamierende Vorurteil, die Platoniker hätten sich die geistigen Gebilde als *res*, Ding, vorgestellt, wovon in der Tat keine Rede sein kann.

Betrachten wir auch die erkenntnistheoretische Seite der beiden Paradigmata. Für die Aristoteliker bestand das Erkenntnisproblem darin, die vorgegebene materielle Wirklichkeit der Dinge zunächst durch die Tätigkeit der Sinne adäquat "abzubilden", sodann aus den sinnlichen Abbildern durch die Tätigkeit des Verstandes, nämlich induktive Abstraktion, Begriffe vom Wesen der Dinge zu bilden, in dem das Gemeinsame der verschiedenen Sinnesbilder festgehalten und

---

[1] Über die hermeneutische Seite des Universalienstreits vgl. L. Geldsetzer, Art. Hermeneutik, in: H. Seiffert und G. Radnitzky (Hg.), Handlexikon zur Wissenschaftstheorie, München 1989, S. 129.

gewissermaßen verdichtet, das Unterschiedliche (und Unwesentliche) aber weggelassen wurde. Urteils— und Schlußbildung verknüpfte dann die so gewonnenen Begriffe zu Theorien als Gesamtanschauungen der Wirklichkeit. Es liegt auf der Hand, daß unter diesen Bedingungen so etwas wie das Geistige — da ontologisch nicht vorhanden — auch nicht zum Gegenstand von Erkenntnissen werden konnte. Und ebenso ist ja bekannt, daß es gerade die radikalen nominalistischen Aristoteliker waren, die deshalb den Theologen eine eigene "Glaubenswahrheit" einräumten, die sie als "wissenschaftlich falsch" definierten und dafür einräumten, daß wissenschaftliche Erkenntnis als "glaubensmäßig falsch" eingeschätzt werden konnte. Der berühmte scholastische Streit um die "doppelte Wahrheit" von Wissen bzw. Glauben hat hier seine wissenschaftstheoretische Grundlage.

Die semiplatonistischen Aristoteliker wie Albertus und Thomas von Aquin (die gewöhnlich als die eigentlichen Vertreter des reinen Aristotelismus gelten) machten stattdessen die abstrakten Begriffe (Universalien) zum Erkenntnismittel der auch von ihnen angenommenen geistigen Welt. Deswegen betonten sie die Unanschaulichkeit der Wesenheiten und meinten (mit Augustin), in ihnen letztlich die "Gedanken Gottes vor der Schöpfung" und zugleich auch die geistigen Strukturen in der Schöpfung zu erkennen. Ersichtlich war dies die Basis, auf der später das Gespräch mit den reinen Platonikern fruchtbar fortgeführt werden konnte.

Für die Platoniker, die damals noch nicht Idealisten hießen, es in der Tat aber waren, stellte sich das Erkenntnisproblem auf der Grundlage ihrer ontologischen Voraussetzungen ganz anders. Das Geistige war ihnen die einzige Wirklichkeit, und sie schloß das erkennende Subjekt — die Geistseele — ebenso ein wie die Existenz der geistigen Wesen (Engel) und des Göttlichen selber. Auch die sinnlichen

Dinge hatten ihre substantielle Realität nur aus der Teilhabe (*methexis, participatio*) am Geistigen. Erkenntnis bedeutete für sie daher auch kein Relationsverhältnis zwischen einem Erkenntnissubjekt und einem davon unabhängig vorgegebenen materiellen Erkenntnisobjekt, sondern ein Innewerden, eine Reflexion des Geistes auf sich selber. Sie wird Kohärenznachweis des geistigen Zusammenhanges und Partizipationsverhältnisses aller Dinge. Man kann es auch so sagen: Erkenntnis wird Selbstauslegung des Geistes. Dadurch wird auch das hermeneutische Prozedere zum Modell aller Erkenntnisbemühung. Denn beim Auslegen und Interpretieren geht es ja nicht um eine Erkenntnis der sinnlichen Zeichen, sondern um eine Vergegenwärtigung von Sinn und Bedeutung, die der Ausleger vor dem Zeichen immer schon mitbringt und sich nur bewußt macht. Es kann daher nicht wundern, daß die platonistische protestantische Theologie das Auslegungsproblem zum Erkenntnisthema schlechthin macht, und daß darüber hinaus die platonistische Naturwissenschaft der Renaissance auch die Naturerkenntnis wieder nach dem hermeneutischen Modell der "Auslegung des Buches der Natur" stilisiert.

III.

Die Geschichte, die Bücher und das Abendmahl

Betrachten wir an drei Beispielen näher, wie diese theoretischen Einstellungen zur Geltung kommen, nämlich an der Geschichte, an den Büchern und am Abendmahl.

Geschichte ist für den Aristotelismus empirische Faktenkunde: *historia*. Das Leitmodell ist daher die "Naturgeschichte", die Faktenbeschreibung der sinnlich wahrgenommenen Naturerscheinungen. Ob sie dem Beobachter gegenwärtig oder nicht gegenwärtig sind, macht hier keinen Unterschied, denn sie gelten als durch die Beschreibung selbst fixiert und für das Wissen vergegenwärtigt. Geschichtsschreibung im engeren Sinne der Historiographie ist daher im wesentlichen Annalistik: Aufzeichnung der jeweiligen Gegenwartsgeschehnisse, und Geschichtsbetrachtung nimmt das dargebotene Faktenmaterial mit (meist naiver Leichtgläubigkeit) als Wirklichkeitsbeschreibung zur Kenntnis. Das Vergangene (*res gestae*), das als solches ontologisch in die Nichtexistenz abgesunken ist, wird daher weder ontologisch noch erkenntnistheoretisch überhaupt zum Thema oder Problem. Um dies zu werden, müßte es zum Sein gemacht werden, um dann in der realistischen Erkenntnisrelation "abgebildet" zu werden. Was aber nicht mehr ist, "ist" daher überhaupt nicht und kann darum auch nicht abbildend erkannt werden! Das Interesse an Geschichte ist daher auch beschränkt auf den präsenten Zeugnischarakter von Dokumenten, Relikten und Traditionen, in denen Geschichtliches sinnlich wahrnehmbar anwest. Das gilt einerseits für die Naturgeschichte, andererseits für den Rechtsbereich (*quod non in actis, non est in mundo!*)

Im Platonismus der Renaissance kommt dagegen die platonische Maxime zum Tragen, daß die wahre Erkenntnis der Dinge auf Wiedererinnerung (*anamnesis*) beruhe. Diese aber hat nur Sinn in bezug auf das Vergangene, das daher im Platonismus einen privilegierten ontologischen Stellenwert erhält. Es ist — nach Platon selbst — der Wirklichkeitsbereich der Ideen selbst. Man kann daher sagen, das Vergangene wird im Platonismus der Renaissance als Inbegriff einer ideellen geistigen Wirklichkeit entdeckt und erkannt. Die sinnliche Gegenwartswelt hat ihren Anteil (*methexis*) an dieser geistigen Wirklichkeit: Sie ist ihr Produkt, und sie ist andererseits Anlaß und Anstoß, sich erinnernd und erkennend der geistigen Hinter-Welt der Vergangenheit zuzuwenden. Empirische Gegenwartserfahrung, die immer sinnlich begründet ist, erklärt nicht die Vergangenheit, die ja nicht sinnlich gegeben ist, sondern umgekehrt erklärt sich nun die sinnliche Gegenwartswelt aus den geistigen Kräften und Ideen der Vergangenheit, mithin aus der "Geschichte". Das gilt nun erst recht auch für die sinnlich gegebenen Dokumente, Zeugnisse, Relikte und Traditionen, auch sie werden nun im Lichte der "Geschichte", d. h. nach der Logik der Ideen erklärt, interpretiert und kritisiert. Die Renaissance ist bekanntlich das Zeitalter der Entlarvung von Dokumentenfälschungen und der Emendation und philologischen Kritik des Überlieferten.

Das führt uns zu den Büchern. Die Bücher haben ihre materielle und ihre Sinnseite. Diese werden ebenfalls vom Aristotelismus und Platonismus ganz verschieden bewertet. Für den Aristotelismus ist das Buch als reales Ding wesentlich sinnliche Gegebenheit. Sinn und Bedeutung sind an die materielle Ausstattung gebunden, insbesondere an die materiellen Schriftzeichen, und ohne sie wären sie gar nicht existent. Daher spielt die sorgfältigste Herstellung eines Buches vom edelsteingeschmückten Einband bis zur Schönschrift der Hand und den Ausmalungen der Kapitelanfänge oder Bebilderungen im Zeichen des Aristotelismus eine hervorragende Rolle. Wert und Bedeutung des inhaltlichen Sinnes sollten sich im materiellen Behältnis darstellen.

Ganz anders die Rolle des Buches beim Platonismus: Sinn und Bedeutung sind ontologisch vorrangig oder gar ewig und nicht an das materielle Zeichen oder das Gefäß des Buches gebunden. Daher kann das Gefäß nun schlicht werden: Die Schrift kann dem mechanischen

Druck überlassen werden, die bildnerische Illumination kann verschwinden (sie ist als Miniaturmalerei zu teuer), der Einband trägt nicht mehr der Bedeutung des Inhalts, sondern dem Range des Bucherwerbers Rechnung. Die Schönheit und der Wert des einzelnen und vielleicht einzigen Kodex werden abgelöst durch die Gleichheit und Zuverlässigkeit der beliebig vermehrbaren Textdrucke vom selben Druckstock. Und fügen wir hinzu: An die Stelle der Sorge um Besitz und Verwaltung der wertvollen Bücher unter Verschluß und hinter dicken Mauern tritt die Bemühung um die spirituelle Aneignung und Verwaltung des Sinnes durch die hermeneutischen Methoden.[2]

Mit der Abendmahlsfrage berühren wir einen der empfindlichsten und entscheidensten Streitpunkte der christlichen Theologien. Aber was steht philosophisch dahinter? Die aristotelische Alchemie kennt die Veränderungen der Substanzen durch Aufprägen neuer Akzidenzien. Daher versucht man Blei in Gold umzuwandeln, indem man dem schon schweren Blei die Konsistenz und den schimmernden Glanz des Goldes einprägt. "Transsubstantiationen" kennt man aus vielen Beispielen, aber es gibt keine ohne Veränderung der Akzidenzien. Die Substanzverwandlung ohne Akzidenzverwandlung durchbricht den Naturzusammenhang und muß als Wunder gelten. Man beachte, daß dieses Wunder nur auf diesem Hintergrund der aristotelischen Substanztheorie definiert werden kann. Und als solches nimmt es denn auch die aristotelische Theologie für die Wandlung von Brot und Wein in den Leib und das Blut Christi beim Abendmahl in Anspruch.

---

[2] Erlauben wir uns zusätzlich die Bemerkung: Nur ein sehr materialistisch gesonnenes Zeitalter kann sich mit der "Erklärung" begnügen, der Buchdruck beruhe wesentlich auf der Erfindung technischer Mittel wie der Druckplatte (die es schon lange gab) oder der beweglichen Lettern. Um nach solchen technischen Mitteln zu suchen, bedarf es eines Bewußtseins, das Sinn und Bedeutung vom materiellen Träger zu lösen verstand.

Diese Inanspruchnahme ist aber deshalb nötig, weil sich für den Aristotelismus die Realität des Geistigen durch materielle Realität ausweisen und darstellen muß. Brot und Wein, im sakramentalen Akt gewandelt, gibt die sinnliche Gewißheitsgrundlage für den Glauben an die Anwesenheit des geistigen Christus.

Für den Platonismus ist die Realität des Geistigen die erste Evidenz. Es durchwest alle sinnliche Erscheinung. So kann Luther von der "Ubiquität" Christi sprechen: Christi Leib ist auch in jedem Stein, in Feuer und Wasser, "denn er ist dir da, wenn er sein Wort dazu tut und bindet sich damit an und spricht: hie sollst du mich finden".[3] So kann das Abendmahl wieder schlichte Erinnerungsfeier an ein historisches Ereignis werden, das selber die Anwesenheit des geistigen Christus in der Gemeinde verbürgt. Des Wunders bedarf es nicht mehr.

IV.

Die Flacianische Theologie und ihr philosophischer Hintergrund

Wenn Flacius von der Philosophie spricht, so meistens von der aristotelischen, und dies in kritischem Ton. Als Beispiel stehe seine Schrift "De materiis metisque scientiarum, et erroribus philosophiae, in rebus divinis" von 1561. Daß er die aristotelische Philosophie nicht selbst vertritt, liegt auf der Hand; welche er selber vertreten hat, ist dagegen weniger offenbar. Nach Lage der Dinge konnte es aber auch gar

---

[3] Zit. nach R. Seeberg, Lehrbuch der Dogmengeschichte II, Erlangen und Leipzig 1898, S. 313.

keine andere sein als der Platonismus, den er aus der voraristotelischen Phase der Scholastik wieder aufnimmt. Die meisten Beobachter haben sich durch die Sprache der Zeit täuschen lassen, in der Aristoteles als "der Philosoph" schlechthin galt und "Philosophie" daher mit der aristotelischen identifiziert wurde. Der Platonismus wird damals nur durch die Hinweise auf seine Klassiker greifbar: Dionysios Areopagita (hinter dem sich bekanntlich Plotin und Proklos verbergen), Johannes Scotus Erigena, Anselm, Duns Scotus, Nicolaus von Kues, so jedenfalls im theologischen Milieu. Darüber hinaus war er in der Renaissance längst wieder zur herrschenden Philosophie geworden, zum Zeitgeist, dem der Aristotelismus als überholt und rückständig galt.

An dieser Philosophie hat Flacius selbst partizipiert, und das zeigt sich am deutlichsten daran, daß er all das vertritt, was wir vorne als typisch für den Platonismus beschrieben haben. Ob und wieweit er sich darüber selbst Rechenschaft gegeben hat, ist eine ganz andere Frage. Wenn ja, so war es im Protestantismus nicht opportun, sich in Theologicis auf eine Philosophie zu berufen, da man ja dem Katholizismus *in toto* vorwarf, er sei durch seine Begründung in "der Philosophie" des Aristoteles korrumpiert worden. Und auch späterhin blieb es im Protestantismus üblich, dasjenige, was man bei der Fortentwicklung der Dogmatik der Philosophie etwa eines Kant, Fries, Hegel, Kierkegaard oder Heidegger verdankte, als bloße Konzession an die Rede- und Vorstellungsweisen des Zeitgeistes auszugeben.

Gewiß ist Flacius schon lange als Begründer der protestantischen Hermeneutik[4] wie auch als Begründer der protestantischen

---

[4] Dazu insbes. W. Dilthey, Die Entstehung der Hermeneutik (1900), in: Ges. Schr. V., Leipzig — Berlin 1924; J. Wach, Das Verstehen I, Tübingen 1932 (ND 1966), S. 14. Zu Flacius noch immer grundlegend: W. Preger, Matthias Flacius Illyricus und seine Zeit, 2 Bde., Erlangen 1859 — 1861 (ND 1964); L. Haikola,

Kirchen- und Theologiegeschichte[5] gewürdigt worden und genießt deswegen Berühmtheit. Aber man hat dabei weniger die gemeinsame Wurzel beachtet, aus der diese Leistungen erwachsen sind, von der jede einzelne genügt hätte, ihm einen Platz in der Wissenschaftsgeschichte zu sichern. Diese gemeinsame Wurzel ist aber nichts anderes als der Platonismus, dem die Renaissance gegenüber dem scholastischen Aristotelismus neuen Auftrieb gegeben und woran eben Flacius einen gewichtigen Anteil genommen hat. Erst auf seinen ontologischen und erkenntnistheoretischen Voraussetzungen konnte Geschichte und Philosophie zu der Einheit verschmelzen, als die sie späterhin die gemeinsame Grundlage der "Geisteswissenschaften" bildete.

Damit ging eine grundsätzliche Neubewertung der beiden Teile der "sieben freien Künste", nämlich des Triviums und des Quadriviums, einher. Diese — selbst aus dem platonischen Bildungskanon der "Politeia" hervorgegangen — stellten im sog. Studium generale der "philosophischen Fakultät" die eigentlichen wissenschaftlichen Grundlagen für das (eher als angewandte Wissenschaft zu bezeichnende) höhere Fakultätsstudium zur Verfügung und waren für jedes Studium obligatorisches Propädeutikum. Es versteht sich, daß für den scholastischen Aristotelismus und die darauf gegründete Theologie die "scientiae reales" (wie sie Cassiodor genannt hatte), also die naturwissenschaftlichen Disziplinen des Quadriviums, bei weitem am wichtigsten waren. Sie lieferten die "aposteriorischen" Beweisgrundla-

---

Gesetz und Evangelium bei M. F. I., Lund 1952; A. v. Schwartz, Die theologische Hermeneutik des M. F. I., München 1933; G. Moldaenke, Schriftverständnis und Schriftdeutung im Zeitalter der Reformation I: M. F. I., Stuttgart 1936.

[5] Vgl. J. Massner, Kirchliche Überlieferung und Autorität im Flaciuskreis. Studien zu den Magdeburger Centurien, Berlin — Hamburg 1964; H. Scheible, Die Entstehung der Magdeburger Centurien. Ein Beitrag zur Geschichte der historiographischen Methode, Gütersloh 1966.

gen für die Gottesbeweise aus der Natur, und in ihnen war das ptolemäisch-aristotelische Weltbild verankert, an dem die katholische Theologie dann noch so lange festhielt. Die "artes sermocinales" des Triviums, also Grammatik, Rhetorik und Logik bzw. Dialektik hatten demgegenüber eine durchaus nachrangige Bedeutung. Was darin aus antiken Quellen über die lateinische Sprache und die Redegattungen gelehrt wurde, hatte wenig oder nichts mit der damaligen lateinischen Gelehrtensprache und mit der effektiven Kanzel- und Kathederberedsamkeit zu tun. Die Logik, und zwar ausschließlich die aristotelische in der Fassung des Boethius, nicht die stoische, hat bekanntlich mit dem Aristotelismus überhaupt einen großen Aufschwung genommen, so daß sogar ein (späterer) Papst das wohl verbreitetste logische Lehrbuch schrieb[6], aber gerade dadurch war sie wieder so allgemein als wissenschaftliches Organon in allen Bereichen verbreitet und angewendet, daß sie eher als die natürliche Mitgift des gesunden Menschenverstandes denn als Ertrag der trivialen Disziplin galt.

Für den Platonismus hingegen trat nun das Trivium insgesamt als wissenschaftliche Grundmethodologie in den Vordergrund. Die Logikreform des Petrus Ramus verschmolz die Logik wieder (wie bei den Stoikern) mit der Rhetorik und Grammatik zu einer allgemeinen topischen Argumentationslehre. Die Grammatik weitete ihren Gesichtskreis auf das Griechische und die orientalischen Sprachen aus. Die Rhetorik wandelte sich von einer Disziplin der Redegattungen zu einer solchen von den Literaturgattungen, man kann sagen, sie wurde zur Literaturgeschichte der klassischen und modernen Nationalliteraturen. Bei diesen Umgestaltungen mögen die äußeren Zwangsläufigkeiten der Anordnung und Gliederung eines immer umfangreicheren

---

[6] Scl. die bekannten "Summulae logicales" des Petrus Hispanus (Papst Johannes XXI).

Materials an Dokumenten ihre Rolle gespielt haben, daß man von der alphabetischen oder systematisch-enzyklopädischen zur chronologischen Ordnung in allen Bereichen überging. Sie erwies sich innerhalb der Disziplinen sicher als die unverfänglichste und am wenigsten von wertenden Vorannahmen präjudizierte. Aber dahinter wirkte doch ausschlaggebend der große Impuls einer neuen platonischen Sicht auf die Geschichte: Die aristotelische Faktenkunde wurde nun selbst Grundlage für eine "theoretische" Geschichtskonstruktion, die das Einzelne und Vielfältige aus dem Wirken des einen Geistes in der Abfolge der Zeiten und Epochen zu erklären trachtete. Die Chronologie wurde zum objektiven Maßstab des Früher oder Später und damit von Wirk- und Einflußmöglichkeiten der in Sprache und Literatur niedergelegten Ideen. Geschichtsdenken in einem uns heute selbstverständlich erscheinenden Sinne durchdrang alle Disziplinen des Triviums und vereinigte sich mit den philosophischen Methoden zur hermeneutischen Grundmethodologie der entstehenden Geisteswissenschaften.

Flacius hat dieses Zusammenwachsen als Notwendigkeit erkannt und in seinem Werk in die Tat umgesetzt. Programmatisch heißt es hierzu in der "Dedicatio" seines "Catalogus testium veritatis": "Mir schien es bei diesem Ausbau (scl. der Theologie) schon lange an drei Dingen vornehmlich noch zu fehlen: Zunächst nämlich an einer kurzgefaßten Glosse zur Hl. Schrift, dazu noch an einem erklärenden vollständigen Wörterbuch der hebräischen Sprache, endlich an einer genauen und vollständigen Geschichte, welche die Geschichte der Kirche von Christi Geburt an alle Zeiten hindurch klar und vollständig entwickle und darlege, auf daß keiner unter dem Vorwande eines unbekannten Alters uns das Papsttum oder andere Irrtümer und

Mißstände aufdringen könne".[7]

Die Geschichtsphilosophie, die seine historiographische Tätigkeit steuert, ist diejenige des augustinischen "Gottesstaates". Der dort herausgearbeitete Antagonismus der zwei Reiche, die den Geschichtsgang vorwärtstreiben, bezieht sich aber nicht mehr auf die weltlichen Staaten (*civitas terrena*) und die Gemeinschaft der Heiligen (*civitas Dei*), sondern auf das Verhältnis der christlichen Religionsparteien. Es geht jetzt um die wahre spirituelle Gemeinschaft der Gläubigen gegenüber der mit weltlicher Macht instrumentierten päpstlichen Kirche. Diese wird nun die Organisation des Antichrist schlechthin, die das Reich des Bösen und der Unwahrheit verkörpert. In der Ausführung kommt — ebenso wie schon bei den Patristikern — die alte "Sektengeschichtsschreibung" des Diogenes Laertios zum Tragen: Es geht in erster Linie darum, eine "Schulsukzession" der "Wahrheitszeugen" zu konstruieren, die von der Botschaft des Evangeliums ausgehend, teleologisch zur reformatorischen Lehre und speziell zur Rechtfertigungslehre des Flacius selbst führt. An ihrem Maßstab gemessen ergibt sich zugleich die Schulsukzession der falschen Lehre der Schule des Antichrist, in der die patristische "historia stultitiae" und der "Häresien" zusammenfließen.

Daß Flacius damit die protestantische Kirchen- und Dogmengeschichte begründete, dürfte unbestritten sein. Die von ihm organisierten "Magdeburger Centurien", 1559 bis 1574 in 13 Bänden erschienen und in zahlreichen Auflagen verbreitet, blieben bis ins 19. Jahrhundert, wo sie von den neueren Dogmengeschichten abgelöst wurden (aber auch diese speisten sich aus ihren Quellen), ein kanonisches Arsenal der Klassiker des Protestantismus. Aber auch die Kosten

---

[7] Zit. nach J. Niemöller, Matthias Flacius und der Flacianische Geist in der älteren protestantischen Kirchenhistorie, in: Z. f. kath. Theol. 12 (1888), S. 81.

dieser Autonomisierung einer protestantischen Wahrheitsgeschichte werden deutlich, wenn man sie etwa mit dem einige Jahre vorher veröffentlichten "katholischen" Werk des Präfekten der vatikanischen Bibliothek und Bischofs Agostino Steuco (Eugubinus) "De perenni philosophia" vergleicht. Auch in diesem Werk wird die Wendung zur platonischen Renaissancephilosophie, insbesondere der harmonisierenden Richtung des Ficino und des Pico della Mirandola vollzogen. Aber anders als bei Flacius bleibt die Theologie hier in die Entfaltung der gesamten Philosophiegeschichte eingebunden: Sie ist selbst nichts anderes als das, was der Titel sagt, nämlich die eine, identische und immerwährende Philosophie, in der die wahren Beiträge aller antiken Schulen und Richtungen aufgehoben und die falschen Ingredienzien der einzelnen Lehren widerlegt sind.[8] In der protestantischen Theologie ist diese Weite des Gesichtspunktes erst im 19. Jahrhundert wiedergewonnen worden, zu einer Zeit, da die katholische Theologie sich selbst immer mehr auf eine enge neuscholastische Grundlage zurückzog.

Die flacianische Bibelhermeneutik[9] ist das zweite wissenschaftstheoretische Standbein der protestantischen Theologie. Halten wir zunächst einmal fest, daß es sich keineswegs darum handelte, die

---

[8] Agostino Steuco di Gubbio, De perenni philosophia, Lyon 1540. Dazu und allgemein zur Philosophiegeschichtsschreibung dieser Zeit: L. Malusa, Le premesse rinascimentali all'attività storiografica in filosofia, in: G. Santinello (Hg.), Storia delle Storie Generali della Filosofia I, Brescia 1981, S. 18 ff.

[9] Sie liegt vor im zweiten Teil seines Bibelwörterbuches "Clavis Scripturae Sacrae, hoc est De Sermone Sacrarum Litterarum recte cognoscendo" 1567. Es hat bis 1719 zwölf Ausgaben erlebt. Die auf die Hermeneutik bezüglichen Partien im 2. Teil "Tractatus I", Abschnitt 1 — 4, sind aus dieser Vorlage abgedruckt und übersetzt von L. Geldsetzer, Matthias Flacius Illyricus: De Ratione Cognoscendi Sacras Literas/Über den Erkenntnisgrund der Heiligen Schrift (Instrumenta Philosophica Series Hermeneutica III), Düsseldorf 1968. — Im folgenden wird nach der 10. Auflage von Joh. Musaeus, Jena 1674, zitiert.

Hermeneutik als Disziplin zu erfinden und sie dann der neuen Theologie nutzbar zu machen. Es ging vielmehr darum, das altbekannte und -geübte Prozedere der Auslegung auf die wissenschaftlichen Grundlagen des Triviums zu stellen und es so von anderen Auslegungsweisen zu unterscheiden. Die neue Begründung mußte vor allem auch dartun, daß sie zu besseren Ergebnissen als die herkömmlichen führte. Das Ergebnis aber sollte die Wahrheit und nichts als die Wahrheit sein, wogegen bei anderen die Falschheit und der Irrtum produziert würde.

Von "Hermeneutik" spricht Flacius überhaupt nicht, und sicher mit Grund. Denn dieser Titel war für einen Teilbereich des aristotelischen Organon reserviert. Die Hermeneutik-Schrift des Aristoteles war schon von Boethius ins Lateinische übersetzt und mit zwei Kommentaren versehen worden. Sie gehörte zum Grundbestand der "logica vetus" und war jedem scholastischen Gelehrten vertraut. Und sicher war sie auch Flacius selber bestens bekannt. Aber als Werk des Aristoteles stand sie für ihn von vornherein unter dem Odium der falschen Philosophie. Wäre er diesbezüglich weniger voreingenommen gewesen, so hätte er den Grundgedanken dieser Schrift, daß nämlich alle Menschen die gleichen sinnlichen Erfahrungen machen, daher auch gleiche Vorstellungen und Gedanken entwickeln, diese aber sprachlich verschieden ausdrücken, so daß das Verstehen durch die Verschiedenheit des sprachlichen Ausdrucks hindurch zum gemeinschaftlichen Denken durchdringen müsse, sehr gut für seine Auslegungstheorie adaptieren und verwenden können. Das mag er vielleicht empfunden haben, denn er hütet sich andererseits auch, seinen Gegnern etwa vorzuwerfen, sie betrieben die Auslegung der Schrift nach den Prinzipien der aristotelischen Hermeneutik. Vielmehr wirft er ihnen vor, sie benutzten "wie die Mathematiker" Euklids "Elemente", d. h. willkürliche Axiome und Definitionen als "falsche Prinzipien" für ihre Auslegung.[10]

Der Akzent liegt hier durchaus auf der Falschheit der Prinzipien. Denn Flacius hätte sich eigentlich eingestehen müssen, daß auch er axiomatischen Prinzipien bei der Auslegung folgte und sie sogar eigens herausstellte. Falsch aber sollten die katholischen Auslegungsprinzipien sein, weil sie der Gegner "eigene" waren, und weil sie dadurch "ihre eigene verdorbene Einsicht" in die Dinge hineinbrachten — eben die aristotelische Philosophie.

Das erste Axiom des Platonismus war dagegen, daß es das Göttliche und Geistige gibt, und daß es sich in Sinn und Bedeutung heiliger Bücher — und in der Natur — selber darstellt. Das brauchte daher nicht, wie im Aristotelismus, bewiesen zu werden; beweiswürdig war allenfalls, daß es sich bei den kanonischen Büchern der Bibel tatsächlich um die richtigen heiligen Schriften handelt. So lautet denn auch das flacianische Grundaxiom der Auslegung der heiligen Schriften: "Unicus est author omnium sacrarum librorum, non plures ac diversi, nempe ipsemet Deus".[11] Und als Corollarium ergibt sich: "Alle (Schriften) sind aus demselben Geiste Gottes hervorgegangen, überliefern mit höchster Übereinstimmung dieselbe Materie und kommen zum selben Ziele überein, obwohl sie auf wunderbare Weise unter sich

---

[10] "Sicut Mathematici, initio singularum librorum ac materiarum, quasdam definitiones suo arbitrio assumunt, eisque tanquam principiis quibusdam in toto opere utuntur ... Sic etiam scholastici Theologi, a suo barbare translato maleque intellecto Aristotele, mutuarentur rerum ac vocabulorum primariorum, in omnibus mysticis libris, definitiones ... Omnia ibi perverterunt ac corruperunt, violentissime cuncta, ad sua falsa principa, suumque corruptissimum intellectum illarum summarum rerum detorquentes et invententes" (Clavis, 2. Teil, Praefatio).

[11] Ibid. Sp. 62.

verschieden sind".¹² Daß dies nicht einmal eine theologische Spezialität ist, macht Flacius mit dem Hinweis auf das "Jus Caesareum", d. h. das *Corpus Justiniani*, deutlich, welches auch eine Einheit darstelle, obwohl es doch aus so verschiedenen Schriften bestehe.

Was nun aber die Anzahl, Echtheit, Überlieferung der Schriften betrifft, so kommt beweisende Wissenschaft, nämlich Geschichte und Philologie, ins Spiel. Da ist es nun der Hauptfehler der Gegener, daß sie die "Erforschung der hebräischen und griechischen Quellen mißbilligen ... und keine andere als die (lateinische) Vulgata für authentisch halten". Die "Väter aber lehren dagegen, daß man bei jedem Zweifel über die Schrift auf die griechischen und hebräischen Quellen zurückgehen muß"¹³, wie es übrigens auch das Kanonische Recht unter Berufung auf Augustinus empfehle. Flacius versagt sich auch nicht den Hinweis auf eine Empfehlung des Vienner Konzils, daß die Doktoren der Kirche in den drei Sprachen (Hebräisch, Griechisch und Latein) ausgebildet werden sollten. Dann stellt sich aber auch die Frage nach dem richtigen Schriftenkanon, der nach der "Methodus definitiva" festgestellt werden muß. Hier unterscheidet Flacius denn auch zwischen kanonischen, zweifelhaften, apokryphen und unterschobenen und insofern zurückzuweisenden Schriften. Zweifelhaft sind ihm die zwei Briefe des Petrus an die Hebräer sowie die Briefe des Jakobus,

---

[12] Libri Sacri "qui licet omnes ab eodem Spiritu Dei profecti sunt et summo consensu eandem materiam tradant et ad eundem finem contendant, tamen mirifice inter se differunt" (ibd. Sp. 60).

[13] "Adversarii ... tum etiam scrutationem fontium, Hebraei ac Graeci, improbant, dum contendunt, inde haereses oriri; et severissime atque adeo sub anathemate, praecipiunt, ut omnes in sola veteri seu vulgata versione acquiescant; nec ulla alia pro authentica habeatur ... At Patres contra, in omni dubio Scripturae, ad Graecos Hebraeosque fontes recurrendum esse, censent. Quare etiam Jus Canonicum citat Augustinum, ita dicentem: Ut veterum librorum fides de Hebraeis voluminibus examinanda est; ita novorum veritas Graeci seronis normam desiderat" (Praefatio zur Clavis).

des Johannes, des Judas und die Apokalypse. Als apokryph gelten ihm "die Weisheit Salomons", der Jesus Sirach u. a.; unterschoben seien die Evangelien des Nikodemus, des Thomas und des Bartholomäus sowie die hermetischen Schriften.[14]

Kein Zweifel, daß die Konstitution des *Corpus Sacrarum Scripturarum* das Hauptproblem jeder wissenschaftlichen Theologie darstellt. Halten wir aber von vornherein fest, daß sich dasselbe Problem bei jedem Klassiker-Schriftenkorpus stellt. Auch hinsichtlich der genuinen Schriften des *Corpus Hippocraticum, Platonicum, Aristotelicum* gibt es bis heute offene Fragen und wissenschaftliche Meinungsverschiedenheiten. Wie sollte es in der Theologie anders sein, und wie anders als mit historisch-philologischen Argumenten könnten sie entscheidbar sein? Der Geist eines Autors, einer Schule, eines Zeitalters ist nur durch seine Einheitlichkeit und Stimmigkeit auszumachen. Einheit und Stimmigkeit oder Kohärenz aber ist immer das Produkt logischer Operationen, durch welche die Vielfalt des Einzelnen unter ein gemeinsames Allgemeines gestellt wird. Das findet natürlich auch beim inhaltlichen Interpretieren statt und ist viel später — in der Romantik — als der "Zirkel des Verstehens" gefaßt worden.[15] Die Bedeutungen der Einzelheiten (von Wörtern, Sätzen, Textstücken) sind der Ausgang für die induktive Ermittlung eines Sinnganzen, und gegenläufig muß sich aus dem Sinnganzen wieder die Bedeutungsverleihung des Einzelnen deduktiv ableiten lassen. Deduktion ist hier die Probe auf die Richtigkeit des induktiven Verstehens,

---

[14] Clavis, 2. Teil, Sp. 62.

[15] Der "hermeneutische Zirkel" ist bekanntlich seit Fr. Ast und Schleiermacher ein Dauerthema der Hermeneutik, und es besteht bislang keine Übereinstimmung über dasjenige, was er eigentlich sei. Gegenüber allen "dialektischen" Deutungen schlagen wir vor, darin das schlichte Verhältnis von logischem Allgemeinem (Sinn) und Besonderem (Bedeutung) zu sehen.

und Widersprüche, die evtl. auftauchen können, sind ein Hinweis auf unzulängliches oder "falsches" Verstehen.

Nun verlangt jede induktive Arbeit — sei es in der Interpretation von Texten, sei es in der Naturforschung — eine vorausgehende Vermutung, eine Hypothese über das Ganze, in welches sich die Einzelheiten einfügen sollen. Im Falle von Texten ist es die Sinnvermutung einer "Botschaft", und im Falle der christlichen heiligen Schriften war es seit jeher das "Evangelium" (was ja nichts anderes bedeutet). Das ist es denn auch, was Flacius unter dem Titel der "Glaubensanalogie" (*analogia fidei*) herausstellt und fordert: "Jede Einsicht und Auslegung der Schrift geschehe nach der Glaubensanalogie ... Alles also, was über die Schrift oder aus der Schrift gesagt wird, muß mit der gelobten katechistischen Summe bzw. den Glaubensartikeln übereinstimmen".[16]

Erinnern wir uns hier wieder an das, was vorne über die ontologischen und erkenntnistheoretischen Vorannahmen des Platonismus gesagt wurde: Der Geist als das Göttliche ist überall, und so wirkt er im Sinn und in den Bedeutungen von Texten ebensogut wie im Ausleger selber. Bringt ihn der Ausleger nicht mit, so wird er gar nichts verstehen. Wer die Sprache des Textes nicht kennt, versteht kein Wort — und das schließt nach Flacius die Nur—Lateiner *a limine* vom Verständnis der originären Quellen der Schrift aus. Wer die Worte nicht kennt, versteht nicht die Sätze; wer die Sätze nicht versteht, versteht nicht den Gesamtsinn (*Skopos*) der einzelnen Schrift; und wer die Zielrichtung der einzelnen Schrift nicht versteht, versteht auch nicht den Gesamtsinn der heiligen Schriften. Diesen Stufen des

---

[16] "Omnis intellectus ac expositio Scripturae sit analogia fidei ... Omne igitur, quae de Scriptura aut ex Sciptura dicuntur, debent ese consona praedicatae Catechisticae summae aut articulis fidei" (Clavis, 2. Teil, Sp. 12).

Verständnisses geht Flacius im Aufbau des 2. Teils der Clavis Schritt für Schritt nach: von den "partes orationis" bis zu der "norma seu regula coelestis veritatis".[17] Diese aber besagt nichts anders, als daß "die heiligen Schriften allein die sicherste Norm der Wahrheit seien".[18] Es ist das protestantische Schrift- und Theologieverständnis schlechthin, das hier ausgesprochen wird.

Man würde es sich aber gewiß zu leicht machen – wie es denn auch vielfach geschehen ist – wenn man nun die oben genannte Glaubensanalogie ohne weiteres als den dogmatischen Anspruch der Theologie auffassen würde, den Gesamtsinn der Schrift nach theologischem Vorurteil zu bestimmen. Vielmehr im Gegenteil: Die "göttliche Regel" verpflichtet die Theologie selbst, dasjenige und nichts als das als Glaubensgehalt und protestantische "Wahrheit" zu übernehmen, was sich als Gesamtsinn aus dem Schriftverständnis ergibt.

Man weiß, daß Flacius diesen Gesamtsinn in der Rechtfertigungslehre sah: daß das Alte Testament den Menschen ein für allemal verurteilt, und daß das Neue Testament ihm den Freispruch verkünde. Darauf baute er seine Theologie, und von daher als "göttlicher Norm" interpretierte er die Schrift. Man weiß ebenso, mit welcher Vehemenz und Rücksichtslosigkeit er diese Theorie vertrat – und damit wahrscheinlich überhaupt erst alle ökumenischen Vermittlungsversuche zwischen dem Protestantismus und der alten Kirche zum Scheitern brachte. Und ebenso bekannt ist es, daß der "Flacia-

---

[17] Ibid. Tractatus III: De partibus orationis (Sp. 228 ff.); Tractatus IV: De tropis seu schematibus S. Literarum (Sp. 277 ff.); Tractatus V: De stylo S. Literarum (Sp. 459 ff.); Tractatus VI: Aliquot theologici libelli, etiam ex Sermone sacro pendentes, ad eum illustrandum non parum utiles (Sp. 533 ff.); Tractatus VII: Norma seu regula coelestis veritatis (Sp. 687 – 792).

[18] Quod solae Sacrae Literae sint certissima norma veritatis" (Praef. zum Tractatus VII, Sp. 695/696).

nismus" alsbald von seiner eigenen sich konstituierenden Kirche als "Semipelagianismus" und "Manichäismus" *ad acta* gelegt wurde.[19] Ob Mani, Pelagius und Flacius, wenn sie denn wirklich eine gemeinsame Theorie vertreten haben sollten, darin geirrt haben oder nicht, das ist für unsere Betrachtungen nicht von Belang. Ein Urteil darüber muß ohnehin jeder Theologe und Protestant mit sich selber ausmachen. Und da fehlt es auch nicht an Stimmen, die gerade auch darin wieder die Aktualität der flacianischen Theologie erkennen wollen: Flacius als "Zeuge der in sich irreparablen Abgründe unserer Natur", eben weil "die Theologie unseres Jahrhunderts ... die Greuel, deren Zeuge sie doch war, merkwürdig ungedacht gelassen (hat). Zu einer Theologie des Negativen ist es nicht gekommen, nur zur negativen Dialektik sich selbst verzehrender Philosophie. Es sieht auch nicht danach aus, als ob dieses Versäumnis aufgeholt würde. Sollte es dazu kommen, Flacius wäre als Lehrer der Kirche und als Ausleger der *conditio humana* entdeckt".[20]

Fassen wir zusammen: Wir haben die Lehre des Flacius Illyricus unter dem Gesichtspunkt betrachtet, daß und wie sie die neue protestantische Theologie auf die modernen "geisteswissenschaftlichen" Grundlagen ihrer Zeit gestellt hat. Diese Grundlagen ergaben sich aus dem epochalen "Paradigmawechsel" vom scholastischen Aristotelismus zum Platonismus der Renaissance, welcher seinerseits die Instrumente der Disziplinengruppe des Triviums gegenüber denen des Quadriviums aus dem Verband der Disziplinen der philosophischen Fa-

---

[19] Darauf weist der Herausgeber Johannes Musaeus den Leser der Clavis in seiner Praefatio ad Lectorem ausdrücklich hin und warnt vor den entsprechenden Stellen.

[20] Jörg Bauer, Flacius — Radikale Theologie, in: Matthias Flacius Illyricus 1557 — 1975 (Schriftenreihe des Regensburger Osteuropainstituts, Band 2, Regensburg 1975, S. 48.

kultät in den Vordergrund des wissenschaftlichen Methodenbewußtseins brachte. Wir haben diesen Vorgang an anderem Orte ausführlicher als einen Prozeß beschrieben, durch den die theologische Dogmatik auf neue "zetetische" (Forschungs–)Grundlagen gestellt wurde, was in der Tat auf eine Erweiterung, Bereicherung und Neubewertung der tragenden "dogmatischen" Fundamente der "Gotteswissenschaft" hinauslief.[21]

Daß dafür zu allen Zeiten Bedarf besteht, dürfte keinem Zweifel unterliegen, soll die Theologie nicht ins wissenschaftliche Abseits einer nur noch traditionellen "Quasi–Wissenschaft" im Verbande der Universitätsfächer geraten. Die Gefahr, daß dieser Fall eintrat, war öfter gegeben und ist heute ersichtlich noch größer, als es der Profession der Theologen selber erscheinen mag. Politischer Einfluß und Koalitionen mit dem Zeitgeist sind sicher nicht die Mittel, den Sinn des Christentums in unserer Zeit den "Gebildeten unter seinen Verächtern" nahezubringen. Da ist vielmehr die Phantasie von Theologen gefordert, sich etwas mehr einfallen zu lassen und dabei darauf zu vertrauen, daß das "Einfallen" durchaus etwas mit dem "Wehen des Geistes" zu tun hat, um den es letztlich geht. Oder sollten wir schon dahin gekommen sein, daß Theologie nur noch von den "Gebildeten unter ihren Liebhabern" zu vertreten ist?

---

[21] Vgl. die Einleitung zur Flaciusübersetzung (Anm. 9).

AUTORENVERZEICHNIS

Professor Dr. Lutz **Geldsetzer**
Philosophisches Institut, Forschungsabt. für Wissenstheorie
Heinrich Heine—Universität Düsseldorf

Dr. Ivan **Kordić**
Konstanz

Professor Dr. Annelies **Lägreid**
Slavisches Seminar, Universität Mannheim

Professor Dr. Josip **Matešić**
Slavisches Seminar, Universität Mannheim

Professor Dr. Siegfried **Raeder**
Evangelisch—Theologisches Seminar
Eberhard—Karls—Universität Tübingen

Dr. Josip **Solić**
Strasbourg

Dr. Beatrix **Schmidt**
München

Dr. Josip **Talanga**
Institute of Philosophy
Sveučilište u Zagrebu/University of Zagreb

Dr. Franjo **Zenko**
Institut za povijesne znanosti,
Odjel za povijest filozofije/Dept. of History of Philosophy
Sveučilište u Zagrebu/University of Zagreb

Dr. Jure **Zovko**
Filozofski fakultet/Faculty of Philosophy
Sveučilište u Zagrebu/University of Zagreb